ISBN 978-0-260-55074-3
PIBN 10725980

MÉMOIRES CONTEMPORAINS.

MÉMOIRES

DE CONSTANT.

TOME V.

MÉMOIRES

CONSTANT,

PREMIER VALET DE CHAMBRE DE L'EMPEREUR,

SUR LA VIE PRIVÉE

DE

NAPOLÉON,

SA FAMILLE ET SA COUR.

Depuis le départ du premier consul pour la campagne de Marengo, où je le suivis, jusqu'au départ de Fontainebleau, où je fus obligé de quitter l'empereur, je n'ai fait que deux absences, l'une de trois fois vingt-quatre heures, l'autre de sept ou huit jours. Hors ces congés fort courts, dont le dernier m'était nécessaire pour rétablir ma santé, je n'ai pas plus quitté l'empereur que son ombre.

MÉMOIRES DE CONSTANT, *Introduction.*

TOME CINQUIÈME.

A PARIS,

CHEZ LADVOCAT, LIBRAIRE,

DE S. A. R. LE DUC D'ORLÉANS,

QUAI VOLTAIRE ET PALAIS-ROYAL.

MÉMOIRES

DE CONSTANT.

○●○○○

CHAPITRE PREMIER.

Voyage en Flandre et en Hollande. — M. Marchand, fils d'une
berceuse du roi de Rome. — O'Méara. — Ce voyage de Leurs
Majestés en Hollande généralement peu connu. — Réfutation des *Mémoires contemporains*. — Quel est mon devoir. — Petit incident à Montreuil. — Napoléon passe un
bras de rivière dans l'eau jusqu'aux genoux. — Le meu-
nier. — Le moulin payé. — Le blessé de Ratisbonne. —
Boulogne. — La frégate anglaise. — La femme du conscrit.
— Napoléon traverse le Swine sur une barque de pêcheurs. —
Les deux pêcheurs. — Trait de bienfaisance. — Marie-Louise
au théâtre de Bruxelles. — Le personnel du voyage. — Les
préparatifs en Hollande. — Les écuries improvisées à Amsterdam. — M. Emery, fourrier du palais. — Le maire de la
ville de Bréda. — Réfutation d'une fausseté. — Leurs Ma-

v.

En septembre 1811, l'empereur résolut de faire un voyage en Flandre avec l'impératrice, dans la vue de s'assurer par ses yeux si ses intentions etaient fidèlement remplies, en ce qui concernait l'administration tant civile que religieuse. Leurs Majestés partirent le 19 de Compiègne, et arrivèrent à Montreuil-sur-Mer à cinq heures du soir. Je suivis l'empereur dans ce voyage. J'ai lu dans le *Mémorial* d'O'Méara que M. Marchand faisait alors partie du service de Napoléon; c'est un fait inexact, M. Marchand n'est entré au service particulier de l'empereur qu'à Fontainebleau, en 1814. Sa Majesté m'avait ordonné de choisir parmi les garçons d'appartement un jeune homme intelligent qui pût m'aider dans mes fonctions auprès de sa personne, puisque aucun de MM. les valets de chambre ordinaires ne devait rester à l'île d'Elbe. Je parlai à l'empereur de M. Marchand, fils d'une berceuse du roi de Rome, et qui réunissait toutes les qualités désirables : Sa Majesté l'accepta, et dès ce jour-là M. Marchand fit partie du service de la chambre. Il pouvait être du voyage de Hollande; mais Napoléon ne le connaissait pas, son service ne le rapprochant pas de Sa Majesté.

Je raconterai une partie de ce que j'ai vu durant ce voyage, dont les circonstances sont en général peu connues. Ce sera d'ailleurs une occasion pour moi de relever d'autres assertions du genre de celle que je viens de mentionner, et que j'ai lues avec surprise et souvent avec indignation dans les *Mémoires contemporains*. Il est important que le public connaisse parfaitement tout ce qui se rapporte à ce voyage, et qu'il soit éclairé sur certains incidens où la calomnie a trouvé à attaquer l'honneur de Napoléon et quelquefois le mien. Serviteur obscur, mais dévoué, de l'empereur, je dois avoir à cœur d'expliquer tout ce qui est douteux, de réfuter tout ce qui est mensonger, de relever tout ce qui est inexact, en ce qui touche les jugemens portés sur mon maître et sur moi. J'accomplirai mon devoir avec franchise; j'en ai donné quelques garanties dans ce qu'on a déjà lu de mes Mémoires.

Un petit incident eut lieu à Montreuil, que je me fais un plaisir de rappeler, parce qu'il prouve tout l'empressement que mettait Napoléon à visiter les travaux de fortifications ou d'embellissemens qui se faisaient dans les villes, par suite de ses ordres directs ou de l'impulsion générale qu'il avait donnée à cette partie importante des services publics. Après avoir parcouru les travaux faits dans l'année aux fortifications de Montreuil, et avoir fait le tour des remparts, l'empereur se rendit à la citadelle, d'où il sortit ensuite pour visiter les ouvrages extérieurs. Un bras de la rivière de Canche, qui baigne un des murs d'enceinte de la ville, lui coupait le chemin. Toute sa suite se mit en mouvement pour former un pont avec des planches et des fascines; mais l'empereur, impatienté, traversa le bras de rivière, ayant de l'eau jusqu'aux genoux. Le propriétaire d'un moulin, situé sur la rive opposée, prit Sa Majesté sous le bras pour l'aider à monter la digue; il profita de cela pour exposer à l'empereur que son moulin, se trouvant dans la ligne des fortifications projetées, allait être nécessairement abattu. Sa Majesté se tourna vers les ingénieurs, et dit: Il faut que ce brave homme soit dédommagé de la perte qu'il va faire. L'empereur continua sa visite, et il ne remonta dans sa voiture qu'après avoir tout vu à loisir, et s'être entretenu long-temps avec les autorités civiles et militaires de Montreuil. Chemin faisant, un militaire, blessé à Ratisbonne, lui fut présenté; Sa Majesté lui fit remettre à l'instant une gratification, et ordonna qu'on lui adressât la réclamation de cet homme à Boulogne, où elle arriva le 20.

C'était la seconde fois que Boulogne recevait l'empereur dans ses murs. Dès son arrivée, il se rendit sur la flottille, et la fit manœuvrer. Une frégate anglaise ayant fait mine de s'approcher pour observer ce qui se passait dans la rade, Sa Majesté fit sortir à l'instant une frégate française, qui se dirigea à toutes voiles contre le navire ennemi : mais celui-ci prit le large, et disparut. Le 29 septembre, Sa Majesté était à Flessingue. De Flessingue, elle alla visiter les fortifications de Terveere. Comme elle parcourait les différens travaux de cette place, une jeune femme vint se jeter à ses pieds ; ses yeux étaient baignés de pleurs ; elle tendit d'une main tremblante une pétition à l'empereur. Napoléon la fit relever avec bonté, et lui demanda quel était l'objet de sa pétition. « Sire, dit en sanglotant la pauvre femme, je suis mère de trois enfans, dont le père est conscrit de Votre Majesté ; les enfans et la mère sont dans la détresse. —Monsieur, dit Sa Majesté à quelqu'un de de sa suite, prenez le nom de cet homme ; j'en ferai un officier. » La jeune femme voulut lui témoigner sa reconnaissance, mais l'émotion et les larmes qu'elle versait ne lui permirent pas de proférer une seule parole. L'empereur continua sa visite.

Un autre acte de bienfaisance avait signalé son départ d'Ostende. En quittant cette ville, il suivit l'Estrau. Ne voulant pas faire le tour par les écluses, il se jeta, pour passer le Swine, dans un bateau pêcheur avec le duc de Vicence, son grand écuyer, le comte Lobau, l'un de ses aides-de-camp, et deux chasseurs de la garde. Deux pauvres pêcheurs menaient la barque, qui, avec tout son gréement, valait cent cinquante florins. C'était tout leur bien. La traversée dura une demi-heure. Sa Majesté arriva au Fort-Orange, dans l'île de Cadsan, où l'attendaient le préfet et sa suite. L'empereur était mouillé et avait souffert du froid; on alluma un grand feu, auquel il se chauffa du meilleur cœur. On fit ensuite demander aux deux pêcheurs ce qu'ils prendraient pour la traversée; ils répondirent : Un florin par passager. Napoléon ordonna qu'on les lui amenât; il leur fit compter cent napoléons, et il leur assigna trois cents francs de pension leur vie durant. On se figure difficilement la joie de ces pauvres gens, qui étaient bien loin de se douter quel passager ils avaient reçu sur leur barque. Quand ils le surent, tout le pays le sut, et cela ne gagna pas peu de cœurs à Napoléon. Déjà l'impératrice Marie-Louise recueillait pour lui, au théâtre et dans les rues de Bruxelles, les plus vifs et les plus sincères applaudissemens.

Deux mois avant l'arrivée de Leurs Majestés, partout, en Hollande, on s'était disposé à les recevoir dignement. Il n'y eut pas de si petit village, placé sur l'itinéraire de l'empereur, qui ne se montrât jaloux de mériter ses suffrages par la magnificence proportionnée de l'accueil que Sa Majesté devait y recevoir. Presque toute la cour de France était de ce voyage. Grands dignitaires, dames d'honneur, officiers supérieurs, aides-de-camp; chambellans, écuyers, dames d'atour, maréchaux-des-logis, valets de chambre, quartiers-maitres, four-riers, gens de bouche, rien n'y manquait. Napo-léon avait voulu éblouir les bons Hollandais par la magnificence de sa cour. Et, en vérité, cela ne fut pas sans effet sur cette population que ses bonnes manières, son affabilité, le récit des bienfaits qu'il semait sur ses pas, lui avaient déjà conquise malgré quelques mines renfrognées, qui murmuraient, en fumant leur pipe, contre les entraves apportées au commerce par le système continental.

La ville d'Amsterdam, où l'empereur s'était pro-posé de rester quelque temps, se trouva tout à coup dans un singulier embarras. Cette ville avait un palais fort étendu, mais point de remise ni d'é-curie qui en dépendent. Or pour la suite de Napo-léon c'était un objet de première nécessité. Les écu-ries du roi Louis, outre leur insuffisance, étaient placées dans un quartier trop éloigné du palais pour qu'on pût songer à y remiser même une section du service de l'empereur. L'embarras était grand dans la ville, et on s'y donnait beaucoup de mouvement pour loger les chevaux de l'empereur. Improviser des écuries en quelques jours, pres-que à la minute, c'était chose impossible. Dresser des hangars au milieu des cours, c'était chose ri-dicule. Heureusement qu'il se trouva, pour tirer tout le monde d'embarras, un des fourriers du palais, homme très-intelligent, ancien militaire, M. Emery, qui avait appris de Napoléon et des circonstances à ne jamais reculer devant les difficultés. Il imagina, au grand étonnement des bons Hollandais, de convertir leur Marché-aux-Fleurs en remises et en écuries, pour y établir sous d'immenses tentes les équipages de l'empereur.

J'ai lu dans des *Mémoires contemporains* une anecdote qu'il est de mon devoir de démentir formellement; la voici :

« Le contrôleur du service, qui précéda Leurs » Majestés, éprouva du maire de la ville de Breda le » refus de mettre à sa disposition tout ce qui pou- » vait être nécessaire à l'exécution de ses ordres. » M. le maire, tout dévoué au parti anglais, et peu » jaloux de la visite de son nouveau souverain, ne » voulait absolument rien faire pour la réception » de Napoléon, et le contrôleur allait dresser pro- » cès-verbal de sa désobligeance, lorsque les nota- » bles de la ville obtinrent de leur premier magis- » trat une courtoisie que la politique exigeait im- » périeusement. Il advint que dès le lendemain M. le » maire, enlacé dans les honneurs de sa place, fut » chargé de complimenter l'empereur à son arri- » vée. Napoléon était à cheval, et le maire, en dé- » guisant son humeur nationale, lui débitait pom-

» peusement sa harangue municipale en lui pré-
» sentant les clefs de la ville ; mais l'empereur, qui
» connaissait les opinions politiques du maire de
» Bréda, lui dit fort cavalièrement, en donnant un
» coup de pied sous le plat où étaient les clefs, qui
» tombèrent par terre : *Retirez-vous ! gardez vos*
» *clefs pour ouvrir les portes à vos chers amis les*
» *Anglais ; quant à moi, je n'en ai que faire pour*
» *entrer dans votre ville, où je suis le maître.* »

Cette anecdote est de toute fausseté ; l'empereur, brusque quelquefois, ne manqua jamais à
sa dignité d'une façon si étrange, et j'ajoute si
ridicule. Cela peut paraître une plaisante inven-
tion à l'auteur de ces mémoires ; mais je dois déclarer que cela me paraît avoir aussi peu de vrai-
semblance que de sel.

L'empereur rejoignit enfin son auguste épouse
à Bruxelles. L'enthousiasme que sa présence y ex-
cita fut unanime. D'après sa recommandation,
aussi délicate que politique, Marie-Louise y acheta
pour cent cinquante mille francs de dentelles, afin
d'y ranimer les manufactures. L'introduction en
France des marchandises anglaises était alors sévèrement défendue, toutes celles qu'on parvenait
à saisir étaient brûlées sans miséricorde. De tout
le système de politique offensive établi par Napoléon contre la tyrannie maritime de l'Angleterre,

rien ne lui tenait plus à cœur que l'observation rigoureuse des décrets de prohibition. La Belgique renfermait alors beaucoup de marchandises anglaises, qu'elle tenait cachées avec soin, et dont chacun se montrait naturellement très-avide, comme on l'est d'un *fruit défendu*. Toutes les dames de la suite de l'impératrice en firent d'amples provisions, et on en chargea plusieurs voitures, non sans crainte que Napoléon n'en fût informé et ne fît tout saisir en arrivant en France. Les voitures aux armes de l'empereur passèrent le Rhin, pleines de ce précieux bagage, et arrivèrent en même temps aux portes de Coblentz. Ce fut une occasion de pénible incertitude pour les commis de la douane : fallait-il arrêter les voitures et les visiter? fallait-il laisser passer sans examen un convoi qui paraissait appartenir à l'empereur ? Après mûre délibération, la majorité adopta ce dernier avis, et les voitures franchirent librement cette première ligne des douanes françaises, et amenèrent à bon port, notamment à Paris, la cargaison de marchandises prohibées. Si les voitures eussent été arrêtées, il est probable que Napoléon eût fort applaudi au courage des préposés de la douane, et qu'il eût impitoyablement brûlé les objets confisqués.

Au sujet de ces marchandises confisquées, je

trouve dans les *Mémoires contemporains* une nouvelle anecdote, qui me paraît, comme la première,
un conte fait à plaisir. Il m'importe beaucoup de
relever cette prétendue anecdote, où l'on me fait
jouer un rôle indigne de mon caractère, et, par
suite, encourir une disgrâce que je n'ai jamais en-
courue. Bien qu'il me coûte d'entretenir le public de ce qui ne touche que moi, je dois pourtant
à la vérité de démentir complètement des assertions qui fausseraient le jugement du lecteur, non
pas seulement en ce qui regarde ma conduite,
mais en ce qui regarde Napoléon, dont le caractère
dans ces étranges mémoires est en mille circonstances gratuitement altéré.

« Marie-Louise, y est-il dit, à l'insu de l'empe-
» reur, cherchait, pour sa toilette, à se procurer
» des marchandises anglaises ; et, pour cela, une
» dame d'atours mettait en campagne tout ce
» qu'il y avait de plus fin, de plus madré parmi les
» enfans de Jacob, qui faisaient payer au centuple
» tout ce qu'ils vendaient, afin de se dédommager
» du danger qu'il y avait à se mettre en contraven-
» tion ouverte sous les yeux même de Napoléon.

» Constant, le premier valet de chambre de l'em-
» pereur, quoiqu'il sût bien que son maître ab-
» horrait tout ce qui venait de l'Angleterre, eut
» pourtant l'indiscrétion d'acheter des objets qui y

» avaient été manufacturés ; l'empereur en fut in-
» formé, et sur-le-champ donna l'ordre au grand
» chambellan et au grand maréchal de renvoyer
» ce fraudeur en France, en le dépossédant de son
» emploi. Constant, qui savait que Marie-Louise
» faisait aussi un peu la fraude, sollicita de sa bien-
» veillance qu'elle obtînt sa grâce de Napoléon. En
» l'accordant, mais non pas sans peine, il protesta
» qu'à l'avenir il ferait pendre au mât de misaine
» du premier bâtiment de la rade celui qui aurait
» enfreint ses ordres. »

Tout cela est de la plus complète fausseté d'un
bout à l'autre. Est-il raisonnable de penser que
Marie-Louise cherchât sous main à se procurer
des marchandises anglaises, quand elle savait combien ces marchandises étaient en horreur à l'empereur ? Outre que la jeune impératrice n'était pas
femme à causer un tel déplaisir à son mari, il était
difficile que l'empereur ne s'aperçût pas qu'on le
jouait, s'il fût venu dans la fantaisie de Marie-
Louise de se parer de ces objets prohibés ; car il
distinguait à merveille d'où provenaient les différentes étoffes dont se composait la toilette de l'impératrice, et quelquefois même il présidait au choix
qui s'en faisait. Ce n'était pas alors chose peu curieuse de voir cet homme si puissant, et préoccupé
de si vastes idées, descendre de cette haute sphère

jusqu'à des détails de femme de chambre. C'est
que Bonaparte savait être à la fois grand homme
et homme. La simplicité lui était aussi facile que
la grandeur. Je ne l'ai jamais vu gauche en quoi
que ce soit.

Quant au paragraphe qui me concerne, je ne
puis le qualifier que de mensonge. Jamais je n'ai
fait la fraude : cela n'était ni dans mon caractère
ni dans mes goûts. Abuser de ma position auprès
de l'empereur pour me livrer à de honteuses spé-
culations de ce genre, c'eût été, à la fois, absurde
et dangereux. Honoré d'une bienveillance auguste,
il me convenait moins qu'à tout autre de désobéir
à mon maitre; et il était tout au contraire dans
mes principes de m'imposer tout le premier les
restrictions auxquelles il contraignait tout le
monde, encore même que les restrictions eussent
été des sacrifices. Je ne puis donc que donner un
démenti formel à ce passage des *Mémoires contemporains*, où l'auteur me parait s'être étendu
avec d'autant plus de complaisance que, cette
anecdote étant de son crû, il a pu s'y livrer sans
gène à des développemens, fort jolis sans doute,
mais auxquels il ne manque que la vérité.

L'auteur de ces mémoires, non content d'avoir
imaginé à mon sujet une anecdote mensongère, et
de m'avoir fait passer pour un fraudeur, a ajouté au

bas de la page une note injurieuse, où il me reproche ma conduite à Fontainebleau en 1814. Il est dit dans cette note, qu'après avoir reçu de l'empereur une gratification de cinquante mille francs pour l'accompagner à l'île d'Elbe, je l'abandonnai indignement lorsque d'autres, sans nul motif d'intérêt, s'étaient fait un devoir de partager le sort de leur souverain déchu. A cette partie de mes Mémoires, je donnerai de grands détails sur ce qui s'est passé : le public jugera. Ce n'est pas moi qui reculerai devant la vérité. Qu'il me suffise, quant à présent, de protester hautement contre le reproche d'ingratitude ; c'est tout ce que je répondrai à l'auteur de ces Mémoires. Je reviens à mon récit.

Le 6 octobre, Leurs Majestés arrivèrent à Utrecht. Toutes les maisons des quais et des rues étaient ornées de rubans et de guirlandes. La pluie tombait à flots. Cela n'empêcha pas les autorités d'être sur pied dès le matin, et la population de remplir les rues. A peine descendu de voiture, Napoléon, malgré le mauvais temps, monta à cheval, et alla passer en revue quelques régimens qui étaient aux portes d'Utrecht. Il était accompagné d'un grand état-major et d'un assez grand nombre de curieux, mouillés la plupart jusqu'aux os. Après la revue, Napoléon rentra au palais, où toute la députation l'attendait dans une salle immense, non encore meublée, qui avait été construite par le roi Louis. Sans changer de vêtemens, il donna audience à tous ceux qui s'empressaient de le complimenter, et il écouta avec une bienveillante patience les harangues qui lui furent adressées.

Ici encore, l'auteur des *Mémoires contemporains* a trouvé moyen de faire commettre une sotte et grossière inconvenance à Napoléon. « Napoléon, » dit-il, rentré dans ses appartemens, et se sentant » fatigué de sa cavalcade, se mit au lit, quoiqu'on » l'attendît dans la salle à manger, où se trouvaient » réunis d'importans personnages. Il fit dire à » l'impératrice de se mettre à table sans lui, avec les » personnes invitées. Marie-Louise vint le trouver, » en lui faisant sentir quel serait son embarras » au milieu de personnes inconnues. Napoléon » insista, et l'impératrice fut obligée de dîner sans » l'empereur. On se mit à table; et Dieu sait si le dîner » fut triste. L'impératrice ne pouvait cacher sa » mauvaise humeur, et les convives paraissaient » scandalisés de la conduite de l'empereur. Ils le » furent bien davantage, lorsque Napoléon parut, » après avoir fait sa sieste, en simple redingote du » matin et en pantoufles. » Suivent des réflexions très-philosophiques et une citation de deux vers, dont je fais grâce au lecteur. Tout ce récit est, comme les précédens, enjolivé de détails : il est

malheureux que ce soit en pure perte, car l'anecdote est aussi invraisemblable que ridicule. En
aucun temps l'emper ur ne se fût permis une si
grossière violation de la loi des convenances. En
aucun pays, il n'eût si gratuitement aigri les classes supérieures, en montrant un dédain si incon-
venant pour de hauts fonctionnaires, invités à sa
table par son chamb.. et en son nom. Il avait
non-seulement trop de tact , mais encore trop
d'esprit pour s'oublier à ce point. Mais surtout en
Hollande, dans un pays qui venait de passer sous
sa domination, et où il ne comptait que des sujets de la veille; en Hollande, où il avait plus besoin
que partout ailleurs de cette affabilité qui attache
au vainqueur les populations conquises; en Hollande, où il lui était arrivé cent fois de payer de sa
personne, de se prodiguer, d'user presque de coquetterie, afin d'y neutraliser, en gagnant les
cœurs, l'effet fâcheux, mais inévitable, de ses mesures commerciales; est-il croyable qu'il se fût permis
une impolitesse aussi déplacée, et qu'il eût volontairement donné lieu à toutes les interprétations
défavorables qui auraient infailliblement résulté de
cette étrange conduite? est-il croyable qu'il eût
insulté, dans la personne de ses hauts fonctionnaires, un peuple bon, mais susceptible, et d'autant
plus sensible à l'injure qu'il avait pu savoir que

quelques élégans de la cour de France se raillaient de sa simplicité ?·

A la suite de cette anecdote, on lit celle qui suit : « Partout où se trouvait Napoléon, le valet de chambre de service veillait avec soin à ce qu'il y eût un bain de prêt à toute heure, et pour cela il y avait un garçon de fourneau uniquement chargé de tenir l'eau toujours au degré de chaleur qu'on savait convenir à l'empereur.

» Napoléon, à Utrecht, occupa au rez-de-chaussée la chambre à coucher de son frère Louis, à laquelle la salle du bain était contiguë. Le soir de son arrivée, quand l'empereur fut couché, le garçon de fourneau, quoique harassé de fatigue et mouillé, comme beaucoup d'autres gens du service, prépara le bain, et se coucha dans un cabinet voisin de celui où était la baignoire. La nuit, pour un besoin qu'il ne pouvait satisfaire où il était, il veut sortir ; mais il ne connait point les localités ; à moitié endormi, il entrevoit une petite porte, tourne doucement le bouton, entre, et le voilà à tâtons cherchant une autre issue ; il heurte une chaise ; au bruit qu'il fait, une voix forte, qui était celle de l'empereur, et qu'il reconnait bien, demande : Qui est là? La méprise de ce garçon le confond, lui fait perdre la tête, lui paralyse la langue ; dans l'obscurité, il touche, il dérange d'autres meubles en cherchant en vain à sortir par la porte où il est entré. L'empereur réitère sa demande et d'un ton encore plus élevé, s'imagine qu'on veut le surprendre au lit, s'en échappe, s'empare seulement d'une grosse montre d'argent qu'il avait toujours au chevet de son lit, et parvient à saisir au collet le malheureux garçon de fourneau plus mort que vif, et que Napoléon, éveillé dans son premier sommeil, soupçonnait au moins de vouloir attenter à ses jours. Il appelle, il crie, il jure; au bruit qu'il fait, le valet de chambre de service accourt, apporte de la lumière, et trouve l'empereur des Français faisant presque le coup de poing avec un pauvre diable qui, pressé vigoureusement à la gorge, sans pourtant oser se défendre, cherchait à se débarrasser des mains de son adversaire. Au valet de chambre succéda le chambellan de service, puis l'aide-de-camp, le grand-maréchal, un préfet du palais; et en un instant toute la cour fut sur pied. Avant qu'on sût la vérité, mille conjectures plus invraisemblables les unes que les autres avaient été faites sur cet événement. On avait, disait-on, voulu enlever Napoléon, essayé de le tuer, mais il avait étouffé l'assassin. Le fait est que, s'il avait eu des armes, il eût cherché à brûler la cervelle de celui qui l'éveilla de la sorte, et auquel il ne porta que quelques coups de cette grosse montre dont il s'était armé pour se défendre. »

J'ai conscience de démentir une anecdote où le louable désir d'être amusant se fait sentir à chaque phrase. Mais je publie ces Mémoires pour dire la vérité dans les plus petites choses; et, quoique cela doive coûter deux pages à l'auteur des *Mémoires contemporains*, je prends la liberté de le contredire par cette réponse fort simple : D'abord, Roustan et un valet de chambre de service couchaient en tout temps dans la pièce qui précédait l'appartement de l'empereur, et par laquelle on pouvait pénétrer jusqu'à lui; en second lieu une veilleuse était toujours allumée dans la chambre à coucher de Sa Majesté.

L'entrée de Leurs Majestés à Amsterdam fut des plus brillantes. L'impératrice, dans un char attelé de chevaux magnifiques, devançait de quelques heures l'empereur, qui devait faire son entrée à cheval. Il parut bientôt lui-même, entouré d'un brillant état-major, qui s'avançait à pas lents, étincelant de broderies, au milieu des cris d'étonnement et d'enthousiasme des bons Hollandais. A travers la simplicité de sa mise perçait une profonde satisfaction, et peut-être un juste sentiment d'orgueil, en voyant l'accueil que lui valait sa gloire, là comme ailleurs, et l'universelle sympathie que sa présence excitait dans les masses. Une

draperie aux trois couleurs, d'un très-bel effet,
suspendue à des poteaux plantés de distance en
distance, décorait les rues par où devaient passer
Leurs Majestés; et celui qui devait trois ans plus tard
rentrer de nuit au palais des Tuileries comme un
fugitif, après avoir eu beaucoup de peine à se faire
ouvrir les portes du château, passait encore sous
des arcs de triomphe avec une gloire vierge encore
de défaites et une fortune encore fidèle. Ces rapprochemens me sont douleureux; mais ils me viennent à l'esprit malgré moi, aucune année de l'empire n'ayant été marquée par plus de fêtes, plus
d'entrées triomphantes, plus de réjouissances populaires, que l'année qui précéda les malheurs de
1812.

Une partie des artistes du Théâtre-Français de
Paris avait suivi la cour en Hollande. Talma y joua
les rôles de Bayard et d'Orosmane. M. Alissan de
Chazet y fit exécuter, par les comédiens français
d'Amsterdam, un à-propos vaudeville en l'honneur de Leurs Majestés : j'en ai oublié le titre. Ici
encore je dois relever une assertion non moins
fausse de l'auteur de ces Mémoires sur la prétendue liaison qui eut lieu entre l'empereur et mademoiselle Bourgoin. Je cite le passage : « Mademoi-
» selle Bourgoin, l'une des déléguées de la cour
» de Thalie, pour être du voyage en Hollande,

» mademoiselle Bourgoin, étourdie, avait, disait-
» on, succombé à la tentation de faire quelques
» révélations indiscrètes, se flattant même tout
» haut d'attirer l'empereur au theâtre où elle joue-
» rait. Ces petites fanfaronnades, qui n'étaient
» point des fanfaronnades de vertu, allèrent jus-
» qu'aux oreilles de l'empereur, qui ne voulut
» point paraître au théâtre. Il chargea *Talma*,
» pour lequel il avait une grande bienveillance,
» d'engager la jolie actrice à se taire, et de lui
» annoncer qu'à la plus petite indiscrétion elle se-
» rait, sous bonne escorte, reconduite en France.»
Cela s'accorde peu avec ce que Sa Majesté dit un
jour à l'empereur Alexandre au sujet de cette
actrice, lors du séjour à Erfurth. Ces paroles,
dont l'auteur des Mémoires aurait dû se souvenir,
prouvent bien que l'empereur n'avait aucune vue
sur elle. Il y a quelque chose qui le prouve mieux
encore, c'est la grande discrétion qu'il a toujours
eue sur le chapitre des amours.

Durant tout le voyage de Hollande, l'empereur
se montra bon, affable, accueillant tout le monde,
et parlant à chacun le langage qui devait lui convenir. Jamais on ne le vit plus aimable ni plus
empressé à plaire. Il visitait les manufactures,
inspectait les chantiers, passait les troupes en
revue, haranguait les marins, et acceptait les bals

qui lui étaient offerts dans toutes les villes où
il passait. Dans cette vie de plaisirs et de distractions apparentes; il se donnait presque plus de
mouvement que dans la vie sérieuse et inquiète
des camps. Il se montrait à ses nouveaux sujets
gracieux; poli, parlant à tout le monde. Mais dans
ces promenades, au milieu même de ces fêtes,
dans tout ce bruit des villes qui se portaient à sa
rencontre ou lui servaient d'escorte, sous ces arcs
de triomphe qui lui étaient dressés quelquefois à
l'entrée d'un obscur village, sa pensée était plus
sérieuse que jamais, et son âme plus soucieuse,
car il songeait dès ce temps à son expédition de
Russie. Peut-être même entrait-il dans cette amé-
nité de manières, dans cette bonne grâce, dans
ces actes de bienfaisance, dont la meilleure partie
était d'ailleurs dans son caractère, le dessein de
préparer à l'avance quelque adoucissement au mécontentement que cette expédition devait produire; peut-être, en rattachant les cœurs à sa
personne, en déployant tous ses moyens de plaire,
pensait-il à se faire pardonner par l'enthousiasme
une guerre dont le résultat, quel qu'il fût, devait
coûter tant de sang et de larmes à l'empire.

Pendant le séjour de Leurs Majestés à Amsterdam, on avait placé dans un cabinet de l'impératrice un piano, construit de manière à faire l'effet

d'un secrétaire partagé au milieu. Dans ce vide'
était placé un petit buste de l'empereur de Russie.
Quelques momens après, l'empereur voulut voir
si l'impératrice était bien logée ; en visitant l'appartement, il aperçut ce buste ; il l'òta, et le mit
sous son bras sans dire un mot. Il dit ensuite à
une dame de l'impératrice qu'il voulait qu'on ôtât
ce buste. On obéit ; mais cela causa de l'étonnement, car on ne croyait pas encore que la mésintelligence se fût mise entre les deux empereurs.

Quelques jours après son arrivée à Amsterdam,
l'empereur s'était mis à faire quelques excursions
dans le pays, accompagné d'une suite peu nombreuse. Il alla visiter à Saardam la chaumière qui
abrita quelque temps Pierre-le-Grand, lorsqu'il
vint en Hollande, sous le nom de Pierre Michaë-
loff, étudier la construction. Après s'y être arrêté
un quart d'heure, l'empereur dit en sortant à son
grand-maréchal du palais : « Voilà le plus beau mo-
» nument de la Hollande. » La veille, sa majesté l'impératrice avait été visiter le village de Broeck,
dont la Nord-Hollande s'enorgueillit comme d'une
merveille. La presque totalité des maisons de ce
village est bâtie en bois et à un seul étage ; les
planches qui garnissent le devant sont ornées de
peintures diverses, selon le caprice des propriétaires. Ces peintures sont entretenues avec un très-

grand soin, et se conservent dans un état de fraicheur parfaite. Les carreaux des croisées, d'un verre très-fin, laissent apercevoir des rideaux en soieries brochées de Chine, en mousselines peintes et d'autres toiles de l'Inde. Les rues sont pavées en briques et fort propres ; on les lave et frotte régulièrement. Elles sont couvertes d'un sable blanc très-fin avec lequel on imite diverses figures, et particulièrement des fleurs. Des poteaux placés aux deux bouts de chaque rue interdisent aux voitures l'entrée du village, dont les maisons ressemblent de loin à des joujoux d'enfans. Les bestiaux sont soignés par des mercenaires, à une certaine distance, et il y a même, hors du village, une auberge pour les étrangers, qui n'ont pas le droit de loger dans l'intérieur. Sur le devant de quelques maisons, j'ai remarqué, soit un parterre, soit un certain arrangement de sables colorés et de coquillages ; tantôt de petites statues de bois peint, tantôt des buissons bizarrement taillés. Il n'y a pas jusqu'à la vaisselle et aux manches des balais qui ne soient peints de diverses couleurs, et entretenus comme le reste de la maison. Les habitans poussent la propreté jusqu'à forcer ceux qui entrent chez eux d'ôter leurs chaussures et de mettre des pantoufles qui sont à la porte et destinées à ce singulier usage. On se souvient, à ce sujet, de l'anecdote de l'empereur Joseph. Ce prince s'étant présenté en bottes à la porte d'une maison de Broeck, comme on voulait les lui faire quitter pour entrer : « Je suis l'empereur, dit-il. » — « Quand vous seriez le bourguemestre d'Amster- » dam ; lui répondit le maitre du logis, vous n'y » entrerez pas en bottes. » Le bon empereur mit les pantoufles.

Pendant le voyage de Hollande, on avait appris à Leurs Majestés que la première dent du roi de Rome venait de percer. Ce premier travail de la dentition n'avait point altéré la santé de l'auguste enfant.

Dans une des petites villes de la Nord-Hollande, les notables demandèrent à l'empereur la permission de lui présenter un vieillard âgé de cent un ans. Il ordonna qu'on le fît venir. C'était un vieillard encore vert, qui avait servi jadis dans les gardes du stathouder; il présenta une pétition où il suppliait l'empereur d'exempter de la conscription un de ses petits-fils, l'appui de sa vieillesse. Sa Majesté lui fit répondre par un interprète qu'on ne le priverait pas de son petit-fils, et le maréchal Duroc fut chargé de laisser au pauvre vieillard un témoignage de la libéralité impériale. Dans une autre petite ville de la Frise, les autorités firent à l'empereur cette singulière allocution : « Sire ! nous

» avions peur de vous voir avec toute la cour ; vous
» étes presque seul, nous ne vous en verrons que
» mieux et plus à notre aise. Vive l'empereur ! »
l'empereur applaudit à cette loyale félicitation, et
il en fit à l'orateur de touchans remercîmens.
Après ce long voyage ; passé dans des fêtes, des
revues et des pompes de tout genre, où l'empereur, sous un air d'amusemens, avait fait de profondes observations sur la situation morale, com-
merciale et militaire de la Hollande, observations
qui se résolurent, à son retour à Paris et dans le
pays même, en sages et utiles décrets, Leurs Majestés quittèrent la Hollande, en passant par Harlem,
La Haye, Rotterdam, où elles furent accueillies,
comme dans le reste de la Hollande, par des fêtes.
Elles traversèrent le Rhin, visitèrent Cologne-la-
Chapelle, et arrivèrent à Saint-Cloud dans les premiers jours de novembre 1811.

●●●

CHAPITRE II.

Marie-Louise. — Son portrait. — Ce qu'elle était dans l'intérieur et en public. — Ses relations avec les dames de la cour.
— Son caractère. — Sa sensibilité. — Son éducation. — Elle
détestait le désœuvrement. — Comment elle est instruite des
affaires publiques. — L'empereur se plaint de sa froideur avec
les dames de la cour. — Comparaison avec Joséphine. —
Bienfaisance de Marie-Louise. — Somme qu'elle consacre
par mois aux pauvres. — Napoléon ému de ses traits de
bienfaisance. — Journée de Marie-Louise. — Son premier
déjeuner. — Sa toilette du matin. — Ses visites à madame
de Montebello. — Elle joue au billard. — Ses promenades
à cheval. — Son goûter avec de la pâtisserie. — Ses relations
avec les personnes de son service. — Le portrait de la duchesse
de Montébello retiré de l'appartement de l'impératrice quand
l'empereur était au château. — Portrait de l'empereur François. — Le roi de Rome. — Son caractère. — Sa bonté. —
Mademoiselle Fanny Soufflot. — *Le petit roi.* — Albert Froment. — Querelle entre le petit roi et Albert Froment. —
La femme en deuil et le petit garçon. — Anecdote. — Doci-
lité du roi de Rome. — Ses accès de colère. — Anecdote. —
L'empereur et son fils. — Les grimaces devant la glace. — Le
chapeau à trois cornes. — L'empereur joue avec le petit roi sur

la pelouse de Trianon. — Le petit roi dans la salle du conseil. — Le petit roi et l'huissier. — *Un roi ne doit pas avoir peur.* — Singulier caprice du roi de Rome.

———

Marie-Louise était une fort belle femme. Elle avait une taille majestueuse, de la noblesse dans le port, beaucoup de fraîcheur dans le teint, les cheveux blonds, les yeux bleus, et pleins d'expression ; ses pieds et ses mains faisaient l'admiration de la cour, mais elle avait peut-être un peu trop d'embonpoint. Elle en perdit un peu pendant son séjour en France ; aussi est-il vrai de dire qu'elle gagna d'autant en grâce et en beauté.

Telle elle était à l'extérieur. Dans ses rapports avec les personnes qui formaient sa société la plus habituelle, elle était affable et expansive : alors tout le bonheur qu'elle ressentait dans la liberté de ces entretiens se peignait sur sa figure, qui s'animait et prenait une grâce infinie. Mais dans les occasions où elle devait représenter, elle devenait extrêmement timide. Le beau monde semblait l'isoler d'elle-même : et comme les personnes qui ne sont point naturellement hautes ont toujours mauvaise grâce à le paraître, ainsi Marie-Louise, qui

était toujours très-embarrassée dans les jours de
réception, donnait lieu souvent à des remarques
peu justes; car, comme je l'ai dit, sa froideur au
fond venait d'une excessive timidité.

Dans les premiers momens de son arrivée en
France, Marie-Louise avait plus que jamais cet air
d'embarras. Cela se conçoit facilement de la part
d'une princesse qui se trouvait si subitement trans-
portée dans une nouvelle société dont il fallait prendre les usages et affecter les goûts. Et puis, quoique sa haute position dût naturellement appeler le
monde à elle, cependant force lui était de l'aller
chercher un peu elle-même. C'est ce qui explique
la gène de ses premières relations avec les dames
de la cour. Mais quand les rapprochemens de ce
genre devinrent plus fréquens et que la jeune impératrice eut fait ses choix dans tout l'abandon de
son cœur, alors les grands airs de froideur ne furent plus gardés que pour les grands jours. Marie-Louise était d'un caractère calme, réfléchi. Il
fallait peu de chose pour donner l'éveil à sa sensibilité; et cependant, quoique facile à s'émouvoir,
elle était peu démonstrative. L'impératrice avait
reçu une éducation très-soignée. Son esprit était
cultivé et ses goûts fort simples. Elle avait tous les
talens d'agrément : elle détestait ces heures fades
passées dans le désœuvrement. Aussi aimait-elle à

s'occuper, parce que ses goûts l'y portaient, et puis parce qu'elle voyait dans le bon emploi des heures le seul moyen de chasser l'ennui. Je crois que c'était bien la femme qui convenait à l'empereur. Elle aimait trop son intérieur pour se mêler jamais aux intrigues politiques, et très-souvent elle n'avait connaissance des affaires publiques, elle impératrice et reine, que par la voie des journaux. L'empereur, au sortir de ses journées agitées, ne devait trouver un peu de délassement que dans un intérieur paisible, et qui le rappelât au bonheur d'être en famille. Une femme intrigante, une causeuse politique lui eût cassé la tête.

Cependant l'empereur se plaignit quelquefois du peu d'amabilité que la nouvelle impératrice témoignait aux dames de la cour. Il souffrait de son excessive réserve dans un pays où l'on pèche peut-être par l'excès contraire; c'est qu'il songeait un peu au temps passé, à l'impératrice Joséphine, dont l'inaltérable gaîté faisait le charme de la cour. Il devait être frappé du contraste, mais n'y avait-il pas un peu d'injustice dans le fond de sa pensée? L'impératrice Marie-Louise était fille d'empereur, et n'avait jamais vu et connu que des courtisans, et point de gens du peuple. Aussi ses sympathies n'allaient pas au-delà des murs du palais de Vienne. Elle était arrivée un beau jour aux Tuileries, au milieu d'un peuple qu'elle n'avait jamais vu qu'habillé en soldat : c'est pourquoi la raideur de ses maniéres, avec les personnes de la brillante société de Paris, me semblait jusqu'à un certain point excusable. Il paraît en outre que l'on habituait l'impératrice à un rigorisme de franchise et de naturel tout-à-fait déplacé. A force de lui répéter d'être naturelle, on avait empêché chez elle cet abandon dans les formes, si convenable de la part des grands, que l'on ne va trouver qu'autant qu'ils vous appellent à eux. L'impératrice Joséphine aimait le peuple parce qu'elle en avait fait partie. En montant sur un trône, sa bonté communicative eut tout à gagner, car elle trouva à s'étendre plus au large.

Bonne comme elle l'était, l'impératrice Marie-Louise devait chercher à faire des heureux. On parlera long-temps de sa bienfaisance, et surtout de sa manière délicate de faire le bien. Tous les mois elle prenait sur les fonds affectés à sa toilette dix mille francs pour les pauvres. Ses aumônes ne se bornaient pas là; elle accueillit toujours avec un vif intérêt ceux qui lui parlèrent de malheureux à soulager. A l'empressement qu'elle mettait à écouter les solliciteurs, il semblait qu'on l'eût rappelée tout à coup à un devoir; et pourtant on n'avait fait que toucher la corde sensible de son cœur.

Je ne sache pas que l'on ait jamais éprouvé d'elle

un refus dans les demandes de ce genre. L'empereur était profondément ému toutes les fois qu'il venait à connaître un acte de bienfaisance de l'impératrice.

A huit heures du matin on ouvrait les rideaux et les persiennes à moitié dans l'appartement de l'impératrice Marie-Louise ; on lui donnait les journaux qu'elle parcourait. Ensuite on lui servait du chocolat ou du café, avec une espèce de pâtisserie que l'on nomme *conque* ; elle faisait ce premier déjeuner dans son lit. A neuf heures Marie-Louise se levait, faisait sa toilette du matin, et recevait les personnes qui avaient droit au petites entrées. Tous les jours, en l'absence de l'empereur, l'impératrice montait dans l'appartement de madame de Montebello. A onze heures, elle déjeunait presque toujours seule et s'occupait de musique ou de petits ouvrages : quelquefois elle jouait au billard. A deux heures elle montait à cheval ou en voiture avec madame de Montebello, sa dame d'honneur, et suivie de son service , qui se composait du chevalier d'honneur et de quelques dames du palais. En rentrant dans ses appartemens, après la promenade, elle prenait un léger repas de pâtisserie et de fruits. Après avoir pris ses leçons de dessin, de peinture et de musique, elle commençait sa grande toilette. De six à sept heures elle dinait avec l'empereur, ou en son absence avec madame de Montebello. Le dîner se composait d'un seul service. La soirée se passait ou en réceptions ou en concerts, spectacles, etc. L'impératrice se retirait à onze heures. Une de ses femmes couchait toujours dans l'appartement qui précédait la chambre à coucher ; et c'était devant cette dame que l'empereur devait passer, quand il voulait coucher avec Marie-Louise.

Les habitudes de l'impératrice étaient quelquefois dérangées, quand l'empereur était présent ; mais, seule, l'impératrice était ponctuelle dans tout et faisait exactement les mêmes choses aux mêmes heures. Son service particulier paraissait lui être fort attaché. Elle était froide et grave, mais on la trouvait bonne et juste.

En l'absence de l'empereur, le portrait de la duchesse de Montebello ornait la chambre de l'impératrice, avec tous ceux de la famille impériale d'Autriche. Au retour de l'empereur, le portrait de la duchesse était retiré. Pendant la guerre qui eut lieu entre l'empereur et les empereurs d'Autriche et de Russie, le portrait de François II fut enlevé de l'appartement de sa fille par les ordres de Sa Majesté, et fut, je pense, mis en pénitence dans quelque endroit caché.

Le roi de Rome était un très-bel enfant ; mais il

ressemblait moins à l'empereur que le fils d'Hortense. Ses traits offraient un mélange fort agréable de ceux de son père et de sa mère. Je ne l'ai connu que dans sa première enfance. Ce qu'on remarquait le plus en lui à cet âge, c'était une grande bonté et beaucoup d'attachement pour les personnes qui l'entouraient. Il aimait beaucoup une jeune et jolie personne, fille d'une première dame, mademoiselle Fanny Soufflot, qui ne le quittait presque pas; il voulait toujours la voir parée; il demandait à l'impératrice Marie-Louise ou à sa gouvernante, madame la comtesse de Montesquiou, quelques colifichets qui lui semblaient jolis, et qu'il voulait donner à sa jeune amie. Il lui faisait promettre de le suivre à la guerre quand il serait grand, et lui disait de ces mots charmans qui peignent un bon cœur.

On avait laissé auprès du *petit roi* (comme il se nommait lui-même) un jeune enfant appartenant aussi à une première dame : c'était, je crois, Albert Froment. Un matin qu'ils jouaient ensemble dans le jardin sur lequel ouvrait l'appartement du roi à Saint-Cloud, mademoiselle Fanny les veillant sans gêner leurs jeux, Albert voulait la brouette du roi; celui-ci résiste, et Albert le frappe. Le roi lui dit aussitôt : « Si on te voyait ! mais je ne le » dirai pas. » Je crois ce trait caractéristique.

Un jour il était aux fenêtres du château avec sa gouvernante, s'amusant beaucoup à voir passer le monde, et montrant du doigt à sa gouvernante ce qui attiráit le plus son attention. En regardant au bas de ses fenêtres, il aperçut une femme en deuil qui tenait par la main un petit garçon de trois à quatre ans, aussi en deuil. Ce petit enfant tenait à la main une pétition qu'il montrait de loin au prince, et paraissait le supplier de la recevoir. Ces vêtemens noirs intriguèrent fort le jeune prince. Il demanda à sa gouvernante *pourquoi ce pauvre petit était habillé tout en noir.* — « Sans doute, c'est » que son papa est mort, » lui répondit la gouvernante. L'enfant manifesta un vif désir de parler au petit solliciteur. Madame de Montesquiou, qui avait surtout à cœur de favoriser dans son jeune élève cette disposition à la bonté, donna ordre qu'on fit monter la mère et l'enfant. Cette femme était la veuve d'un brave homme qui avait été tué dans la dernière campagne. Cette perte l'avait mise dans la misère ; elle sollicitait une pension de l'empereur. Le jeune prince prit la pétition, et promit de la remettre à son papa. Le lendemain il va présenter ses devoirs à son père comme à l'ordinaire, et lui remet toutes les pétitions de la veille dont il était chargé ; une seule fut remise à part : c'était celle de son petit protégé. « Papa, dit-il à son père,

voici une pétition d'un petit garçon dont le papa
est mort à cause de toi; donne-lui une pension. »
Napoléon ému embrassa son fils. Le brevet de la
pension fut expédié dans la journée. C'est là sans
contredit le trait d'une âme de bien bonne heure
excellente.

Sa première éducation d'enfance fut très-facile.
Madame de Montesquiou avait pris sur lui un
grand empire : elle le devait à la manière tout à la
fois douce et grave dont elle le reprenait, quand il
faisait quelque faute. L'enfant était généralement
docile; cependant il avait quelquefois de violens
accès de colère. Sa gouvernante avait adopté un
moyen excellent pour l'en corriger : c'était de demeurer impassible, laissant se calmer d'elles-mêmes ses petites fureurs. Quand l'enfant revenait à
lui, une observation faite avec sévérité et onction
en faisait un petit Caton pour tout le reste de la
journée. Un jour qu'il se roulait à terre en poussant
de grands cris, sans vouloir écouter les remontrances de sa gouvernante, celle-ci ferma les fenêtres et les contrevents. L'enfant, que ce changement imprévu de décoration étonne, oublie ce qui
l'avait contrarié, et lui demande pourquoi elle
agissait ainsi. « C'est de peur qu'on ne vous entende,
répondit-elle; croyez-vous que les Français vou-
draient d'un prince comme vous, s'ils savaient que

vous vous mettez ainsi en colère? — « Crois-tu qu'on m'ait entendu? s'écria-t-il; j'en serais bien fâché. Pardon, *maman Quiou* (c'est ainsi qu'il l'appelait); je ne le ferai plus.»

L'empereur aimait passionnément son fils; il le prenait dans ses bras toutes les fois qu'il le voyait, l'enlevait violemment de terre, puis l'y ramenait, puis l'enlevait encore, s'amusant beaucoup de sa joie. Il le taquinait, le portait devant une glace, et lui faisait souvent mille grimaces dont l'enfant riait jusqu'aux larmes. Lorsqu'il déjeunait, il le mettait sur ses genoux, trempait un doigt dans la sauce, le lui faisait sucer, et lui en barbouillait le visage. La gouvernante grondait, l'empereur riait plus fort, et l'enfant, qui prenait plaisir au jeu, demandait dans sa joie bruyante que son père réitérât. C'était là le bon moment pour faire arriver les pétitions au château. Elles étaient toujours bien accueillies, grâce au crédit tout puissant du petit médiateur.

L'empereur, dans ses tendresses, était quelquefois plus enfant que son fils. Le jeune prince n'avait encore que quatre mois, que son père mettait sur ce joli nourrisson son chapeau à trois cornes. L'enfant pleurait assez ordinairement; alors l'empereur l'embrassait avec une force et un plaisir qu'il n'appartient qu'à un père tendre de ressentir. Il lui disait : « Quoi, sire, vous pleurez ! Un roi, un roi pleure ! fi donc ; comme cela est vilain ! » Il avait un an, quand un jour, à Trianon, sur la pelouse, devant le château, je vis l'empereur qui avait placé la ceinture de son épée sur l'épaule du roi et son chapeau sur sa tête. Il se mettait à quelque distance, tendant les bras à l'enfant, qui marchait jusqu'à lui en chancelant. Quelquefois ses petits pieds s'embarrassaient dans l'épée de son père. Il fallait voir alors avec quel empressement Sa Majesté étendait les bras pour lui éviter une chute.

Une fois, dans son cabinet, l'empereur était couché sur le tapis ; le roi, à cheval sur ses jambes, montait par saccades jusqu'au visage de son père, et alors il l'embrassait. Une autre fois l'enfant vint dans le salon du conseil, qui était fini. Les conseillers et les ministres y étaient encore. Le roi courut dans les bras de son père sans faire attention à d'autres qu'à lui. L'empereur lui dit : « Sire, vous n'avez pas salué ces messieurs. » L'enfant se retourna, salua avec grâce, et son père l'enleva dans ses bras. Quand il venait voir l'empereur, il courait dans les appartemens de manière à laisser madame de Montesquiou loin derrière lui. Il disait à l'huissier du cabinet : « Ouvrez-moi, je veux voir papa. » L'huissier lui répondait : « Sire, je ne puis ouvrir. ⸗ Mais je suis le petit roi. — Non, sire, je n'ouvrirai pas. » Pendant ce moment, sa gouvernante arrivait, et, fier alors de sa protection, il disait : « Ouvrez, le petit roi le veut. »

Madame de Montesquiou avait fait ajouter aux prières que l'enfant faisait soir et matin ces mots : « Mon Dieu, inspirez à papa de faire la paix pour le bonheur de la France. » Un jour que l'empereur assistait au coucher de son fils, il fit la même prière. L'empereur l'embrassa, ne dit rien, mais sourit d'une manière pleine de bonté en regardant madame de Montesquiou.

L'empereur disait au roi de Rome quand il était effrayé de son bruit et de ses grimaces : « Comment! comment! un roi ne doit pas avoir peur. »

Je me rappelle encore une anecdote sur le jeune fils de l'empereur qui m'a été racontée par Sa Majesté elle-même un soir que j'étais à la déshabiller comme de coutume. L'empereur en riait de tout son cœur. « Vous ne vous douteriez pas, me dit-il, » de la singulière récompense que mon fils a de- » mandée à sa gouvernante pour avoir été bien sage. » Ne voulait-il pas qu'elle lui permît d'aller bar- » botter dans la boue! » Le fait était vrai, et prouve,

ce me semble; que les grandeurs dont on envi-
ronne le berceau des princes, ne suffisent point
pour détruire ce qu'il y a souvent de bizarre dans
les caprices de l'enfance.

CHAPITRE III.

L'abbé Geoffroy reçoit les étrivières. — Mot de l'empereur à ce sujet. — M. Corvisart. — Sa franchise. — Il tient à ce qu'on observe ses ordonnances. — L'empereur l'aimait beaucoup. — M. Corvisart à la chasse pendant que l'empereur est pris de violentes coliques. — Ce qu'il en arrive. — Crédit de M. Corvisart auprès de l'empereur. — Il parle chaudement pour M. de Bourrienne. — Réponse de Sa Majesté. — Le cardinal Fesch. — Sa volubilité. — Mot de l'empereur. — Ordre que me donne Sa Majesté avant le départ pour la Russie. — M. le comte de Lavalette. — Les diamans. — Joséphine me fait demander à la Malmaison. — Elle me recommande d'avoir soin de l'empereur. — Elle me fait promettre de lui écrire. — Elle me donne son portrait. — Réflexion sur le départ de la grande armée. — Quelle est ma mission. — Le transfuge. — On l'amène devant l'empereur. — Ce que c'était. — Discipline russe. — Fermentation de Moscou. — Barclay. — Kutuzof. — La classe marchande. — Kutuzof généralissime. — Son portrait. — Ce que devient le transfuge. — L'empereur fait son entrée dans une ville russe, escorté de deux Cosaques. — Les Cosaques descendus de cheval. — Ils boivent de l'eau-de-vie comme de l'eau. — Murat. — D'un mouvement de son sabre il fait reculer une horde de Cosa-

––––––

Tout le monde a connu l'abbé Geoffroy de sati-
rique mémoire, et ces feuilletons qui faisaient le
désespoir des auteurs et des acteurs les plus en
vogue à cette époque. Il fallait que cet impitoyable
Aristarque se fût voué de bien bon cœur à cette
profession épineuse, car il y alla quelquefois pour

lui, non pas de sa vie, ce que bien des gens peut-être auraient désiré, mais au moins de sa santé et de son repos. Il est bon sans doute de s'attaquer à qui peut répliquer avec la plume ; alors les conséquences de la lutte ne vont pas au delà du ridicule qui en résulte souvent pour les deux adversaires. Mais l'abbé Geoffroy ne remplissait qu'une des deux conditions en vertu desquelles on peut être critique méchant ; il avait beaucoup de fiel dans le style, mais il n'était pas homme d'épée. Or on sait qu'il est tels gens devant qui il est bon de se présenter avec ces deux argumens.

Un de ces acteurs, que l'abbé Geoffroy ne gâtait pas précisément par ses éloges, voulut se venger d'une manière *piquante*, et dont il pût rire long-temps. Un soir, à la sortie du spectacle, prévoyant peut-être ce qui l'attendait dans le feuilleton du lendemain, il ne trouva rien de mieux que d'enlever le terrible Geoffroy à la sortie du spectacle, de le conduire les yeux bandés dans une maison où il lui serait infligé, à lui, maître en l'art d'écrire, une punition d'écolier. Ainsi fut fait : à l'instant où l'abbé regagnait son logis, se frottant peut-être les mains de quelque trait piquant à jeter le lendemain sur le papier, trois ou quatre vigoureux gaillards le saisissent et l'emportent sans mot dire au lieu du supplice. Le même soir l'abbé, bien flagellé, ouvrit les

yeux dans le beau milieu de la rue ; où il se trouva
seul, et fort éloigné de son domicile. L'empereur,
à qui on parla de ce tour plaisant, n'en rit pas du
tout. Loin de là, il s'emporta, et dit que s'il connaissait l'auteur de cette violence inique, il le ferait punir. « Quand un homme attaque avec la
plume, ajouta-t-il, il faut lui répondre de même. »
La vérité est d'ailleurs que l'empereur aimait beaucoup Geoffroy, dont il ne voulait pas que les feuilletons fussent soumis à la censure comme ceux
des autres journalistes. On disait dans Paris que
cette prédilection d'un grand homme pour un critique acerbe venait de ce que les feuilletons du
Journal de l'empire, dont on s'occupait beaucoup
à cette époque, étaient une utile diversion donnée
aux esprits de la capitale. Je ne sais rien de positif
à cet égard, mais quand je me rappelle le caractère de l'empereur, qui ne voulait pas que l'on
s'occupât de sa politique, ces bruits ne me paraissent pas dénués de fondement.

Le docteur Corvisart n'était pas courtisan. Il
venait rarement hors des jours de son service : c'é-
tait le mercredi et le samedi ; il était d'une grande
franchise avec l'empereur, tenait fortement à ce
que ses ordonnances fussent suivies à la lettre,
et usait largement de ce droit qu'ont tous les mé-
decins de gourmander les malades négligens. L'em-

pereur l'aimait particulièrement, et le retenait toujours, paraissant jouir beaucoup de sa conversation. Après le voyage de Hollande, en 1811, un samedi, M. Corvisart vint voir l'empereur, qu'il trouva très-bienportant. Il partit après la toilette et fut de suite à sa campagne pour se livrer au plaisir de la chasse, qu'il aimait prodigieusement. Il avait pour habitude de ne jamais dire chez lui où il allait, afin de n'être pas dérangé pour peu de chose, comme cela lui était déjà arrivé; car du reste le docteur était plein d'obligeance et de dévouement.

Un jour après son déjeuner, qu'il fit comme de coutume fort vite, l'empereur se trouva pris tout à coup de violentes coliques et d'un malaise général; il demanda M. Corvisart, et un courrier fut expédié pour l'aller chercher. Ne le trouvant pas à Paris, il piqua son cheval et courut à la campagne du docteur; mais le docteur était à la chasse, et l'on ne savait de quel côté. Le courrier revint sans le docteur. L'empereur en fût vivement contrarié; il souffrait beaucoup. Enfin il se mit au lit, et Marie-Louise vint passer quelques instans près de lui. M. Ivan, ayant été appelé, donna quelques ordonnances dont l'empereur se trouva bien.

M. Corvisart, inquiet peut-être, vint le lundi au lieu du mercredi. Quand il entra dans la chambre de Napoléon, celui-ci était en robe de chambre, courut à lui, et lui prenant les deux oreilles, lui dit : « Eh bien, Monsieur, si j'étais sérieusement malade, il faudrait donc que je me passasse de vos soins? » M. Corvisart s'excusa, demanda à l'empereur ce qu'il avait ressenti, ce qu'il avait pris, et promit de dire toujours chez lui où il serait, afin qu'on pût le trouver au premier ordre de Sa Majesté, qui fut vite calmée. Le docteur y gagna ainsi, en ce qu'il se corrigea d'une mauvaise habitude. Il est probable que ses malades s'en trouvèrent bien.

M. Corvisart avait un immense crédit auprès de l'empereur. Aussi bien des gens qui le savaient chargeaient de préférence le docteur de pétitions. Il était rare qu'il n'obtînt pas les demandes qu'il faisait quelquefois à l'empereur. Pourtant je l'ai souvent entendu parler chaudement de M. de Bourrienne pour parvenir à lui faire comprendre qu'il était fort attaché à Sa Majesté; mais elle répondait toujours : « Non, Bourrienne est trop Anglais. Au reste, il est bien; je l'ai mis à Hambourg. Il aime l'argent, et il en peut avoir là. »

C'est dans le courant de l'année 1811 que le cardinal Fesch vint le plus souvent dans la chambre de l'empereur. Les discussions qu'ils avaient ensemble me parurent des plus vives. Le cardinal tenait fort à ses opinions, et parlait d'un ton fort haut et avec une grande volubilité. Il ne fallait pas plus de cinq minutes pour que la conversation prît de l'aigreur. Alors j'entendais l'empereur élever la voix en proportion. Assez souvent il y eut entre eux échange de propos amers ; et toutes les fois que je voyais arriver le cardinal, je ne pouvais m'empêcher de plaindre l'empereur, qui était toujours fort agité au sortir de ces discussions. Un jour, au moment où le cardinal prenait congé de l'empereur, j'entendis ce dernier lui dire avec aigreur : « Cardinal, vous êtes bien de votre caste. »

Quelques jours avant notre départ pour la Russie, l'empereur me fit appeler dans la journée, et me dit d'aller prendre au trésor le coffre aux diamans et de le déposer dans sa chambre, puis de ne pas m'éloigner, ajoutant qu'il aurait encore besoin de moi. Sur les neuf heures du soir, je fus appelé, et trouvai M. le comte de Lavalette, directeur général des postes, dans la chambre de l'empereur. Sa Majesté ouvrit le coffre devant moi, en examina le contenu, et me dit : « Constant, portez vous-même ce coffre dans la voiture de M. le comte, et restez-y jusqu'à ce qu'il arrive. » La voiture était au grand perron, dans la cour des Tuileries. Je me la fis ouvrir et y entrai. J'attendis jusqu'à onze heures et demie, que M. de Lavalette y arrivât. Il avait passé tout ce temps à causer avec l'empereur. Je ne m'expliquai pas d'où venait cette précaution de donner les diamans à M. de Lavalette. Mais elle n'était sûrement pas sans motif.

Le coffre contenait : le glaive sur le pommeau duquel était monté le *régent;* la poignée était enrichie de diamans d'un grand prix. Le grand collier de la Légion-d'Honneur, les plaques, la ganse du chapeau, la contre-épaulette, les boutons de l'habit du sacre, les boucles de souliers et de jarretières, tous objets d'un prix immense.

Peu de temps avant notre départ pour la campagne de Russie, l'impératrice Joséphine me fit demander. Je fus de suite à la Malmaison, où cette excellente femme me renouvela les recommandations les plus vives sur les soins à donner à l'empereur pour sa santé et sa sûreté. Elle me fit promettre que, s'il lui arrivait le moindre accident, je lui écrirais; avant tout voulant être certaine de savoir la vérité. Elle pleura beaucoup, me parla constamment de l'empereur; et, après un entretien de plus d'une heure, où elle épancha toute sa sensibilité, elle me fit présent de son portrait peint par *Saint* sur une tabatière en or. J'avais le cœur serré quand je sortis de cette entrevue. Rien n'était plus touchant en effet que cette femme disgraciée, et pourtant toujours aimante, faisant des vœux pour l'homme qui l'avait abandonnée, et,

mieux que cela, s'intéressant à lui comme l'aurait
fait l'épouse la plus aimée.

. En entrant en Russie, chose dont je parle ici
plus selon l'ordre de mes souvenirs que selon l'ordre du temps, l'empereur envoyait sur trois routes
différentes des services de gendarmerie d'élite pour
préparer à l'avance les logemens, les lits, canti-
nes, etc... C'était MM. Sarrazin, adjudant lieutenant, Verges, Molène, le lieutenant Pachot. Au
surplus je consacrerai plus tard un chapitre entier
à notre itinéraire de Paris à Moscou.

Quelque temps avant la bataille de la Moskowa,
on amena au camp un homme habillé à la russe,
mais qui parlait français ; du moins il y avait dans
son langage un singulier mélange de russe et de
français. Cet homme s'était échappé furtivement
des lignes ennemies : quand il s'était aperçu que
nos soldats n'étaient plus qu'à une petite distance
de lui, il était sorti des rangs , avait jeté son fusil
à terre en s'écriant avec l'accent russe fortement
prononcé : « Je suis Français.» Nos soldats l'avaient
fait prisonnier.

Jamais prisonnier ne fut plus enc anté de son
changement de domicile. Ce malheureux , qui paraissait avoir pris les armes contre son gré pour
servir les ennemis de son pays, arrive au camp
français se disant le plus heureux des hommes d'a-

voir retrouvé ses compatriotes. Il serrait la main à tous nos soldats avec une liberté qui plut à tous. On l'amena à l'empereur : il parut très-intimidé de se trouver en présence du *roi des Français;* c'est ainsi qu'il appelait Sa Majesté. L'empereur le questionna long-temps : il dit que le bruit du canc françaís luí avait fait toujours battre le cœur ; qu'il n'avait craint qu'une chose : c'était d'être tué par ses compatriotes. D'après ce qu'il dit à l'empereur, il paraît que c'était un de ces hommes comme il y en a tant, qui se trouvent transportés par leur famille dans une terre étrangère sans connaître bien les causes de leur émigration. Son père avait exercé à Moscou une profession industrielle assez misérable. Il était mort; et l'avait laissé sans ressources et sans avenir. Pour avoir du pain , il s'était fait soldat. Il dit que la discipline militaire russe était une des grandes raisons qui l'avaient encouragé à déserter. Il ajouta qu'il avait de bons bras , du cœur, et qu'il servirait dans l'armée française, si son général le permettait. Sa franchise plut à l'empereur, qui désirait tirer de lui quelques renseignemens positifs sur l'état des esprits à Moscou. On sut d'après ses révélations, plus ou moins intelligibles, qu'il régnait dans cette ancienne capitale une grande fermentation. On entendait, disait-il, crier dans les rues : «Plus de Barclay ! à bas le traître ! le lâche ! Vive Kutusof! » La classe marchande, qui avait une grande influence parce qu'elle était la plus généralement riche, se plaignait d'un système de temporisation qui laissait les choses dans l'incertitude, et compromettait l'honneur des armes russes. On ne pouvait pas pardonner à l'empereur d'investir de sa confiance un étranger, quand le vieux Kùtusof, qui avait le sang et l'âme d'un Russe, avait un emploi secondaire. L'empereur Alexandre n'avait pas tenu compte de ces réclamations énergiques. A la fin, effrayé des symptômes de soulèvement qui s'étaient manifestés dans son armée, il avait cédé. Kutusof était nommé généralissime. On avait illuminé à Moscou en réjouissance de cet important événement. On parlait d'une grande bataille avec les Français; l'enthousiasme était au comble dans l'armée russe : tous les soldats avaient attaché à leurs shakos une branche d'arbre verte. Le prisonnier parlait avec effroi de Kutusof. Il disait que c'était un *vieux* à cheveux blancs, qui avait de grandes moustaches, des yeux à faire peur; qu'il s'en fallait de beaucoup qu'il fût vêtu comme les généraux français; qu'il avait des habits fort ordinaires, lui qui pouvait en avoir de si beaux; qu'il rugissait comme un lion quand il était en colère; qu'il ne se mettait jamais en marche sans avoir récité ses prières; qu'il se signait fréquemment à différentes heures de la journée. « Les soldats l'aiment beaucoup, ajoutait-il, parce qu'ils disent qu'il ressemble à Souwarow : je crains qu'il ne fasse beaucoup de mal aux Français.» L'empereur, content de ces renseignemens, renvoya le prisonnier, et ordonna qu'on le laissât circuler librement dans le camp. Plus tard il se battit bravement avec les nôtres.

L'empereur fit son entrée à Gjatz avec l'escorte la plus singulière. Dans une échauffourée on avait pris quelques Cosaques. Sa Majesté, qui dans ce moment était très-avide de renseignemens de quelque part qu'ils vinssent, désira questionner ces sauvages. Elle en fit venir deux ou trois au quartier-général. Ces hommes semblent faits pour être éternellement accolés à un cheval. Rien de plus plaisant que leur marche quand ils descendent à terre. Leurs jambes, que l'habitude de presser les flancs d'un cheval rend très-écartées, ressemblent assez à des branches de tenaille. Quand ils mettent pied à terre ils ont l'air d'être sur un élément qui n'est pas le leur. L'empereur entra dans Gjatz, escorté par deux de ces barbares à cheval. Ils parurent très-flattés de cet honneur. Je remarquai, à diverses reprises, que l'empereur ne pouvait s'empêcher de rire en voyant la tournure gauche de ces cavaliers de l'Ukraine, surtout alors qu'ils se donnaient des grâces. Leurs rapports, que l'interprète de Sa Majesté eut quelque peine à comprendre, parurent confirmer tout ce que l'on avait ouï dire de Moscou. Ces barbares firent entendre à l'empereur, par leurs gestes animés, leurs mouvemens convulsifs et leur posture guerrière, que dans peu il y aurait grande bataille entre les Russes et les Français. L'empereur leur fit donner de l'eau-de-vie; ils l'avalaient comme de l'eau pure, et tendaient de nouveau leurs verres avec un sang-froid très-plaisant. Leurs chevaux étaient petits, écourtés, à longues queues. Ces animaux paraissaient très-dociles. Hélas! on a pu en voir sans sortir de Paris.

C'est un fait historique que le roi de Naples en imposait beaucoup à ces barbares. On vint annoncer un jour à l'empereur qu'ils voulaient le nommer leur hetman. L'empereur rit beaucoup de leur offre, et dit en plaisantant qu'il était prêt à appuyer cette élection d'une peuplade libre. Il est certain que le roi de Naples avait dans son extérieur quelque chose de théâtral qui fascinait les yeux de ces barbares. Il était toujours vêtu avec un grand luxe. Quand son cheval l'emportait en avant de ses colonnes, et que le vent mettait le désordre dans ses grands cheveux, quand il donnait ces grands coups de sabre qui fauchaient les hommes, alors je conçois qu'il plût singulièrement à ces peuplades guerrières, chez qui les qualités extérieures peuvent être les seules appréciées. On a dit que le roi de Naples avait, en agitant seulement son grand sabre, fait rebrousser toute une horde de ces barbares. Je ne sais pas jusqu'à quel point le fait est vrai, mais il est au moins très-possible.

Le peuple cosaque croit aux sorciers. Il a cela de commun avec toutes les races encore dans l'enfance. On nous conta un trait assez plaisant sur le grand chef des Cosaques, le célèbre Platof. Poursuivi par le roi de Naples, il battait en retraite. Une balle atteignit un de ses officiers à côté de lui. L'hetman, courroucé contre son sorcier, le fit fustiger en présence de toutes les hordes, l'accusant amèrement de n'avoir pas détourné les balles par ses sortiléges. C'était à coup sûr avoir plus de foi en cet art que n'en avait le sorcier lui-même.

Le 3 septembre, de son quartier-général de Gjatz, l'empereur fit annoncer à son armée qu'elle eût à se préparer à une affaire générale. Il y avait depuis quelques jours un grand relâchement dans la police des bivouacs. Il fit redoubler la rigueur des consignes. Plusieurs détachemens qui étaient allés aux vivres avaient un peu trop prolongé leurs excursions. L'empereur chargea ses colonels de leur faire part de son mécontentement, ajoutant que ceux qui ne seraient pas de retour le lendemain ne combattraient pas. Ces paroles ne veulent pas de commentaire.

La campagne qui environnait Gjatz était très-fertile. Les champs étaient presque tous semés de seigles bons à couper. Cependant on voyait çà et là de vastes trouées que les chevaux cosaques y avaient laissées dans leur fuite. J'ai comparé depuis l'aspect de ces campagnes, au mois de novembre, avec ce qu'il était en septembre. Quelle chose horrible que la guerre! Quelques jours avant la bataille, Napoléon, accompagné de deux de ses maréchaux, alla visiter en se promenant les environs de la ville. A la veille de ce grand événement, il causait de tout avec calme. Il parlait de ce pays comme il aurait parlé d'une belle et bonne province de France. A l'entendre, les greniers de l'armée étaient tout trouvés. Il y aurait là d'excellens quartiers d'hiver. Le premier soin de l'administration qu'il établirait à Gjatz serait d'encourager l'agriculture; puis il montrait du doigt à ses maréchaux les riantes sinuosités de la rivière qui donne son nom à la ville. Il paraissait ravi de la perspective qu'il avait devant les yeux. Jamais je ne vis l'empereur livré à d'aussi douces émotions; jamais je ne vis tant de sérénité répandue sur sa figure, tant de calme dans sa conversation. Jamais aussi je ne n'eus plus grande idée de sa force d'âme.

Le 5 septembre, l'empereur monta sur les hauteurs de Borodino pour embrasser d'un seul coup d'œil la position respective des deux armées. Le temps était couvert. Bientôt tombe une de ces pluies fines et froides, telles qu'il en tombe assez ordinairement aux approches de l'automne. Cette pluie ressemble de loin à un brouillard assez dense. L'empereur essaya de se servir de ses lunettes, mais cette espèce de voile qui couvrait toute la campagne l'empêchait de voir; il s'impatienta. La pluie, qui, chassée par le vent, venait en biais, s'arrêtait sur les verres de ses lunettes; il les fit essuyer à diverses reprises, étant fort vexé de cette contrariété.

La température était froide et humide; il demanda son manteau, s'en enveloppa, et dit qu'il n'était plus possible d'y tenir, qu'il fallait retourner au quartier général; il rentra dans sa tente et se jeta sur son lit; il dormit un peu. En se réveillant il me dit : « Constant, allez voir, je crois entendre du bruit dehors. » Je sortis et je revins, lui annonçant l'arrivée du général Caulaincourt. L'empereur sauta à bas du lit, et courut au devant du général, lui demandant avec inquiétude : « M'amenez-vous des prisonniers? » Le général lui répondit qu'on ne pouvait faire de prisonniers, parce que les soldats russes se faisaient tuer plutôt que de se rendre. L'empereur s'écria de suite : « Qu'on amène toute l'artillerie. » Il avait jugé que, tout se préparant pour faire de cette guerre une guerre d'extermination, le canon devait épargner le plus possible à ses troupes la fatigue de tirer des feux de mousquet.

Le 6, à minuit, on vint annoncer à l'empereur que les feux des Russes paraissaient n'être plus aussi multipliés, que l'on voyait la flamme s'éteindre sur plusieurs points. Quelques-uns dirent que l'on avait entendu un roulement sourd de tambours. L'armée était dans la plus grande inquiédude. L'empereur sortit effrayé de son lit. « Cela n'est pas possible, » dit-il à plusieurs reprises. Je voulus lui donner ses vêtemens pour qu'il s'habillât un peu chaudement, car la nuit était froide. Il était si pressé de s'assurer lui-même de l'exactitude du fait, qu'il ne fit que jeter son manteau sur lui et sortit précipitamment de la tente. En effet, les feux des bivouacs avaient un peu pâli. L'empereur eut des soupçons effrayans. Où s'arrêterait la guerre si les Russes rétrogradaient encore? Il rentra dans sa tente, fort agité, et se remit au lit en répétant plusieurs fois : « Enfin nous verrons demain matin. »

Le 7 septembre, le soleil se leva sans nuages. L'empereur s'écria : « C'est le soleil d'Austerlitz. » Ce mot de l'empereur fut redit à l'armée, et répété par elle avec enthousiasme. On battit un ban et on lut l'ordre du jour suivant :

« Soldats,

» Voilà la bataille que vous avez tant désirée! Désormais la victoire dépend de vous; elle nous est nécessaire; elle nous donnera l'abondance, de bons quartiers d'hiver et un prompt retour dans la patrie. Conduisez-vous comme à Austerlitz, à Friedland, à Witespk, à Smolensk, et que la postérité la plus reculée cite avec orgueil votre conduite dans cette journée; que l'on dise de vous : Il était à cette grande bataille sous les murs de Moscou. »

L'armée répondit par des acclamations réitérées. L'empereur, quelques heures avant la bataille, avait dicté cette proclamation. Elle fut lue le matin aux soldats. Napoléon était alors sur les hauteurs de Borodino ; quand les cris d'enthousiasme de l'armée vinrent frapper son oreille, il était debout les bras croisés, le soleil lui donnait en plein dans les yeux, ainsi que le reflet des baïonnettes françaises et russes; il sourit, puis devint sérieux jusqu'à ce que l'affaire fût terminée.

Ce jour-là on apporta à Napoléon le portrait du

roi de Rome; il avait besoin qu'une émotion aussi douce vînt faire diversion à ses grandes anxiétés. Il tint long-temps ce portrait sur ses genoux, le contemplant avec ravissement. Il dit que c'était la surprise la plus agréable qu'on lui eût jamais faite. Il répéta plusieurs fois à voix basse : « Ma bonne Louise ! c'est une attention charmante. » Il y avait sur la figure de l'empereur une expression de bonheur qu'il est difficile de peindre. Les premières émotions furent calmes et eurent quelque chose de mélancolique. « Le cher enfant! » C'est tout ce qu'il disait.

Mais il reprit tout son orgueil de père et d'empereur, quand on eut fait venir, par son ordre, des officiers et même des soldats de la vieille garde pour qu'ils vissent le roi de Rome. Le portrait était exposé devant la tente. Rien de plus touchant et de plus grave en même temps que ces vieux soldats, qui se découvraient avec respect devant cette image où ils cherchaient à retrouver quelques-uns des grands traits de Napoléon. L'empereur eut, dans ce moment, cette joie expansive d'un père qui savait bien qu'après lui son fils n'avait pas de meilleurs amis que ses vieux compagnons de fatigue et de gloire.

A quatre heures du matin, c'est-à-dire une heure avant l'affaire, Napoléon avait éprouvé un grand épuisement dans toute sa personne; il eut un léger frisson, mais sans fièvre; il se jeta sur son lit. Toutefois, il n'était pas aussi malade que le dit M. de Ségur. Il avait depuis quelque temps un gros rhume qu'il avait un peu négligé, et qui augmenta par les fatigues continuelles de cette mémorable journée. Il s'y joignit une extinction de voix qu'il combattit par un remède tout-à-fait militaire; il but du punch fort léger, pendant la nuit qu'il passa tout entière à travailler au cabinet, mais sans pouvoir parler; cette incommodité lui dura deux jours; le 9, il était bien portant, et sa toux était presque passée.

Après la bataille, sur six cadavres il y en avait un français et cinq russes. A midi, un aide-de-camp vint dire à l'empereur que le comte Auguste de Caulaincourt, frère du duc de Vicence, avait été frappé par un boulet. L'empereur poussa un profond soupir et ne dit mot; il savait bien qu'il aurait peut-être le cœur brisé plus d'une fois dans la journée. Après la bataille il porta ses consolations au duc de Vicence de la manière la plus touchante.

Le comte Auguste de Caulaincourt était un jeune homme plein de bravoure. Il avait quitté sa jeune femme peu d'heures après son mariage, pour suivre l'armée française; il vint trouver une mort glorieuse à la bataille la Moskowa. Il avait épousé la sœur d'un des pages de l'empereur, dont il fut gouverneur pendant quelque temps. Cette charmante personne était d'une si grande jeunesse, que les parens désirèrent que la consommation du mariage n'eût lieu qu'au retour de la campagne, ainsi que cela était arrivé pour le prince Aldobrandini lors de son mariage avec mademoiselle de La Rochefoucault, avant la campagne de Wagram. Le général Auguste de Caulaincourt fut tué dans une redoute où il avait conduit les cuirassiers du général Montbrun, qui lui-même venait d'être frappé à mort d'un coup de canon, dans l'attaque de la même redoute.

L'empereur disait souvent, en parlant de quelques généraux tués à l'armée : « Un tel est heureux; il est mort au champ d'honneur, et moi je serai peut-être assez malheureux pour mourir dans mon lit. » Il avait été moins philosophe à la mort du maréchal Lannes, et je l'ai vu pleurer pendant son déjeuner; même de grosses larmes lui roulaient sur les joues et tombaient dans son assiette. Il regretta vivement Desaix, Poniatowski, Bessières, mais surtout Lannes, et après lui Duroc.

Tout le temps que dura la bataille de la Moskowa, l'empereur eut des attaques de dysurie. On l'avait plusieurs fois menacé de cette maladie s'il ne prenait pas plus de précautions. Il souffrait beaucoup;

il se plaignait peu, et quand il lui échappait quelque exclamation étouffée, c'est qu'il ressentait des douleurs bien aiguës. Or, rien ne fait plus de mal que d'entendre se plaindre ceux qui n'en ont pas l'habitude; car alors on a l'idée de la douleur dans toute son intensité, puisqu'elle est plus forte que l'homme fort. A Austerlitz, l'empereur avait dit : « Ordener est usé ; on n'a qu'un temps pour la guerre ; j'y serai bon encore six ans, après quoi moi-même je devrai m'arrêter. »

L'empereur parcourut le champ de bataille. C'était un spectacle horrible : presque tous les morts était couverts de blessures ; ce qui prouvait avec quel acharnement on s'était battu. Dans ce moment il faisait un fort mauvais temps ; il pleuvait ; le vent était très-violent. De pauvres blessés, que l'on n'avait pas encore transportés aux ambulances, se levaient à demi de terre afin qu'on pût les remarquer et leur donner des secours. Il y en eut qui crièrent *vive l'empereur!* malgré leurs souffrances et leur épuisement. Tous ceux de nos soldats qui avaient été frappés des balles russes laissaient voir sur leurs cadavres des blessures larges comme de larges trous, car les balles russes étaient beaucoup plus volumineuses que les nôtres. Nous vimes un porte-drapeau qui s'était enveloppé de son drapeau comme d'un linceul. Il paraissait donner signe de vie; mais il expira dans la secousse qu'on lui donna en le relevant. L'empereur marchait, et ne disait rien. Plusieurs fois, quand il passa devant les plus mutilés, il mit sa main sur ses yeux pour ne point les voir. Ce calme dura peu : il y avait une place du champ de bataille où des Français et des Russes étaient tombés pêle-mêle; presque tous n'étaient que blessés plus ou moins grièvement. Quand l'empereur entendit leurs cris, je le vis s'emporter, crier après ceux qui étaient chargés d'enlever les blessés, s'irritant du peu de promptitude qu'ils mettaient à faire leur service. Il était difficile que les chevaux ne foulassent point quelques-uns des cadavres là où il y en avait tant. Un blessé fut atteint par le sabot d'un des chevaux de la suite de l'empereur : ce malheureux poussa un cri déchirant; l'empereur se retourna vivement, demandant avec colère quel était le maladroit qui avait blessé cet homme. On lui dit, croyant le calmer, que cet homme n'était qu'un Russe. « Russe ou Français, répliqua-t-il, je veux qu'on emporte tout. »

De pauvres jeunes gens; qui étaient venus faire leur première campagne en Russie, frappés à mort, perdaient courage et pleuraient comme des enfans en appelant leur mère. Cet horrible tableau me restera éternellement gravé dans la mémoire.

L'empereur réitéra avec instance ses ordres pour le transport des blessés, tourna bride en silence, et revint au quartier-général le soir. Je passai la nuit près de lui. Il eut le sommeil très-agité, ou plutôt il ne dormit pas. Il répétait plusieurs fois, en s'agitant brusquement sur son oreiller : « Ce pauvre Caulincourt! Quelle journée! quelle journée! »

CHAPITRE IV.

Itinéraire de France en Russie. — Magnificence de la cour de Dresde. — Conversation de l'empereur avec Berthier. — La guerre faite à la seule Angleterre. — Bruit général sur le rétablissement de la Pologne. — Questions familières de l'empereur. — Passage du Niemen. — Arrivée et séjour à Wilna. — Enthousiasme des Polonais. — Singulier rapprochement de date. — Députation de la Pologne. — Réponse de l'empereur aux députés. — Engagemens pris avec l'Autriche. — Espérances déçues. — M. de Balachoff à Wilna, espoir de la paix. — Premiers pas de l'empereur sur le territoire de la vieille Russie. — Retraite continuelle des Russes. — Orage épouvantable. — Immense désir d'une bataille. — Abandon du camp de Drissa. — Départ d'Alexandre et de Constantin. — Privations de l'armée et premiers découragemens. — La paix en perspective après une bataille. — Dédain affecté de l'empereur pour ses ennemis. — Gouvernement établi à Wilna. — Nouvelles retraites des armées russes. — Paroles de l'empereur au roi de Naples. — Projet annoncé et non effectué. — La campagne de trois ans, et prompte marche en avant. — Fatigue causée à l'empereur par une chaleur excessive. — Audiences en déshabillé. — L'incertitude insupportable à l'empereur. — Oppositions inutiles du duc de Vicence, du comte de Lobau et du grand maréchal. — Départ de Witepsk et arrivée à Smolensk. — Edifices remarquables. — Les bords de la Moskowa.

———————

Ainsi que je l'ai annoncé précédemment, je tâcherai de réunir dans ce chapitre quelques souvenirs relatifs à des choses personnelles à l'empereur, dans les différens séjours que nous fîmes entre la frontière de France et les frontières de l'empire russe. Il résulterait, hélas! un bien grand contraste de la comparaison que l'on ferait entre notre route pour aller à Moscou et notre route pour en revenir. Il faut avoir vu Napoléon à Dresde, environné d'une cour de princes et de rois, pour se faire une idée du plus haut point que peuvent atteindre les grandeurs humaines. Là, plus encore que partout ailleurs, l'empereur se montra affable envers tout le monde; tout lui souriait, et aucun de ceux qui jouissaient comme nous du spectacle de sa gloire ne pouvait seulement concevoir la pensée de voir bientôt la fortune lui être pour la première fois infidèle; et quelle infidélité!

Je me rappelle, entre autres particularités de

notre séjour à Dresde, un mot que j'entendis un
jour l'empereur dire au maréchal Berthier, qu'il
avait fait appeler de très-bonne heure auprès de
lui. Quand le maréchal arriva, l'empereur n'était
pas encore levé. Je reçus l'ordre de le faire entrer
sur-le-champ, de sorte que tout en habillant l'empereur j'entendis, entre Napoléon et son major-
général, une conversation dont je voudrais bien
me rappeler les détails ; mais au moins suis-je assuré de rapporter fidèlement une pensée qui me
frappa. L'empereur dit en propre termes : « Je
n'en veux nullement à Alexandre; ce n'est point
à la Russie que je fais la guerre, pas plus à elle
qu'à l'Espagne ; je n'ai qu'une ennemie, c'est
l'Angleterre; c'est elle que je veux atteindre en
Russie; je la poursuivrai partout. » Pendant ce
temps le maréchal rongeait ses ongles, selon sa
constante habitude. Ce jour-là il y eut une revue
magnifique, à laquelle assistèrent tous les princes
de la confédération, qui entouraient leur chef
comme de grands vassaux de sa couronne.

Quand les différens corps d'armée, échelonnés
de l'autre côté de l'Elbe, se furent avancés sur les
confins de la Pologne, nous quittâmes Dresde,
pour trouver partout le même enthousiasme éclatant où arrivait l'empereur. Nous étions par con-
tre-coup choyés dans toutes les résidences où nous

nous arrêtions, tant on s'efforçait de fêter Sa Majesté jusque dans les personnes qui avaient l'honneur de la servir.

A cette époque c'était un bruit généralement répandu dans toute l'armée et parmi toutes les personnes de la maison de l'empereur que son intention était de rétablir le royaume de Pologne. Bien qu'étranger comme je l'étais et comme je devais l'être à tout ce qui avait rapport aux affaires, je n'entendais pas moins que tout autre l'expression d'une opinion qui était celle de tout le monde et dont tout le monde parlait. Quelquefois l'empereur ne dédaignait pas de me faire rendre compte de ce que j'avais entendu dire, et alors il souriait, car il aurait fallu trahir la vérité pour lui rapporter des choses qui auraient pu lui être désagréables ; il était alors, le terme n'est pas trop fort, l'objet des bénédictions des populations polonaises.

Le 23 de juin nous étions sur les bords du Niémen, de ce fleuve devenu déjà si fameux par l'entrevue des deux empereurs, dans des circonstances bien différentes de celles où ils se trouvaient l'un à l'égard de l'autre. L'opération du passage de l'armée commença le soir, et dura près de quarante-huit heures, pendant lesquelles l'empereur fut presque constamment à cheval, tant il savait que sa présence activait les travaux. Ensuite nous

continuâmes notre route sur Wilna, capitale du
grand duché de Lithuanie. Nous arrivâmes devant cette ville occupée par les Russes le 27, et
l'on peut dire que ce fut là, là seulement, que
commencèrent les opérations militaires, car jusque là l'empereur avait voyagé comme il l'aurait
pu faire dans les départemens de l'intérieur de la
France. Les Russes attaqués furent battus et se re-
tirèrent, de sorte que deux jours après nous étions
à Wilna, ville assez considérable et qui me parut
devoir contenir près de trente mille habitans. J'y
fus frappé de l'incroyable quantité de couvens et
d'églises qui y sont construits. A Wilna l'empereur
fut extrêmement satisfait de la démarche que firent auprès de lui cinq ou six cents étudians qui
demandèrent à être enrégimentés, et je n'ai pas
besoin de dire que ces sortes de sollicitations manquaient rarement d'être bien accueillies par Sa
Majesté.

Nous restâmes assez long-temps à Wilna ; l'em-
percur y suivait le mouvement de ses armées, et
s'occupait aussi de l'organisation du grand-duché
de Lithuanie, dont cette ville est, comme l'on sait,
la capitale. Comme l'empereur était très-souvent
à cheval, j'avais assez de loisirs pour bien prendre connaissance de la ville et de ses environs.
Les Lithuaniens étaient dans un enthousiasme im-

possible à décrire. et quoique j'aie vu célébrer dans ma vie bien des fêtes, je ne saurais oublier l'élan de toute une population lorsqu'on célébra la grande fête nationale de la régénération de la Pologne, fête qui se trouva, par une bizarrerie du hasard, ou par un calcul de l'empereur, fixée précisément au 14 de juillet. Les Polonais étaient encore incertains sur le sort définitif que l'empereur réservait à leur patrie, mais un avenir tout d'espérance brillait à leurs yeux. Il n'en fut plus de même lorsque l'empereur eut reçu la députation de la confédération polonaise établie à Varsovie. Cette députation nombreuse, ayant à sa tête un comte palatin, demandait le rétablissement intégral de l'ancien royaume de Pologne. Voici quelle fut la réponse de l'empereur : .

« Messieurs les députés de la confédération de Pologne, j'ai entendu avec intérêt ce que vous venez de me dire.

» Polonais, je penserais et j'agirais comme vous : j'aurais voté comme vous dans l'assemblée de Varsovie; l'amour de la patrie est la première vertu de l'homme civilisé.

» Dans ma position, j'ai bien des intérêts à concilier, et bien des devoirs à remplir. Si j'eusse régné lors du premier, du second et du troisième partage de la Pologne, j'aurais armé tout mon peuple pour vous soutenir. Aussitôt que la victoire m'a permis de restituer vos anciennes lois à votre capitale et à une partie de vos provinces, je l'ai fait avec empressement, sans toutefois prolonger une guerre qui eût fait couler le sang de mes sujets.

» J'aime votre nation. Depuis seize ans j'ai vu vos soldats à mes côtés, sur les champs d'Italie comme sur ceux d'Espagne.

» J'applaudis à tout ce que vous avez fait; j'autorise les efforts que vous voulez faire; tout ce qui dépendra de moi pour seconder vos résolutions, je le ferai.

» Si vos efforts sont unanimes, vous pouvez concevoir l'espoir de réduire vos ennemis à reconnaître vos droits. Mais dans ces contrées si éloignées et si étendues, c'est surtout sur l'unanimité des efforts de la population qui les couvre que vous devez fonder vos espérances de succès.

» Je vous ai tenu le même langage lors de ma première apparition en Pologne; je dois ajouter ici que j'ai garanti à l'empereur d'Autriche l'intégrité de ses états, et que je ne saurais autoriser aucune manœuvre ni aucun mouvement qui tendrait à le troubler dans la paisible possession de ce qui lui reste des provinces polonaises. Que la Lithuanie, la Samogitie, Witepsk, Polotsk, Mohilow, la Wolhynie, l'Ukraine, la Podolie, soient animées du même esprit que j'ai vu dans la grande Pologne, et la providence couronnera par le succès la sainteté de votre cause; elle récompensera ce dévouement à votre patrie qui vous a rendus si intéressans, et vous a acquis tant de droits à mon estime et à ma protection, sur laquelle vous devez compter dans toutes les circonstances. »

J'ai cru devoir rapporter ici la réponse entière de l'empereur aux députés de la confédération polonaise, ayant été témoin de l'effet qu'elle produisit à Wilna. Quelques Polonais avec lesquels je m'étais lié m'en parlèrent avec douleur; mais leur consternation n'était pas expansive, et l'air n'en retentissait pas moins de cris de *vive l'Empereur!* chaque fois que Sa Majesté se montrait en public, c'est-à-dire presque tous les jours.

Pendant notre séjour à Wilna, on conçut quelques espérances de voir la conclusion d'une nouvelle paix, un envoyé de l'empereur Alexandre étant venu auprès de l'empereur Napoléon; mais ces espérances furent de courte durée, et j'ai su depuis que l'officier russe M. Balachoff, craignant, comme presque tous ceux de sa nation, un rapprochement entre les deux empereurs, avait rempli son message de manière à irriter l'orgueil de Sa Majesté, qui le renvoya après l'avoir mal ac-

cueilli. Tout souriait à l'Empereur : il était alors à
la tête de l'armée la plus nombreuse et la plus for-
midable qu'il eût encore commandée. M. Balachoff
partit donc, et tout fut disposé pour l'exécution des
projets de l'empereur. Sa Majesté, au moment de
pénétrer sur le territoire russe, n'eut plus sa sérénité ordinaire, ou du moins j'eus l'occassion de
remarquer qu'elle était plus silencieuse que de
coutume, aux heures où j'avais l'honneur de l'approcher. Cependant dès que son parti fut pris, dès
qu'il eut fait passer ses troupes de l'autre côté de
la Vilia, rivière sur laquelle est située Wilna, l'empereur prit possession de la terre de Russie avec
une ardeur enthousiaste et que l'on pourrait appeler de jeune homme. Un des piqueurs qui l'accompagnaient me raconta que l'empereur lança son
cheval en avant, et le fit courir de toute sa vitesse
à près d'une lieue devant lui dans les bois, étant
sans escorte, et malgré les gros de cosaques disséminés dans ces bois qui s'élèvent le long de la
rive droite de la Vilia.

J'ai vu plus d'une fois l'empereur s'impatienter
de ce qu'il ne trouvait point d'ennemis à combattre ; en effet, les Russes avaient abandonné Wilna,
où nous étions entrés sans résistance, et encore,
en quittant cette ville, les rapports des éclaireurs
annonçaient l'absence des troupes ennemies, à

l'exception de ces cosaques dont j'ai parlé tout à l'heure. Je me rappelle qu'un jour nous crûmes tous entendre le bruit lointain du canon, et l'empereur en frémit presque de joie ; mais nous sûmes bientôt à quoi nous en tenir ; ce bruit était celui du tonnerre, et tout à coup l'orage le plus épouvantable que j'aie vu de ma vie éclata sur toute l'armée. La terre, dans un espace de plus de quarante lieues, fut tellement couverte d'eau que l'on ne pouvait plus distinguer les chemins, et cet orage, aussi meurtrier que l'aurait pu être un combat, nous coûta un grand nombre d'hommes, plusieurs milliers de chevaux et une partie de l'immense matériel de l'expédition.

On savait dans toute l'armée que depuis longtemps les Russes avaient fait d'immenses travaux à Drissa, où ils avaient construit un énorme camp retranché. Le nombre des troupes qui s'y trouvaient réunies, les sommes considérables employées aux travaux, tout donnait lieu de penser qu'enfin l'armée russe attendrait sur ce point l'armée française ; et l'on était d'autant plus fondé à le croire que l'empereur Alexandre dans les nombreuses proclamations répandues dans son armée, et dont plusieurs nous étaient parvenues, s'était vanté de vaincre les Français à Drissa, où (disaient les proclamations) nous devions trouver notre tombeau. Il en était autrement ordonné par la destinée : les Russes, se repliant encore vers le cœur de la Russie, abandonnèrent ce fameux camp de Drissa aux approches de l'empereur. J'entendis dire à cette époque à plusieurs officiers généraux qu'une grande bataille eût été alors un événement salutaire pour l'armée française, où le découragement commençait à se glisser, d'abord faute d'ennemis à combattre, et ensuite parce que les privations de toute nature devenaient de jour en jour plus pénibles à supporter. Des divisions entières ne vivaient pour ainsi dire que de maraude; les soldats dévastaient les rares habitations et les châteaux disséminés dans les campagnes, et malgré la sévérité des ordres de l'empereur contre les maraudeurs et les pillards, ces ordres ne pouvaient être exécutés; les officiers, pour la plupart, ne vivant eux-mêmes que du butin que les soldats recueillaient et partageaient ensuite avec eux.

L'empereur affectait devant ses généraux une sérénité qu'il n'avait pas toujours dans le fond de l'âme. D'après quelques mots entrecoupés que je lui entendis prononcer dans ces graves circonstances, je suis autorisé à croire que l'empereur ne souhaitait si ardemment une bataille que dans l'espoir de voir l'empereur Alexandre lui faire de nouvelles ouvertures pour traiter avec lui de la paix. Je pense qu'alors il l'aurait acceptée après une première victoire; mais il ne se serait jamais déterminé à revenir sur ses pas, après des préparatifs aussi immenses, sans avoir livré une de ces grandes batailles qui suffisent à la gloire d'une campagne : c'est du moins ce que j'entendais continuellement répéter. L'empereur aussi parlait très-souvent des ennemis qu'il allait combattre, avec un dédain affecté, mais qu'il ne ressentait pas réellement; son but en cela était de remonter le moral des officiers et des soldats, dont plusieurs ne dissimulaient point leur découragement.

Avant de quitter Wilna, l'empereur y avait fondé une espèce de gouvernement central à la tête duquel il avait placé M. le duc de Bassano, dans le but d'avoir un point intermédiaire entre la France et la ligne des opérations qu'il allait tenter dans l'intérieur de la Russie. Désappointés, comme je l'ai dit, par l'abandon du camp de Drissa par l'armée russe, nous marchâmes rapidement vers Witepsk, où se trouvait réunie, à la fin de juillet, la majeure partie des forces françaises. Là encore l'impatience de Sa Majesté fut trompée par une nouvelle retraite des Russes; car les combats d'Ostrovno et de Mohilow, quoique importans, ne peuvent être rangés au nombre de ces batailles que l'empereur souhaitait avec tant d'ardeur. En

entrant à Witepsk, l'empereur apprit que l'empereur Alexandre, qui peu de jours auparavant y
avait son quartier-général, et le grand-duc Constantin avaient quitté l'armée pour se rendre à
Saint-Pétersbourg.

A cette époque, c'est-à-dire au moment de notre arrivée à Witepsk, le bruit se répandit que
l'empereur se contenterait d'y prendre position,
de s'y fortifier, d'y organiser les moyens de sub-
sistance de son armée et qu'il remettrait à l'année
suivante l'exécution de ses vastes desseins sur la
Russie. Je ne saurais dire quel était à cet égard le
fond de sa pensée; mais ce que je puis certifier,
c'est que, étant dans la pièce contiguë à celle où il
se tenait, je l'entendis un jour dire au roi de Naples, que la première campagne de Russie était
finie, qu'il serait l'année suivante à Moscou, l'autre année à Saint-Pétersbourg, et que la guerre de
Russie était une guerre de trois ans. Plût à Dieu
que Sa Majesté eût exécuté le plan qu'elle traça
avec une extrême vivacité au roi de Naples! tant
de braves n'auraient peut-être pas succombé quelques mois après dans l'effroyable retraite dont
j'aurai, plus tard, à rappeler les désastres.

Pendant notre séjour à Witepsk il faisait une
chaleur excessive dont l'empereur était extrêmement fatigué; je l'entendis souvent s'en plaindre, et

je ne l'ai vu dans aucune autre circonstance supporter avec autant d'impatience le poids de ses vêtemens; dans son intérieur il était presque toujours
sans habit, et se jetait fréquemment sur un lit
de repos. C'est un fait dont beaucoup de personnes
ont pu être témoins comme moi; car il lui arriva
souvent de recevoir ainsi ses officiers généraux,
devant lesquels ordinairement il ne se montrait
guère sans être revêtu de l'uniforme qu'il portait
habituellement. Cependant l'espèce d'influence que
la chaleur exerçait sur les dispositions physiques
de l'empereur n'avait point énervé sa grande âme;
et son génie, toujours actif, embrassait toutes les
branches de l'administration. Mais il était facile de
voir, pour les personnes que leur position avait
mis le plus à même de connaître son caractère, qu'à
Witepsk ce qui le faisait souffrir par-dessus tout
était l'incertitude : resterait-il en Pologne, ou s'a-
vancerait-il sans retard dans le cœur de la Russie?
Tant qu'il flotta entre ces deux idées, je lui vis
souvent l'air triste et taciturne. Dans cette per-
plexité entre le repos et le mouvement, le choix ne
pouvait être douteux pour l'empereur; aussi, à la
suite d'un conseil où j'ai ouï dire que Sa Majesté
avait trouvé beaucoup d'opposans, j'appris que
nous allions marcher en avant et nous avancer
vers Moscou, dont on disait que nous n'étions plus

qu'à vingt journées de distance..Parmi les personnes qui s'opposèrent le plus vivement à la marche immédiate de l'empereur sur Moscou, j'ai entendu citer les noms de M. le duc de Vicence et M. le comte de Lobau; mais ce que je puis assurer, c'est que j'ai su personnellement, et de manière à n'en pouvoir douter, que le grand-maréchal du palais avait tenté à plusieurs reprises de dissuader l'empereur de son projet; mais toutes ces tentatives se brisèrent contre sa volonté.

Nous nous dirigeâmes donc sur la seconde capitale de la Russie, et nous arrivâmes, après quelques jours de marche, à Smolensk, ville grande et belle. Les Russes, que l'empereur croyait enfin tenir, venaient de l'évacuer, après avoir perdu beaucoup de monde et brûlé la majeure partie des magasins. Nous y entrâmes au milieu des flammes; mais ce n'était rien en comparaison de ce qui nous attendait à Moscou. Je remarquai à Smolensk deux édifices qui me parurent de la plus grande beauté, la cathédrale et le palais épiscopal, qui semble former à lui seul une ville, tant les bâtimens, d'ailleurs séparés de la ville même, sont considérables par leur étendue.

Je n'enregistrerai point ici les noms, la plupart assez barbares, des lieux par lesquels nous passâmes après Smolensk. Tout ce que je puis ajouter sur notre itinéraire durant la première moitié de cette gigantesque campagne, c'est que le 5 septembre nous arrivâmes sur les bords de la Moskowa, où l'empereur vit avec une vive satisfaction qu'enfin les Russes étaient déterminés à lui accorder la grande bataille, objet de tous ses vœux, et qu'il poursuivait depuis plus de deux cents lieues comme une proie qui ne pouvait lui échapper.

———

●●●

CHAPITRE V.

Le lendemain de la bataille de la Moskowa. — Aspect du champ de bataille. — *Moscou! Moscou!* — Fausse alerte. — Saxons revenant de la maraude. — La sentinelle au cri d'alerte. — *Qu'ils viennent; nous les voirons!* — Le verre de vin de Chambertin. — Le duc de Dantzick. — Entrée dans Moscou. — Marche silencieuse de l'armée. — Les mendians moscovites. — Réflexion. — Les lumières qui s'éteignent aux fenêtres. — Logement de l'empereur à l'entrée d'un faubourg. — La vermine. — Le vinaigre et le bois d'aloës. — Deux heures du matin. — Le feu éclate dans la ville. — Colère de l'empereur. — Il menace le maréchal Mortier et la jeune garde. — Le Kremlin. — Appartement qu'occupe Sa Majesté. — La croix du grand Ivan. — Description du Kremlin. — L'empereur n'y peut dormir même quelques heures. — Le feu prend dans le voisinage du Kremlin. — L'incendie. — Les flammèches. — Le parc d'artillerie sous les fenêtres de l'empereur. — Les Russes qui propagent le feu. — Immobilité de l'empereur. — Il sort du Kremlin. — L'escalier du Nord. — Les chevaux se cabrent. — La redingote et les cheveux de l'empereur brûlés. — Poterne donnant sur la Moskowa. — On offre à l'empereur de le couvrir de manteaux et de l'emporter à bras du milieu des flammes ; il refuse.—L'empereur et le prince d'Eckmühl.— Des bateaux chargés de grains sont brûlés sur la Moskowa. — Obus placées dans les poêles des maisons. — Les femmes incendiaires. — Les potences..—La populace baisant les pieds des suppliciés. — Anecdote. — La peau de mouton. — Les grenadiers. — Le palais de Petrowski. — L'homme caché dans la chambre que devait occuper l'empereur. — Le Kremlin préservé. — La consigne donnée au maréchal Mortier. — Le bivouac aux portes de Moscou. — Les cachemires, les fourrures et les morceaux de cheval saignans. — Les habitans dans les caves et au milieu des débris. — Rentrée au Kremlin. — Mot douloureux de l'empereur. — Les corneilles de Moscou. — Les concerts au Kremlin. — Les précepteurs des gentilshommes russes. — Ils sont chargés de maintenir l'ordre. — Alexandre tance Rostopchine.

Le lendemain de la bataille de la Moskowa, j'étais avec l'empereur dans sa tente, placée sur le champ de bataille même. Le plus grand calme régnait autour de nous. C'était un beau spectacle que toute cette armée réunissant ses colonnes où le canon russe venait de faire de si grands vides, et procédant au repos du bivouac avec cette sécurité qu'ont toujours les vainqueurs. L'empereur paraissait accablé de lassitude : de temps en temps il

joignait fortement ses mains sur ses genoux croisés, et je l'entendis répéter assez souvent avec une
espèce de mouvement convulsif : « Moscou ! Moscou ! » Il me dit plusieurs fois d'aller voir ce qui se
passait au dehors, puis il se levait lui-même, et
venait derrière moi regarder par dessus mon épaule.
Le bruit que faisait la sentinelle en lui présentant
les armes ne manquait jamais de m'avertir de son
approche. Après un quart d'heure environ de ces
allées et venues silencieuses, les sentinelles avan-
cées crièrent *aux armes!* Il est impossible de peindre
avec quelle promptitude le bataillon carré fut formé
autour de la tente. L'empereur sortit précipitamment; puis il rentra pour prendre son chapeau et
son épée. C'était une fausse alerte. On avait pris
pour l'ennemi un régiment de Saxons qui revenait
de la maraude.

On rit beaucoup de la méprise, surtout quand
on vit les maraudeurs revenir, les uns avec des
quartiers de viande fichés au haut des baïonnettes,
les autres avec des volailles à demi plumées ou des
jambons à faire envie. J'étais au dehors de la tente,
et je n'oublierai jamais le premier mouvement de
la sentinelle au cri d'alerte : il baissa le bassinet
de son fusil pour voir si l'amorce était bien en
place, secoua la batterie en la frappant du poignet,
puis remit son arme au bras en disant froidement:

« Eh bien! qu'ils viennent; *nous les voirons.* » Je contai ce trait à l'empereur, qui s'en amusa beaucoup, et le conta à son tour au prince Berthier. L'empereur fit boire à ce brave soldat un verre de son vin de Chambertin.

C'est le duc de Dantzick qui le premier entra dans Moscou. L'empereur ne vint qu'après. Il fit son entrée pendant la nuit. Jamais nuit ne fut plus triste: il y avait vraiment quelque chose d'effrayant dans cette marche silencieuse de l'armée, suspendue de temps à autre par des messages venus de l'intérieur de la ville, et qui paraissaient avoir un caractère des plus sinistres. On ne distinguait de figures moscovites que celles de quelques mendians couverts de haillons qui regardaient avec un étonnement stupide défiler l'armée. Quelques-uns firent mine de demander l'aumône. Nos soldats leur jetèrent du pain et quelques pièces d'argent. Je ne pus me défendre d'une réflexion un peu triste sur ces malheureux, les seuls dont la condition ne varie pas dans les grands bouleversemens politiques, les seuls sans affections, sans sympathies nationales.

A mesure que nous avancions dans les rues des faubourgs, nous regardions des deux côtés aux fenêtres des maisons, nous étonnant de ne pas apercevoir une seule figure humaine. Une ou deux lumiéres parurent aux vitres des fenêtres de quelques maisons : elles s'éteignirent bientôt ; et ces traces de vie, qui s'effaçaient soudain, nous laissaient une impression d'épouvante. L'empereur s'arrêta à l'entrée du faubourg de Dorogomilow, et se logea, non pas dans une auberge, comme quelques personnes l'ont dit, mais dans une maison si sale et si misérable que, le lendemain matin, nous trouvâmes dans le lit de l'empereur et dans ses habits une vermine fort commune en Russie. Nous en eûmes aussi, à notre grand dégoût. L'empereur ne put dormir pendant toute la nuit qu'il y passa. J'étais, comme de coutume, couché dans sa chambre ; et malgré la précaution que j'avais prise de faire brûler du vinaigre et du bois d'aloës, l'odeur était si désagréable qu'à chaque instant Sa Majesté m'appelait. « Dormez-vous, Constant ? — Non, sire. — Mon fils, brûlez du vinaigre ; je ne puis tenir à cette odeur affreuse ; c'est un supplice ; je ne puis dormir. » Je faisais de mon mieux ; et un moment après, quand la fumée du vinaigre était évaporée, il fallait recommencer à brûler du sucre ou du bois d'aloës.

Il était deux heures du matin quand on annonça à l'empereur que le feu éclatait dans la ville. Il vint même des Français établis dans le pays et un officier de la police russe qui confirmèrent ces nouvelles, et entrèrent dans des détails trop précis pour que l'empereur pût douter du fait. Cependant il persistait encore à n'y pas croire. « Cela n'est pas possible. Crois-tu cela, Constant ? va donc savoir si cela est vrai. » Et là-dessus, il se rejetait sur son lit, essayant de reposer un peu ; puis il me rappelait encore pour me faire les mêmes questions.

L'empereur passa la nuit dans une agitation extrême. Le jour venu, il sut tout ; il fit appeler le maréchal Mortier, et le menaça, lui et la jeune garde. Mortier, pour toute réponse, lui montra des maisons couvertes de fer et dont la toiture était parfaitement intacte. Mais l'empereur lui fit remarquer la fumée noire qui en sortait, serra les poings, et frappa du pied le mauvais plancher de sa chambre à coucher.

A six heures du matin, nous fûmes au Kremlin. L'appartement qu'occupa Napoléon était celui des czars. Il donnait sur une assez vaste esplanade où l'on descendait par un grand escalier de pierre. On voyait sur la même esplanade l'église où sont les sépultures des anciens souverains, le palais du sé-nat, les casernes, l'arsenal, et un beau clocher dont la croix domine sur toute la ville. C'est la croix dorée du grand Ivan. L'empereur jeta un coup d'œil satisfait sur le beau spectacle qui s'of-

frait à sa vue; car aucun signe d'incendie ne s'était
encore manifesté dans toute la partie des bâtimens
qui environnaient le Kremlin. Ce palais est un
composé d'architecture gothique et moderne, et ce
mélange des deux genres lui donne un aspect des
plus singuliers. C'est dans ce vaste édifice que vé-
curent et moururent les vieilles dynasties des Ro-
manof et des Rurick. C'est le même palais qui fut
si souvent ensanglanté par les intrigues d'une cour
féroce, à cette époque où le poignard vidait ordinairement toutes les querelles d'intérieur. Sa Majesté ne devait pas y trouver même quelques heures
d'un sommeil tranquille.

En effet, l'empereur, un peu rassuré par les rapports du maréchal Mortier, écrivait à l'empereur
Alexandre des paroles de paix. Un parlementaire
russe devait porter la lettre, lorsque l'empereur,
qui se promenait de long en large dans son appartement, distingua de ses fenêtres une immense
lueur à quelque distance du palais. C'était l'incendie qui reprenait avec plus de force que jamais, le
vent du nord chassant les flammes dans la direction du Kremlin. Il était minuit. L'alarme fut donnée par deux officiers qui occupaient l'aile du bâtiment la plus rapprochée du foyer de l'incendie.
Des maisons de bois, peintes de différentes couleurs,
dévorées en quelques minutes, s'étaient déjà écrou-

lées ; des magasins d'huile, d'eau-de-vie et d'autres matières combustibles lançaient des flammes d'un bleu livide qui se communiquaient avec la rapidité de l'éclair à d'autres bâtimens voisins. Des flammèches, une pluie de charbons énormes tombaient sur les toits du Kremlin. On frémit de penser qu'une seule de ces flammèches, venant à tomber sur un caisson, pouvait produire une explosion générale et faire sauter le Kremlin; car, par un négligence inconcevable, on avait laissé tout un parc d'artillerie s'établir sous les fenêtres de l'empereur.

Bientôt les rapports les plus incroyables arrivent à l'empereur. On a vu des Russes attiser eux-mêmes l'incendie, et jeter des matières inflammables dans les parties des maisons encore intactes. Ceux des Russes qui ne se mêlent point aux incendiaires, les bras croisés, contemplent le désastre avec une impassibilité dont on n'a pas d'idée. Moins les cris de joie et les battemens de mains, ce sont des gens qui assistent à un brillant feu d'artifice. L'empereur n'hésite pas à croire que tout ait été comploté par l'ennemi.

· L'empereur descendit de son appartement par le grand escalier du nord, fameux par le massacre des strelitz. Le feu avait déjà fait de si énormes progrès de ce côté que les portes extérieures étaient à demi consumées. Les chevaux ne voulaient point

passer; ils se cabrèrent, et ce fut avec beaucoup
de peine que l'on parvint à leur faire franchir les
portes. L'empereur eut sa redingote grise brûlée
en plusieurs endroits, de même que ses cheveux.
Une minute plus tard nous marchions sur des ti-
sons ardens.

Nous n'étions pas pour cela hors de danger. Il
nous fallait sortir des décombres enflammés qui
nous barraient le passage. Plusieurs sorties furent
tentées, mais sans succès; le vent chaud de la
flamme venait nous frapper le visage et nous reje-
ter en arrière dans une horrible confusion. On dé-
couvrit à la fin une poterne qui donnait sur la Moskowa; ce fut par là que l'empereur, ses officiers et sa
garde parvinrent à s'échapper du Kremlin. Mais c'é-
tait pour retomber dans des rues étroites, où le feu,
concentré comme dans une fournaise, y doublait
d'intensité, où le rapprochement des toits réunissait au dessus de nos têtes les flammes en dômes ar-
déns, qui nous ôtaient la vue du ciel. Il était
temps de sortir de ce pas dangereux; une seule
issue s'offrait à nous; c'était une petite rue tor-
tueuse, encombrée de débris de toute sorte, de
lames de fer détachées des toits et de poutres brûlantes; il y eut parmi nous un moment d'hésita-
tion. Quelques-uns offrirent à l'empereur de le couvrir des pieds à la tête de leurs manteaux et de le

transporter sur leurs bras au delà de ce terrible passage. L'empereur refusa, et trancha la question en s'élançant à pied au milieu des débris embrasés. Deux ou trois vigoureuses enjambées le mirent en lieu de sûreté.

· C'est alors qu'eut lieu cette scène touchante entre l'empereur et le prince d'Eckmühl, qui, blessé à la Moskowa, se faisait rapporter dans les flammes pour sauver l'empereur ou mourir avec lui. Du plus loin que le maréchal l'aperçut sortant avec calme d'un si grand péril, le bon et tendre ami fit un effort immense, et courut se jeter dans ses bras. Sa Majesté le pressa sur son cœur, comme pour le remercier de lui avoir donné une émotion douce dans un de ces momens où le danger rend ordinairement sec et égoïste.

Mais enfin, l'air même, traversé par toutes ces flammes, s'échauffe au point de n'être plus respirable. L'atmosphère devient brûlante; les vitres du palais cassent; on ne peut plus tenir dans les appartemens. L'empereur est comme frappé d'immobilité. Son visage est rouge et inondé d'une sueur brûlante. Le roi de Naples, le prince Eugène et le prince de Neufchâtel le conjurent de quitter le palais; mais il ne répond à ces instances que par des gestes d'impatience. Au même instant des cris partis de l'aile du palais situé le plus au nord, annoncent qu'une partie des murs vient de s'écrouler et que le feu gagne du terrain avec une épouvantable vitesse. La position n'étant plus tenable, l'empereur dit qu'il est temps de sortir, et il va habiter le château impérial de Pétrowski.

Arrivé à Petrowski, l'empereur chargea M. de Narbonne d'aller visiter un palais que je crois être celui de Catherine; c'était un bel édifice, les appartemens étaient parfaitement meublés. M. de Narbonne en vint instruire l'empereur; mais à peine sut-on qu'il voulait en faire son habitation que le feu y éclata de toutes parts : peu après il fut consumé.

Tel était l'acharnement des misérables payés pour tout brûler, que des bateaux, qui se trouvaient en grand nombre sur la Moskowa, chargés de grains, d'avoine et d'autres denrées, furent consumés, et s'abîmèrent dans les eaux avec un pétillement effroyable. On avait vu des soldats de police russe attiser le feu avec des lances goudronnées. Dans les poêles de plusieurs maisons on avait placé des obus qui, venant à éclater, blessèrent plusieurs de nos soldats. Dans les rues, des femmes sales et hideuses, des hommes ivres, couraient aux maisons incendiées, saisissaient des brandons enflammés qu'ils allaient porter ailleurs; et nos soldats furent obligés mainte fois de leur abattre les mains à coups de sabre pour leur faire lâcher prise. L'empereur fit pendre à des poteaux, sur une des places de la ville, les incendiaires pris sur le fait. La populace se prosternait au pied de ces potences, et baisait les pieds des suppliciés en priant et se signant. Il y a peu d'exemples d'un pareil fanatisme.

Voici un fait dont j'ai été témoin, et qui prouve que les exécuteurs subalternes de ce vaste complot agissaient évidemment d'après des instructions supérieures. Un homme couvert d'une peau de mouton sale et déchirée, ayant un mauvais bonnet sur la tête, montait d'un pas hardi les degrés qui conduisaient au Kremlin. Mais ces sales vêtemens cachaient une tournure distinguée; et, dans un moment où la surveillance était des plus sévères, l'audacieux mendiant parut suspect; on l'arrêta, et il fut mené au corps-de-garde, où il devait parler à l'officier du poste. Comme il faisait quelque résistance, trouvant probablement le procédé un peu arbitraire, la sentinelle lui mit la main sur la poitrine pour le forcer à entrer. Ce mouvement un peu prusque fit écarter la peau de mouton qui le couvrait, et l'on vit des décorations. On lui enleva sur-le-champ ces mauvais vêtemens, et il fut reconnu pour un officier russe. Il avait sur lui des mèches à incendie qu'il distribuait aux gens du peuple. Soumis à un interrogatoire, il avoüa qu'il avait mission spéciale de faire activer l'incendie du Kremlin. On lui fit plusieurs questions, tendant à lui arracher de nouveaux aveux. Il répondit avec un calme parfait ; il fut mis en prison. Je crois qu'il fut puni comme incendiaire, pourtant je n'en suis pas certain. Quand on amenait à l'empereur un de ces misérables, il haussait les épaules, et ordonnait, avec un geste de mépris et d'humeur, qu'on l'emmenât loin de ses yeux. Les grenadiers en firent quelquefois justice avec leurs baïonnettes. On conçoit une exaspération pareille dans des soldats que l'on chassait ainsi, par ce lâche et odieux moyen, d'un gîte gagné par l'épée.

Petrowski était une jolie maison appartenant à un chambellan d'Alexandre. On trouva dans la chambre que devait habiter Sa Majesté un homme caché ; mais comme il n'avait pas d'armes, on le relâcha, pensant que la frayeur seule l'avait conduit dans cette habitation. L'empereur arriva pendant la nuit à sa nouvelle résidence. Il attendit là dans une inquiétude mortelle que le feu fût éteint au Kremlin, pour s'y transporter de nouveau. La maison de plaisance d'un chambellan n'était point sa place. En effet, grâce aux mesures actives et courageuses d'un bataillon de la garde, le Kremlin fut préservé des flammes, et l'empereur donna le signal du départ.

Pour rentrer à Moscou il fallait traverser le camp, ou plutôt les divers camps de l'armée. Nous marchions sur une terre fangeuse et froide, au milieu des champs où tout avait été ruiné. L'aspect du camp était des plus singuliers, et j'éprouvai un sentiment de tristesse amère en voyant nos soldats contraints de bivouaquer aux portes d'une vaste et belle ville dont ils étaient maîtres, mais le feu encore plus qu'eux. L'empereur en nommant le maréchal Mortier gouverneur de Moscou, lui avait dit : « Surtout point de pillage; vous m'en répondez sur votre tête ». La consigne fut sévèrement gardée, jusqu'à l'heure de l'incendie; mais quand il fut visible que le feu allait tout dévorer, et qu'il était fort inutile d'abandonner aux flammes ce dont les soldats pouvaient faire leur profit, alors liberté leur fut donnée de puiser largement à ce vaste dépôt de tout le luxe du nord.

Aussi rien de plus plaisant et de plus triste à la fois que de voir autour de pauvres hangars en planches, seules tentes de nos soldats, les meubles les plus précieux jetés pêle-mêle; des canapés de soie, les plus riches fourrures de la Sibérie, des châles de cachemire, des plats d'argent : et quels mets dans cette vaisselle de princes! un mauvais brouet noir et des morceaux de cheval encore saignans. Un bon pain de munition valait alors le triple de toutes ces richesses. Plus tard n'eut pas du cheval qui voulut.

En rentrant dans Moscou, le vent nous apporta l'odeur insupportable des maisons brûlées; des cendres chaudes nous volaient dans la bouche et dans les yeux, et très-souvent nous n'eûmes que le temps de nous retirer devant de grands piliers ruinés par le feu, qui s'écroulaient avec un bruit désormais sans écho sur ce sol calciné. Moscou n'était pas si désert que nous l'avions cru. Comme la première impression que produit la conquête est une impression de frayeur, tout ce qui était resté d'habitans s'était caché dans les caves, ou dans des souterrains immenses qui s'étendaient sous le Kremlin. L'incendie les chassa, comme des loups, de ces repaires; et quand nous rentrâmes dans la ville, près de vingt mille habitans erraient au milieu des débris; la stupeur était peinte sur les visages noircis par la fumée, hâlés par la faim; car ils ne croyaient pas, s'étant couchés la veille sous des toits d'hommes, se relever le lendemain dans une plaine. On en vit que le besoin poussa aux dernières extrémités; quelques légumes restaient dans des jardins, ils furent dévorés crus : on aperçut plusieurs de ces malheureux qui se précipitaient à plusieurs reprises dans la Moskowa; c'était pour retirer des grains que Rostopschine y avait fait jeter. Un grand nombre périrent dans les eaux après des efforts infruc- tueux. Telle fut la scène de douleur que l'Empereur fut obligé de traverser pour arriver au Kremlin.

L'appartement qu'il occupait était très-vaste et bien éclairé, mais presque démeublé. Il y avait son lit de fer, comme dans tous les châteaux où il cou- chait en campagne. Ses fenêtres donnaient sur la Moskowa. On voyait très-bien le feu qui brûlait en- core dans plusieurs quartiers de la ville, et qui n'était éteint d'un côté que pour reparaître de l'autre. Sa Majesté me dit un soir, avec une pro- fonde affliction : « Ces misérables ne laisseront pas pierre sur pierre. » Je ne crois pas qu'il y ait dans aucun pays autant de corneilles qu'à Moscou. L'empereur était vraiment impatienté de leur présence, et me disait: « Mais, mon Dieu, nous suivront-elles partout? »

Il y eut quelques concerts chez l'empereur pen- dant son séjour à Moscou. Napoléon y était fort triste. La musique des salons ne faisait plus d'im- pression sur cette âme malade. Il n'en connaissait qu'une, qui le remuait en tout temps, celle des camps avant et après les batailles.

Le lendemain de l'arrivée de l'empereur, les sieurs Ed..... et V..... se transportèrent au Kremlin dans l'intention de voir Sa Majesté. Après l'avoir vainement attendue, et ne l'apercevant pas, ils se témoignaient mutuellement le regret d'avoir été trompés dans leur attente, lorsqu'ils entendirent subitement ouvrir une persienne au dessus de leur tête. Ils levèrent les yeux, et reconnurent l'empereur, qui leur dit : « Messieurs, qui êtes-vous ? — Sire, nous sommes Français. » Il les engagea à monter dans l'appartement qu'il occupait, et continua ses questions : « Quelle est la nature des occupations qui vous ont fixés à Moscou ? — Nous sommes gouverneurs chez des gentilshommes russes que l'arrivée des troupes de Votre Majesté a forcés de s'éloigner : nous n'avons pu résister aux instances qu'ils nous ont faites de ne pas abandonner leurs propriétés, et nous nous trouvons présentement seuls dans leurs palais. » L'empereur leur demanda s'il y avait encore d'autres Français à Moscou, et les pria de les lui amener. Il leur proposa alors de se charger de maintenir l'ordre, et nomma chef M. M...., qu'il décora d'une écharpe tricolore, leur recommanda d'empêcher les soldats français de piller les églises, de faire feu sur les malfaiteurs, et leur enjoignit de évir contre les galériens, auxquels Rostopschine avait fait grâce, à condition qu'ils mettraient le feu à la ville.

Une partie de ces Français suivirent notre armée dans sa retraite, prévoyant qu'un plus long séjour à Moscou les exposerait à des vexations. Ceux qui n'imitèrent pas leur exemple furent condamnés à balayer les rues.

L'empereur Alexandre, instruit de la conduite de Rostopschine à leur égard, tança fortement le gouverneur, et lui donna l'ordre de rendre de suite à la liberté ces malheureux Français.

●●●●●3●●●●●●●●●●●●●●●3●●●●●●●●●●●●●●●●●●●●●●●●●●●●●●●●●●●●

CHAPITRE VI.

Les Moscovites demandant l'aumône. — L'empereur leur fait
donner des vivres et de l'argent. — Les journées au Kremlin.
— L'empereur s'occupe d'organisation municipale. — Un
théâtre élevé près du Kremlin. — Le chanteur italien. — On
parle de la retraite. — Sa Majesté prolonge ses repas plus
que de coutume. — Règlement sur la comédie française. —
Engagement entre Murat et Kutuzow. — Les églises du
Kremlin dépouillées de leurs ornemens. — Les revues. —
Le Kremlin saute en l'air. — L'empereur reprend la route
de Smolensk. — Les nuées de corbeaux. — Les blessés d'Oupinskoë. — Chaque voiture de suite en prend un. — Injustice du reproche qu'on avait fait à l'empereur d'être cruel. —
Explosion des caissons. — Quartier-général. — Les Cosaques. — L'empereur apprend la conspiration de Mallet. — Le
général Savary. — Arrivée à Smolensk. — L'empereur et le
munitionnaire de la grande armée. — L'empereur dégage le
prince d'Eckmühl. — *Veillons au salut de l'empire.* — Activité infatigable de Sa Majesté. — Les traînards. — Le corps
du maréchal Davoust. — Son emportement quand il se voit
prêt à mourir de faim. — Le maréchal Ney est retrouvé. —

Mot de Napoléon.— Le prince Eugène pleure de joie. —Le maréchal Lefebvre.

———————

Nous étions rentrés au Kremlin le 18 septembre au matin. Le palais et la maison des enfans-trouvés furent à peu près les seuls bâtimens qui demeurérent intacts. Sur notre route, nos voitures étaient entourées d'une foule de malheureux Moscovites qui venaient nous demander l'aumône. Ils nous suivirent jusqu'au palais, marchant dans les cendres chaudes ou sur des pierres calcinées et encore brûlantes. Les plus misérables allaient pieds-nus. C'était un spectacle déchirant de voir plusieurs de ces infortunés, dont les pieds posaient sur des corps chauds, exprimer leur douleur par des cris ou des gestes d'un affreux désespoir. Comme toute la partie intacte des rues était occupée par le train de nos voitures, cette foule se jetait pêle-mêle dans les roues et entre les jambes des chevaux. Notre marche était ainsi très-ralentie, et nous eûmes plus long-temps sous les yeux ce tableau de la plus grande des misères, celle d'incendiés sans pain et sans ressources. L'empereur leur fit donner des vivres et des secours en argent.

Quand nous nous fûmes de nouveau établis au

Kremlin, que nous eûmes repris nos habitudes de gens domiciliés, il se passa quelques jours d'une assez grande tranquillité. L'empereur paraissait moins triste, et tout son entourage s'en ressentait un peu. On eût presque dit que l'on était revenu de la campagne pour reprendre le train des habitudes de la ville. Si l'empereur eut de temps en temps cette illusion, elle était bien vite détruite par le spectacle qu'offrait Moscou vue des fenêtres des appartemens. Toutes les fois que Napoléon jetait les yeux de ce côté, il était visible que de bien tristes réflexions lui venaient à l'esprit, quoiqu'il n'eût plus ces mouvemens d'impatience qui le prenaient fréquemment, lors de son premier séjour au palais, quand il voyait la flamme venir à lui et le chasser de ses appartemens. Mais il était dans ce mauvais calme d'un homme soucieux qui ne peut dire où iront les choses. Les journées étaient longues au Kremlin. L'empereur attendait la réponse d'Alexandre, réponse qui ne vint pas. A cette époque je remarquai que l'empereur avait habituellement sur sa table de nuit, l'histoire de Charles XII, de Voltaire.

Cependant Sa Majesté était tourmentée par son génie administratif jusqu'au milieu des décombres de la grande ville. Pour donner le change aux inquiétudes que lui causaient les affaires du dehors, elle s'occupait d'organisation municipale. Déjà il était

convenu que Moscou serait approvisionné pour
l'hiver. Un théâtre fut élevé près du Kremlin ; mais
l'empereur n'y assista jamais. La troupe était con-
posée de quelques malheureux acteurs français
restés à Moscou dans le plus affreux dénûment.
Sa Majesté encouragea néanmoins cette entreprise
dans l'espérance que des réprésentations théâ-
trales offriraient un utile délassement aux officiers
et aux soldats ; aussi n'y avait-il guère que des militaires. On a dit que les premiers acteurs de Paris
avaient été mandés. Je n'ai rien su de positif à cet
égard. Il y avait à Moscou un célèbre chanteur
italien que l'empereur entendit plusieurs fois,
mais seulement dans ses appartemens. Il ne faisait
pas partie de la troupe.

Jusqu'au 18 octobre le temps se passa en discussions plus ou moins vives entre l'empereur et ses
généraux sur le dernier parti à prendre. Tous savaient bien qu'il fallait se résoudre à la retraite,
et l'empereur ne l'ignorait pas lui-même ; mais on
voyait tout ce qu'il en coûtait à sa fierté de dire
son dernier mot. Les derniers jours qui précédè-
rent le 18 furent les plus tristes que j'aie jamais
vus. Dans ses rapports les plus ordinaires avec ses
amis et ses conseillers, Sa Majesté laissait percer une
grande froideur. Elle devint taciturne. Des heures
entières se passaient sans qu'une seule des per-

sonnes présentes prît l'initiative de la conversation. L'empereur, qui était ordinairement très-expéditif dans ses repas, les prolongeait d'une manière étonnante. Quelquefois dans la journée il se jetait sur un canapé, un roman à la main, qu'il lisait ou ne lisait pas, et paraissait absorbé dans de profondes rêveries. On lui envoyait de Paris des vers qu'il lisait tout haut, exprimant son opinion d'une manière brève et tranchante. Je le vis consacrer trois soirées à faire le règlement de la Comédie française de Paris. On conçoit difficilement cette attention à de pareilles misères administratives, quand l'avenir était si chargé. On croyait généralement, et probablement non sans raison, que l'empereur agissait dans un but politique, et que ces règlemens sur la Comédie française, à une époque où aucun bulletin n'avait encore fait connaître complétement la position désastreuse de l'armée, avaient pour but de donner le change aux Parisiens qui ne manqueraient pas de dire : « Tout ne va donc pas si mal, puisque l'empereur a le temps de s'occuper des théâtres. »

Les nouvelles du 18 vinrent mettre un terme à toutes les incertitudes. L'empereur passait en revue dans la première cour du Kremlin les divisions de Ney, distribuant des croix aux plus braves, adressant à tous des paroles encourageantes, quand un aide-de-camp, le jeune Béranger, vint annoncer qu'un engagement très vif avait eu lieu à Winkowo entre Murat et Kutuzof, et que l'avant-garde de Murat était détruite et nos positions forcées. La reprise des hostilités de la part des Russes était manifeste. Dans le premier moment de la nouvelle, l'étonnement de l'empereur fut au comble. Il y eut au contraire dans les soldats du maréchal Ney comme un mouvement électrique d'enthousiasme et de colère qui gagna Sa Majesté. Transporté de voir combien la honte d'un échec, reçu même sans déshonneur, mettait de fiel et d'amour de vengeance dans ces âmes chaudes, l'empereur serra la main du colonel qui était le plus près de lui, continua la revue, ordonna le soir même le ralliement de tous les corps ; et avant la nuit toute l'armée était en mouvement vers Woronowo.

Quelques jours avant de quitter Moscou, l'empereur avait fait dépouiller les églises du Kremlin de leurs plus beaux ornemens. Les ravages de l'incendie avaient levé cette espèce d'interdit que l'empereur avait mis sur les propriétés des Russes.

Le plus beau trophée de ce genre était l'immense croix du grand Ivan. Il fallut démolir une partie de la tour sur laquelle elle s'élevait pour pouvoir l'enlever. Encore ne fut-ce qu'après de longs efforts que l'on parvint à ébranler cette vaste masse de fer.

L'empereur voulait en orner le dôme des Iuvalides: Elle fut engloutie dans les eaux du lac de Semlewo.

La veille du jour où l'empereur devait passer une revue, les soldats mettaient un empressement très-grand à se tenir propres, à nettoyer leurs armes; afin de cacher un peu le dénuement où ils étaient réduits. Les plus imprudens avaient jeté leurs vê-temens d'hiver pour se charger de vivres. Beau-coup avaient usé leurs chaussures en marchant. Cependant tous tenaient à honneur de faire bonne mine aux revues; et quand le soleil, dans les beaux jours, venait frapper sur les canons des fusils bien nettoyés, l'empereur retrouvait dans ce spectacle quelques-unes des émotions dont il était plein au glorieux jour du départ.

L'empereur laissait douze cents blessés à Moscou: quatre cents de ces malheureux furent emportés par les derniers corps qui quittèrent la ville. Le maréchal Mortier en sortit le dernier. Ce fut à Fe-minskoë, à dix lieues de Moscou, que nous enten-dîmes le bruit d'une effrayante explosion : c'était le Kremlin qui sautait, ainsi que l'avait ordonné l'empereur. Un artifice avait été déposé dans les souterrains du palais; et tout était calculé pour que l'explosion n'eût lieu qu'après un certain laps de temps. Quelques cosaques vinrent pour piller les appartemens abandonnés, ignorant que l'in-

cendie couvait sous leurs pas : ils furent lancés en
l'air à une prodigieuse hauteur. Trente mille fusils
avaient été abandonnés dans la forteresse. En une
seconde une partie du Kremlin n'était plus qu'un
amas de ruines. Une autre partie fut conservée; et
ce qui ne contribua pas peu à rehausser auprès
des Russes le crédit de leur grand saint Nicolas,
c'est qu'une image en pierre de ce saint fut épar-
gnée par l'explosion dans un endroit où elle avait
fait de grands ravages. Ce fait m'a été rapporté
depuis par une personne digne de foi qui l'a entendu raconter au comte Rostopschine lui-même,
pendant son séjour à Paris.

Le 28 octobre, l'empereur reprit la route de
Smolensk, et passa près du champ de bataille de
Borodino. Environ trente mille cadavres avaient
été laissés dans ces vastes plaines. A notre approche
des nuées de corbeaux, qu'une aussi abondante
pâture avait attirés, s'envolèrent bien loin de nous
avec d'horribles croassemens. Ces corps de tant
de braves gens avaient un aspect dégoûtant, étant
à demi rongés, et exhalant une odeur que le froid
déjà assez vif ne pouvait neutraliser. L'empereur
fit hâter le pas, et alla coucher dans le château
presque en ruines d'Oupinskoë. Le lendemain il
visita quelques blessés qui étaient restés dans une
abbaye. Ces malheureux, en voyant l'empereur,

semblèrent recouvrer leurs forces et oublier leurs souffrances, qui devaient être horribles, les plaies s'envenimant toujours aux premières rigueurs du froid. Toutes ces figures pâles, tirées, reprirent quelque sérénité. Ces pauvres soldats, contens de revoir leurs camarades, les questionnaient avec une curiosité inquiète sur les événemens qui avaient suivi la bataille de Borodino. Quand ils surent que nous avions bivouaqué à Moscou, il s'en réjouirent de tout leur cœur; et il était aisé de voir que leur plus grande peine venait du regret de n'avoir pu, comme les autres, brûler au bivouac les beaux meubles des riches Moscovites. Napoléon ordonna que chaque voiture de suite prit un de ces malheureux; ce qui fut exécuté. Tout le monde s'y prêta avec un empressement qui toucha beaucoup l'empereur. Ces pauvres blessés disaient avec l'accent de la plus profonde reconnaissance qu'ils étaient beaucoup mieux sur ces bons coussins que dans les voitures de l'ambulance. Nous n'avions pas de peine à le croire. Un lieutenant des cuirassiers qui venait d'être amputé fut mis dans le landau de Sa Majesté, qui voyageait à cheval.

Cela répond à tous les reproches de cruauté dont on a si gratuitement chargé la mémoire d'un grand homme qui n'est plus. J'ai lu, mais non pas sans dégoût, que l'empereur faisait quelquefois passer sa voiture sur des blessés dont les cris de douleur ne touchaient pas son cœur. Tout cela est faux et révoltant. Aucune des personnes qui ont servi l'empereur n'ignore sa sollicitude pour les malheureuses victimes de la guerre et les soins qu'il en faisait prendre. Étrangers, ennemis ou Français, tous étaient recommandés aux chirurgiens de l'armée avec le même intérêt.

De temps en temps des explosions effrayantes nous faisaient détourner la tête pour regarder derrière nous. C'étaient des caissons que l'on faisait sauter pour n'être plus embarrassé de les conduire, la marche devenant tous les jours plus pénible. Cela faisait mal, de penser que nous étions réduits à ce point de détresse, qu'il nous fallait jeter notre poudre au vent, pour ne point la laisser à l'ennemi. Mais une réflexion plus douloureuse nous venait à l'esprit à chaque détonation de ce genre; il fallait que la grande armée tirât bien vite à sa ruine, puisque le matériel de l'expédition surchargeait les hommes, et que le nombre des bras employés n'était plus en proportion avec les travaux.

Le 30, l'empereur avait son quartier général dans une pauvre masure qui n'avait ni portes ni fenêtres. Nous eûmes beaucoup de peine à clore à peu près l'endroit qu'il choisit pour coucher. Le froid devenait plus vif et les nuits étaient glaciales ; les petites palissades fortifiées, dont on avait fait des espèces de relais pour la poste, et qui, placées de distance en distance, marquaient les divisions de la route, servaient aussi tous les soirs de quartier impérial. On y dressait à la hâte le lit de l'empereur, et on préparait tant bien que mal un cabinet où il pût travailler avec ses secrétaires, écrire ses différens ordres aux chefs qu'il avait laissés sur les routes et dans les villes.

Notre retraite était souvent contrariée par des partis de cosaques. Ces barbares arrivaient sur nous, la lance en arrêt, et poussaient des hurlemens de bêtes féroces plutôt que des cris humains. Leurs petits chevaux à longue queue frisaient les flancs des différentes divisions. Mais ces attaques assez réitérées n'avaient pas, du moins au commencement de la retraite, de conséquences funestes pour l'armée. Quand un houra était poussé, l'infanterie faisait bonne contenance, serrant les rangs et présentant la baïonnette. C'était l'affaire de la cavalerie de poursuivre ces barbares, qui fuyaient plus vite qu'ils n'étaient arrivés.

Le 6 novembre, avant qu'il ne quittât l'armée, l'empereur reçut la nouvelle de la conspiration Mallet, et tout ce qui s'y rattache. Il fut d'abord étonné ; puis fort mécontent, et ensuite se moqua beau-

:oup de la déconvenue du ministre de la police,
e général Savary. Il dit plusieurs fois que, s'il eût
'té à Paris, personne n'eût bougé; qu'il ne pouvait
'en éloigner sans que tous perdissent la tête à
a moindre algarade. Dès ce moment il parla sou-
ent du besoin que Paris avait de sa présence.

A propos du général Savary, un petit fait assez
ystifiant pour lui me revient à la mémoire. Après
voir quitté le commandant de la gendarmerie,
our succéder à Fouché dans les fonctions de mi-
iistre de la police, il eut une petite discussion avec
in des aides-de-camp de l'empereur. Comme il
nenaçait son interlocuteur, celui-ci lui répondit :
Tu crois toujours avoir des menottes dans tes
poches. »

: Le 8 novembre, la neige tombait, le jour était
sombre, le froid rigoureux, le vent violent, et les
routes se couvraient de verglas; les chevaux ne
pouvaient avancer, leurs mauvais fers usés ne pouvant avoir prise sur ce sol glissant. Ces pauvres
animaux étaient exténués; il fallait à force de bras
pousser les roues afin d'alléger un peu leurs fardeaux. Il y a dans ce souffle vigoureux qui sort des
naseaux d'un cheval fatigué, dans cette tension des
jarrets et ces prodigieux efforts des reins, quelque
chose qui donne à un haut degré l'idée de la force;
mais la muette résignation de ces animaux, quand

on les sait surchargés, nous inspire de la pitié, et nous fait repentir d'abuser de tant de courage. L'empereur à pied, au milieu de sa maison, un bâton à la main, marche avec peine dans ces chemins glissans. Mais il encourage les uns et les autres par des paroles bienveillantes. Nous nous sentions pleins de bon vouloir. Qui se serait plaint alors eût été bien mal venu de tout le monde. Nous arrivâmes en vue de Smolensk. L'empereur était le moins abattu. Il était pâle, mais sa figure était calme; rien dans ses traits qui laissât percer ses souffrances morales, car il fallait qu'elles fussent bien violentes pour qu'on pût s'en apercevoir en public. Les chemins étaient jonchés d'hommes et de chevaux que la fatigue ou la faim avait tués. Les hommes passaient outre en détournant les yeux; quant aux chevaux, ils étaient de bonne prise pour nos soldats affamés.

Nous arrivâmes enfin à Smolensk le 9. L'empereur logea dans une belle maison de la place Neuve. Quoique cette ville importante eut beaucoup souffert depuis notre passage, elle offrait encore des ressources; on y trouva pour la maison de l'empereur et pour les officiers des provisions de toute espèce; mais l'empereur ne tint guère compte de cette abondance pour ainsi dire privilégiée, quand il apprit que l'armée manquait de viande et de fourrages. A cette nouvelle il s'emporta jusqu'à la fureur : jamais je ne le vis sortir si violemment de son caractère. Il manda le munitionnaire qui avait été chargé des approvisionnemens. L'empereur l'apostropha d'une façon si peu mesurée que ce dernier pâlit, et ne trouva pas de mot pour se justifier. L'empereur insista avec plus de violence, laissant échapper de terribles menaces. J'entendais les cris d'une chambre voisine. Je sus depuis que le munitionnaire s'était jeté aux genoux de Sa Majesté pour obtenir sa grâce. L'empereur, revenu de son emportement, lui pardonna. Jamais, il est vrai, il n'avait sympathisé plus vivement avec les souffrances de son armée ; jamais il ne souffrit plus de l'impuissance où il était de lutter contre tant d'infortunes.

Le 14, nous reprîmes la route que nous avions parcourue quelques mois auparavant sous de meilleurs auspices. Le thermomètre marquait vingt degrés de froid. Un grand espace nous séparait encore de la France. Après une marche lente et pénible, l'empereur arrive à Krasnoi. Il fut obligé d'aller lui-même avec sa garde au-devant de l'ennemi pour dégager le prince d'Ekmühl. Il passa au travers du feu de l'ennemi, entouré par sa vieille garde, qui serrait autour de son chef ses pelotons dans lesquels la mitraille faisait de larges entailles.

C'est un des plus grands exemples que nous donne l'histoire du dévouement et de l'amour de plusieurs milliers d'hommes pour un seul. Au fort du feu, la musique jouait l'air, *Où peut-on être mieux qu'au sein de sa famille?* Napoléon l'interrompit, dit-on, en s'écriant : « Dites plutôt : *Veillons au salut de l'empire.* » Il est difficile d'imaginer quelque chose de plus grand.

L'empereur revint de ce combat très-fatigué. Il avait passé plusieurs nuits sans prendre aucun repos, écoutant les rapports qui lui étaient faits sur l'état de l'armée, expédiant les ordres nécessaires pour procurer des alimens aux soldats, mettant en mouvement les différens corps qui devaient soutenir la retraite. Jamais son inconcevable activité ne trouva plus à faire : jamais aussi il n'eut le cœur plus haut qu'au milieu de tous ces malheurs, dont il paraissait sentir la pesante responsabilité.

C'est entre Orcha et le Borysthène que les voitures qui ne pouvaient plus avoir de chevaux furent brûlées. Le tumulte et le découragement étaient tels sur les derrières de l'armée que la plupart des traîneurs jetaient là leurs armes, comme un fardeau gênant et inutile. Une espèce de police militaire fut exercée par ordre de l'empereur, pour arrêter autant que possible le désordre. Les officiers de gendarmerie furent chargés de ramener de force ceux qui abandonnaient leurs corps; souvent ils étaient obligés de les pousser l'épée dans les reins pour les faire avancer. L'excès de la détresse avait gâté l'esprit du soldat, naturellement bon et sympathisant; au point que les plus misérables semaient à dessein le désordre pour arracher à leurs compagnons mieux nippés soit un manteau, soit quelques vivres. « Voilà les Cosaques, » tel était ordinairement leur cri d'alarme. Quand ces manœuvres coupables étaient connues, et que nos soldats revenaient de leur méprise, alors il en résultait des représailles, et le tumulte était à son comble.

Le corps du maréchal Davoust était un des plus maltraités de l'armée. De soixante-dix mille hommes dont il se composait en partant, il ne lui en restait plus que quatre à cinq mille qui tous mouraient de faim. Le maréchal lui-même était exténué; il n'avait ni linge ni pain; le besoin et les fatigues de toutes sortes lui avaient horriblement maigri le visage; toute sa personne faisait pitié. Ce brave maréchal, qui vingt fois avait échappé aux boulets russes, se voyait mourir de faim. Un de ses soldats lui présenta un pain; il se jeta dessus et le dévora. Aussi était-il celui de tous qui se contînt le moins; en essuyant sa moustache où le givre s'était condensé, il déblaterait avec l'accent de la colère contre le mauvais destin qui les avait jetés

dans trente degrés de froid ; car la modération dans
les paroles était assez difficile à garder, quand on
souffrait tant.

Depuis quelque temps l'empereur était dans
une vive inquiétude sur le sort du maréchal Ney,
qui avait été coupé et devait se frayer un passage
au milieu des Russes qui nous suivaient de chaque
côté. Plus le temps s'écoulait, plus les alarmes
étaient vives; l'empereur demandait à chaque instant
si l'on n'avait pas vu Ney, s'accusant lui-même
d'avoir trop exposé ce brave général, s'enquérant
de lui comme d'un bon ami que l'on a perdu ;
toute l'armée partageait et manifestait les mêmes
inquiétudes; il semblait que ce brave seul fût
en danger. Quelques-uns le regardant comme
perdu, et voyant l'ennemi menacer les ponts du
Borysthène, proposèrent de les rompre : il n'y
eut qu'un cri dans toute l'armée pour s'y opposer.
Le 20, l'empereur, que cette idée jetait dans le
dernier abattement, arriva à Basanoni. Il dinait
avec le prince de Neufchâtel et le duc de Dantzick, quand le général Gourgaud accourt annoncer
à Sa Majesté que le maréchal Ney et les siens ne
sont plus qu'à quelques lieues de nous; l'empereur s'écrie, dans une joie facile à concevoir :
Est-il vrai? M. Gourgaud lui donne des détails qui
sont bientôt répandus dans tout le camp. Cette

nouvelle remet la joie au cœur de tous; chacun s'aborde avec empressement; il semble qu'on ait retrouvé un frère ; on se redit le courage héroïque qu'il a déployé, les talens dont il fit preuve en sauvant sa troupe à travers les glaces, les ravins, et les ennemis. Il est vrai de dire, à l'immortelle gloire du maréchal Ney, que selon l'avis que j'ai entendu émettre à nos plus illustres guerriers, sa défense est un fait d'armes dont l'antiquité n'offre pas d'exemple. Le cœur de nos soldats palpita d'enthousiasme ; et ce jour on retrouva les émotions des plus beaux jours de victoire! Ney et sa division ont gagné l'immortalité à ce prodigieux effort de vaillance et d'énergie. Tant mieux pour le peu de survivans de cette poignée de braves qui peuvent lire les grandes choses qu'ils ont faites, dans ces annales dictées par eux. Sa Majesté avait dit plusieurs fois : « Je donnerais tout l'argent que j'ai dans les caves des Tuileries pour que mon brave Ney fût à mes côtés. ».

Ce fut le prince Eugène qui eut l'honneur d'aller à la rencontre du maréchal Ney avec un corps de quatre mille braves ; le maréchal Mortier lui avait disputé cette faveur, car entre ces hommes illustres il n'y eut jamais que d'aussi nobles rivalités. Le danger était immense ; le canon du prince Eugène fut un signal compris du maréchal, qui y fit répondre par des feux de peloton. Les deux corps se rencontrèrent, et ne s'étaient pas encore joints que le maréchal Ney et le prince Eugène étaient dans les bras l'un de l'autre ; on dit que ce dernier pleurait de joie. De pareils traits font paraître cet horrible tableau un peu moins rembruni.

Jusqu'à la Bérésina, notre marche ne fut qu'une suite de petits combats et de grandes privations.

L'empereur passa une nuit à Caniwki ; dans une cabane de bois où il n'y avait que deux chambres ; celle du fond fut choisie pour lui, dans l'autre tout le service coucha pêle-mêle ; j'étais plus heureux, puisque je couchais dans celle de Sa Majesté ; mais plusieurs fois pendant la nuit je fus obligé, par mon service, de passer dans cette chambre, et alors il me fallut enjamber les dormeurs excédés de fatigue ; quoique je prisse grande attention à ne pas les blesser, ils étaient tellement serrés qu'il m'était impossible de ne pas poser le pied sur des jambes ou sur des bras.

Dans la retraite de Moscou, l'empereur marchait à pied, enveloppé de sa pelisse, et la tête couverte d'un bonnet russe qui nouait sous le menton ; je marchais souvent auprès du brave maréchal Lefebvre qui avait beaucoup d'affection pour moi; il me disait dans son français allemand, en me parlant de l'empereur : « Il est entouré d'un tas de b.... qui ne lui disent pas la vérité; il ne distingue pas assez ses bons de ses mauvais serviteurs. Comment sortira-t-il de là, ce pauvre empereur que j'aime? je suis toujours en crainte de ses jours; s'il ne fallait, pour le sauver, que mon sang, je le répandrais goutte à goutte; mais cela n'y changerait rien, et peut-être aura-t-il encore besoin de moi. »

●○○●○○●○○●○○○●○○●○○●○●○○○●○○●●○○○●○○●○○○●○○○●○●○○○●○○●○●●○○●●○●●○●●○○●●

CHAPITRE VII.

Passage de la Bérésina. — La délibération. — Les aigles brûlées. — Les Russes n'en ont que la cendre. — L'empereur prête ses chevaux pour les atteler aux pièces d'artillerie. — Les officiers simples canonniers. — Les généraux Grouchy et Sébastiani. — Grands cris près de Borizof. — Le maréchal Victor. — Les deux corps d'armée. — La confusion. — Voracité des soldats de l'armée de retraite. — L'officier se dépouillant de son uniforme pour le donner à un pauvre soldat. — Inquiétude générale. — Le pont. — Crédulité de l'armée. — Conjectures sinistres. — Courage des pontonniers. — Les glaçons. — L'empereur dans une mauvaise bicoque. — Sa profonde douleur. — Il verse de grosses larmes. — On conseille à Sa Majesté de songer à sauver sa personne. — L'ennemi abandonne ses positions. — L'empereur transporté de joie. — Les radeaux. — M. Jacquemiuot. — Le comte Predziecski. — Le poitrail des chevaux entamé par les glaçons. — L'empereur met la main aux attelages. — Le général Partonneaux. — Le pont se brise. — Les canons passent sur des milliers de corps écrasés. — Les chevaux tués à coups de baïonnettes. — Horrible spectacle. — Les femmes élevant leurs enfans au dessus de l'eau. — Beaux traits de dévouement. — Le petit orphelin. — Les officiers s'attellent à des traîneaux. — Le pont est brûlé. — La cabane où couche l'empereur. — Les prisonniers russes. — Ils périssent tous de fatigue et de faim. — Arrivée à Malodeczno. — Entretiens confidentiels entre l'empereur et M. de Caulaincourt. — Vingt-neuvième bulletin. — L'empereur et le maréchal Davoust. — Projet de départ de l'empereur connu de l'armée. — Son agitation au sortir du conseil. — L'empereur me parle de son projet. — Il ne veut pas que je parte sur le siége de sa voiture. — Impression que fait sur l'armée la nouvelle du départ de Sa Majesté. — Les oiseaux raidis par la gelée. — Le sommeil qui donne la mort. — La poudre des cartouches servant à saler les morceaux de cheval rôti. — Le jeune La pouriel. — Arrivée à Wilna. — Le prince d'Aremberg demi-mort de froid. — Les voitures brûlées. — L'alerte. — La voiture du trésor est pillée.

—————

Ce fut un jour de solennité effrayante que celui qui précéda le passage de la Bérésina. L'empereur paraissait avoir pris son parti avec la résolution froide d'un homme qui tente un acte de désespoir; cependant on tint conseil. Il fut résolu que l'armée se dépouillerait de tous les fardeaux inutiles qui pouvaient entraver sa marche; jamais il n'y eut plus d'union dans les avis; jamais délibération ne fut plus calme; c'était le calme de gens qui s'en remettent une dernière fois à la

volonté de Dieu et à leur courage. L'empereur
se fit apporter les aigles de tous les corps ; elles
furent brûlées ; il pensait que des fuyards n'en
avaient que faire. Ce fut un spectacle bien triste,
que ces hommes sortant des rangs un à un, et je-
tant là ce qu'ils aimaient plus que leur vie ; je n'ai
jamais vu d'abattement plus profond, de honte plus
durement sentie ; car cela ressemblait fort à une
dégradation générale de tous les braves de la Moskowa. L'empereur avait attaché à ces aigles un talisman ; alors il fit trop comprendre qu'il n'y avait
plus foi. Il fallait qu'il fût bien malheureux pour
en venir là ; du moins ce fut une consolation pour
les soldats de penser que les Russes n'en auraient
que la cendre. Quel tableau que celui de l'incendie
des aigles, surtout pour ceux qui comme moi
avaient assisté à la magnifique cérémonie de leur
distribution à l'armée au camp de Boulogne, avant
la campagne d'Austerlitz !

Les chevaux manquaient pour l'artillerie, et
dans ce moment critique l'artillerie était la sauve-
garde de l'armée. L'empereur donna ordre que l'on
prît ses chevaux ; il estimait que la perte d'un
seul canon ou d'un caisson était incalculable ;
l'artillerie fut confiée à un corps composé seulement d'officiers ; il montait à cinq cents hommes
environ ; Sa Majesté fut touchée de voir ces braves

officiers redevenir soldats, mettre la main aux
pièces comme de simples canonniers, et redescendre aux leçons de l'école par dévouement. L'empereur appela cet escadron son *escadron sacré !* Par la
même raison que les officiers redevenaient soldats,
les autres commandans supérieurs descendirent
de leur rang sans s'inquiéter de la désignation de
leur grade. Les généraux de division Grouchy et
Sébastiani reprirent le rang de simples capitaines.

Près de Borizow, nous fûmes arrêtés par de
grands cris; nous nous crûmes coupés par l'armée russe; je vis l'empereur pâlir : c'était un
coup de tonnerre; quelques lanciers furent dépê-
chés au plus vite; nous les vîmes revenir agitant
en l'air leurs drapeaux; Sa Majesté comprit les
signaux, et bien avant que nous eussions été
rassurés par les cuirassiers, elle dit, tant elle avait
présente dans sa tête la position même présumée
de chacun des corps de son armée : *Je parie que
c'est Victor;* en effet, le maréchal Victor nous
attendait à notre passage avec une vive impatience. Il paraît que l'armée du maréchal avait
reçu d'assez vagues renseignemens sur nos malheurs; aussi était-ce avec enthousiasme et bonheur
qu'elle se préparait à recevoir l'empereur. Ses soldats, encore frais et vigoureux, du moins compara-
tivement au reste de l'armée, n'en purent croire

leurs yeux quand ils nous virent dans un si misérable état ; les cris de « Vive l'empereur ! » n'en
retentirent pas moins.

Ce fut une toute autre impression quand l'ar-
rière-partie de l'armée vint à défiler devant eux ;
il se fit alors une grande confusion. Tous ceux
de l'armée du maréchal qui reconnaissaient quelques-uns de leurs compagnons, sortirent de leurs
rangs et coururent à eux, leur offrant du pain
et des habits ; ils étaient effrayés de la voracité
avec laquelle ces malheureux mangeaient ; plusieurs s'embrassèrent en pleurant. Un des bons et
braves officiers du maréchal se dépouilla de son
uniforme pour le donner à un pauvre soldat dont
les vêtemens en lambeaux l'exposaient nu au froid ;
pour lui, il remit sur son dos une mauvaise ca-
pote en guenilles ; car il avait plus de force pour
tenir contre la rigueur de la température. Si l'excès de la misère dessèche l'âme, quelquefois elle
l'élève bien haut, comme on le voit. Beaucoup
des plus misérables se brûlèrent la cervelle de
désespoir : il y avait dans cet acte, le dernier
que la nature indique pour en finir avec la misère,
une résignation et une froideur qui font frémir.
Ceux qui attentaient ainsi à leurs jours se donnaient moins la mort qu'ils ne cherchaient à mettre un terme à des souffrances insupportables, et

j'ai vu dans toute cette désastreuse campagne combien sont choses vaines la force physique et le courage humain, là où n'existe pas cette force morale qui naît d'une volonté bien déterminée.

L'empereur marchait entre l'armée du maréchal Victor et celle du maréchal Oudinot; c'était effrayant de voir ces masses mobiles s'arrêter quelquefois avec progression, les premières d'abord, puis celles qui suivaient, puis les dernières; quand le maréchal Oudinot, en avant de toutes, suspendait sa marche pour quelque cause inconnue, alors il y avait un mouvement d'inquiétude générale, alors commençaient les dictons alarmans, et, comme des gens qui ont tout vu sont disposés à croire à tout, les vraies comme les fausses nouvelles trouvaient facilement crédit; l'effroi durait jusqu'à ce que, le front de l'armée s'ébranlant, on reprit un peu de confiance.

Le 25, à cinq heures du soir, on avait établi sur le fleuve quelques chevalets construits avec le bois des poutres prises aux cabanes polonaises. Le bruit courait dans l'armée que le pont serait fini dans la nuit. L'empereur était très-fâché quand l'armée s'abusait ainsi, parce qu'il savait combien le découragement vient plus vite quand on a espéré en vain : aussi avait-il grand soin de faire instruire les derrières de l'armée des moindres incidens, afin de ne jamais laisser les soldats dans une illusion aussi cruelle. A cinq heures et quelque chose les chevalets avaient cédé. Ils étaient trop faibles. Il fallut attendre au lendemain, et l'armée retomba dans ses sinistres conjectures. Il était évident que le lendemain on devait essuyer le feu de l'ennemi; mais il n'y avait plus à opter. C'est à la fin de cette nuit d'angoisses et de souffrances de toutes sortes, que les premiers chevalets furent enfoncés dans la rivière. On ne comprend pas que des hommes se soient mis jusqu'à la bouche dans une eau chargée de glaçons, ramassant tout ce que la nature leur avait donné de force, tout ce que l'énergie du dévouement leur laissait de courage pour enfoncer des pieux à plusieurs pieds dans un lit fangeux, luttant contre les plus horribles fatigues, éloignant de leurs mains d'énormes glaçons qui les auraient assommés et submergés de leur poids, en un mot, ayant guerre, et guerre à mort, avec le plus grand ennemi de la vie, le froid. Eh bien, c'est ce que firent nos pontonniers français. Plusieurs périrent entraînés par les courans ou suffoqués par le froid. C'est une gloire, ce me semble, qui en vaut bien d'autres.

L'empereur attendait le jour dans une mauvaise bicoque. Le matin il dit au prince Berthier : « Eh » bien! Berthier, comment sortir de là? » Il était assis dans sa chambre ; de grosses larmes coulaient lentement le long de ses joues , plus pâles que de coutume. Le prince était près de lui.

Mais à peine échangèrent - ils quelques mots. L'empereur paraissait abîmé dans sa douleur. Je laisse à penser ce qui se passait alors dans son âme. Ce fut alors que le roi de Naples s'ouvrit avec franchise à son beau-frère, et le supplia, au nom de l'armée, de songer à son salut ; tant le péril était imminent. De braves Polonais s'offrirent pour former l'escorte de l'empereur. Il pouvait remonter plus haut la Bérésina et gagner en cinq jours Wilna. L'empereur hocha la tête en signe de refus, et ne dit rien de plus. Le roi le comprit, et il n'en fut plus question.

Dans les grandes infortunes, le peu de bien-être qui nous arrive est doublement senti. J'ai pu faire mille et mille fois cette observation pour Sa Majesté et sa malheureuse armée. Sur les bords de la Bérésina, alors qu'on avait à peine jeté les premiers appuis du pont, le maréchal Ney et le roi de Naples accoururent bride abattue vers l'empereur, en lui criant que l'ennemi avait abandonné sa position menaçante. Je vis l'empereur, tout hors de lui, et n'en pouvant croire ses oreilles, aller lui-même au pas de course jeter un coup d'œil du côté où l'on disait que s'était dirigé l'amiral Tschitzakoff. Le fait était vrai. L'empereur, transporté de joie, et tout essoufflé de sa course, s'écria : « J'ai trompé l'amiral ! » On eut peine à concevoir ce mouvement rétrograde de l'ennemi, quand l'occasion était si bonne de nous accabler ; et je ne sais pas si l'empereur, malgré sa satisfaction apparente, était bien sûr des conséquences heureuses que pouvait entraî er pour nous cette retraite de l'ennemi.

Avant que le pont fût achevé, quatre cents hommes environ furent transportés partiellement de l'autre côté du fleuve sur deux chétifs radeaux qui avaient peine à tenir contre le courant. Nous les voyions, de la rive, fortement secoués par les gros glaçons que chariait la rivière. Ces glaçons arrivaient jusqu'au bord des radeaux : là, trouvant un obstacle, ils s'arrêtaient quelque temps, puis s'engouffraient avec force dessous ces faibles planches, et produisaient d'horribles secousses. Nos soldats arrêtaient les plus gros avec leurs baïonnettes, et les faisaient dévier insensiblement au delà des radeaux.

L'impatience de l'armée était à son plus haut point. Les premiers qui arrivèrent à l'autre bord furent le brave M. Jacqueminot, aide-de-camp du maréchal Oudinot, et le comte Predzieczki. C'était un brave Lithuanien que l'empereur aimait beaucoup, alors surtout qu'il partageait nos souffrances par fidélité et dévouement. Tous deux traversèrent la rivière à cheval. L'armée poussa des cris d'admiration en voyant que ses chefs étaient les premiers à lui donner l'exemple de l'intrépidité. Il y avait là en effet de quoi troubler les plus fortes têtes. Le courant forçait les pauvres chevaux à nager en biais : ce qui doublait la longueur de la traversée. Puis venaient les glaçons qui, heurtant contre leur poitrail et leurs flancs, y faisaient des entailles à faire pitié.

A une heure, le général Legrand et sa division encombraient le pont construit pour l'infanterie. L'empereur était sur la rive opposée. Quelques canons embarrassés les uns dans les autres avaient arrêté un instant la marche. L'empereur s'élance sur le pont, met la main aux attelages, et aide à débarrasser les pièces. L'enthousiasme des soldats était au comble. Ce fut aux cris de « vive l'empereur ! » que l'infanterie prit pied sur l'autre bord.

Quelque temps après l'empereur apprit que le général Partonneaux avait mis bas les armes. Il en fut vivement affecté, et se répandit en reproches un peu injustes contre le général. Plus tard, quand il fut mieux informé, il fit parfaitement la part de la nécessité et du désespoir. Il est vrai de dire que

le brave général n'en vint à ce parti extrême qu'a-
près avoir fait tout ce qu'un homme de cœur peut
faire en pareille circonstance. Il est permis à un
homme de réfléchir, quand il n'a plus qu'à se faire
tuer inutilement.

Quand l'artillerie et les bagages passèrent, le
pont était tellement encombré qu'il rompit. Alors
eut lieu ce mouvement rétrograde qui refoula d'une
manière horrible toute la multitude des traîneurs
qui s'avançaient, comme des troupeaux chassés, sur
les derrières de l'artillerie. Un autre pont avait été
construit à la hâte, comme si l'on eût eu la triste
prévision que le premier romprait; mais le second
était étroit, sans rebord : pourtant ce fut un pis-
aller qui dans le premier moment parut encore
bien précieux dans une aussi effroyable calamité;
mais que de malheurs y arrivèrent! Les traîneurs
s'y portèrent en foule. Comme l'artillerie, les bagages, en un mot tout le matériel de l'armée avaient
pris les devans sur le premier pont, quand il fut
rompu, et que, par le refoulement subit qui eut lieu
sur les derrières de cette multitude, on connut la
catastrophe, alors les derniers se trouvèrent les premiers pour gagner l'autre pont; mais il était urgent
que l'artillerie passât la première. Elle se porta donc
avec impétuosité vers la seule voie de salut qui lui
restât. Ici la plume se refuse à tracer les scènes

d'horreurs qui alors eurent lieu. Ce fut exactement sur un chemin de corps écrasés que les chariots de toute sorte arrivèrent au pont. On vit dans cette occasion ce que l'intinct de la conservation peut mettre de dureté, et même de férocité raisonnée dans l'âme. Il y eut des traîneurs, les plus forcenés de tous, qui blessèrent et même tuèrent à coups de baïonnettes les malheureux chevaux qui n'obéissaient pas au fouet de leurs guides. Ainsi plusieurs caissons demeurèrent en route, par suite de cet odieux moyen.

J'ai dit que le pont était sans rebords. On voyait une foule de malheureux qui s'efforçaient de le traverser tomber dans le fleuve et s'abîmer au milieu des glaces. D'autres essayaient de s'accrocher aux misérables planches du pont, et restaient suspendus sur l'abime jusqu'à ce que leurs mains, écrasées par les roues des voitures, lâchassent prisé; alors ils allaient rejoindre leurs camarades, et les flots les engloutissaient. Des caissons entiers, conducteurs et chevaux, furent précipités dans les eaux.

On vit de pauvres femmes tenir leurs enfans au dessus de l'eau, comme pour retarder de quelques secondes leur mort, et la plus affreuse des morts. Scène maternelle vraiment admirable, que le génie de la peinture a cru deviner en traçant une scène du déluge et dont nous avons vu la touchante et affreuse réalité ! L'empereur voulait retourner sur ses pas, espérant que sa présence ramenerait l'ordre; on l'en dissuada d'une manière tellement significative qu'il lutta contre l'impulsion de son cœur et demeura, et certes, ce n'était pas sa grandeur qui l'attachait au rivage. On voyait, tout ce qu'il éprouvait de souffrances, quand à chaque instant il demandait où en était le passage, si l'on entendait encore les canons rouler sur le pont, si les cris cessaient un peu de ce côté-là. « Les imprudens! pourquoi n'ont-ils pas attendu un peu, » disait-il.

Il y eut de beaux exemples de dévouement dans cette malheureuse circonstance. Un jeune artilleur se jeta dans le fleuve pour sauver une pauvre mère chargée de ses deux enfans, qui essayait de gagner, dans un petit bateau, l'autre bord. La charge était trop forte. Un énorme glaçon vint qui fit sombrer le batelet. Le canonnier saisit un des enfans, et, nageant avec vigueur, il le porta sur la rive. La mère et son autre enfant avaient péri. Ce bon jeune homme éleva le petit orphelin comme son fils. Je ne sais s'il a eu le bonheur de regagner la France.

Des officiers s'attelèrent eux-mêmes à des traineaux pour emmener quelques-uns de leurs compagnons que leurs blessures avaient rendus impotens. Ils enveloppaient ces malheureux le plus chaudement possible, de temps à autre les réconfortaient avec un verre d'eau-de-vie quand ils pouvaient s'en procurer, et leur prodiguaient les soins les plus touchans.

Il y en eut beaucoup qui se conduisirent ainsi ; et pourtant combien dont on ignore le nom ! combien peu revinrent jouir dans leur pays des plus beaux souvenirs de leur vie !

Le pont fut brûlé à huit heures du matin. Le 29, l'empereur quitta les bords de la Bérésina, et nous allâmes coucher à Kamen. Sa Majesté y occupa une mauvaise maison de bois. Un air glacial y arrivait de tous les côtés par de mauvaises fenêtres dont presque toutes les vitres avaient été brisées. Nous fermâmes les ouvertures laissées au vent avec des bottes de foin. A quelque distance de nous, sur un vaste emplacement, on avait parqué comme du bétail des malheureux prisonniers russes que l'armée chassait devant elle. J'avais peine vraiment à comprendre cette allure de victorieux que nos pauvres soldats se donnaient encore en traînant après eux un misérable luxe de prisonniers qui ne pouvaient que les gêner en appelant leur surveillance. Quand les vainqueurs meurent de faim, où en sont les vaincus ? Aussi ces malheureux Russes, exténués par les marches et par le besoin,

périrent presque tous dans cette nuit. On les vit le
matin serrés pêle-mêle les uns contre les autres.
Ils avaient espéré trouver ainsi un peu de chaleur.
Les plus faibles avaient succombé, et leurs cadavres raidis furent pendant toute la nuit accolés à
ceux qui survécurent, sans que ces derniers s'en
aperçussent. Il y en eut qui, dans leur voracité,
mangèrent leurs compagnons morts. On a souvent
parlé de la dureté avec laquelle les Russes sup-
portent la douleur; j'en puis citer un trait qui
passe toute croyance. Un de ces malheureux étant
éloigné du corps auquel il appartenait, avait été atteint d'un boulet qui lui avait coupé les deux jambes et tué son cheval. Un officier français allant en
reconnaissance sur le bord de la rivière où le Russe
était tombé, aperçut à quelque distance une masse
qu'il reconnut pour un cheval mort, et pourtant
il distingua que cette masse n'était pas sans mouvement. Il s'approche et voit le buste d'un homme
dont les extrémités étaient cachées dans le ventre
du cheval. Ce malheureux était là depuis quatre
jours, s'enfermant dans son cheval pour y chercher un abri contre le froid et se repaissant des
lambeaux infectes de ce gite effroyable.

Le 3 décembre nous arrivâmes à Malodeczno.
Pendant tout le jour, l'empereur parut pensif et
inquiet. Il avait de fréquens entretiens confiden-

tiels avec le grand-écuyer M. de Caulincourt. Je me
doutai de quelque mesure extraordinaire. Je ne me
trompais pas dans mes conjectures. A deux lieues
de Smorghoni le duc de Vicence me fit appeler, et
me dit d'aller en avant pour donner des ordres,
afin de faire mettre sur ma calèche, qui était la
plus légère, les six meilleurs chevaux des attelages,
et de les tenir constamment sur les traits. J'étais
à Smorghoni avant l'empereur, qui n'arriva qu'à la
nuit tombante. Le froid était excessif. L'empereur
descendit dans une pauvre maison sur une place,
où il établit son quartier-général. Il prit un léger
repas, écrivit de sa main le vingt-neuvième bulletin de son armée, et manda tous les maréchaux
auprès de lui.

Rien n'avait encore transpiré du projet de l'empereur; mais dans les grandes et dernières mesures
il y a toujours quelque chose d'insolite qui n'é-
chappe pas aux plus clairvoyans. L'empereur n'a-
vait jamais été aussi aimable, aussi communicatif.
On sentait qu'il avait besoin de préparer ses amis
les plus dévoués à cette accablante nouvelle. Il causa
long-temps de choses vagues; puis il parla des
grandes choses qui avaient été faites pendant la
campagne, revenant avec plaisir sur la retraite du
maréchal Ney, qu'*ils avaient enfin retrouvé.*

. Le maréchal Davoust paraissait soucieux; l'em-

pereur lui disait : « Parlez donc un peu, maréchal. » Il y avait eu depuis quelque temps un peu
de froideur entre lui et l'empereur; Sa Majesté
lui fit des reproches du peu de fréquence de
ses visites; mais elle ne pouvait dissiper le nuage
qui chargeait tous les fronts, car le secret n'avait
pas été si bien gardé qu'elle l'avait espéré. Après
le repas, l'empereur chargea le prince Eugène de
lire le vingt-neuvième bulletin; alors il s'ouvrit
franchement sur son projet, ajoutant que son départ était *essentiel pour envoyer des secours à
l'armée.* Il donna ses ordres aux maréchaux; tous
étaient tristes et découragés. Il était dix heures
du soir, quand l'empereur dit qu'il était temps
d'aller prendre du repos; il embrassa affectueu-
sement tous les maréchaux, et se retira. Il sentait
le besoin de cette séparation, car il avait beaucoup
souffert de la gène de cette entrevue; on pouvait
du moins en juger par l'extrême agitation qui
régnait sur sa figure après le conseil. Environ
une demi-heure après, l'empereur me fit appeler
dans sa chambre, et me dit : « Constant, je pars;
je croyais pouvoir vous emmener avec moi : mais
j'ai réfléchi que plusieurs voitures attireraient
les regards; il est essentiel que je n'éprouve aucun
retard; j'ai donné des ordres pour que vous puis-
siez partir aussitôt après le retour de mes chevaux

vous me suivrez donc à peu de distance. » J'étais fort souffrant de ma maladie : c'est pourquoi l'empereur ne voulut pas que je partisse sur le siége comme je le lui demandai, afin de pouvoir lui donner tous mes soins, auxquels il était habitué ; il me dit : « Non, Constant ; vous me suivrez en voiture, et j'espère que vous pourrez arriver un jour au plus tard après moi. » Il partit avec M. le duc de Vicence, et Roustan sur le siège ; on fit dételer ma voiture, et je restai, à mon grand regret. L'empereur était parti dans la nuit.

Le lendemain à la pointe du jour, l'armée savait tout ; l'impression que fit cette nouvelle ne peut se peindre ; le découragement fut à son comble, beaucoup de soldats blasphémaient et reprochaient à l'empereur de les abandonner ; c'était un cri de malédiction générale. Le prince de Neufchâtel était dans une vive inquiétude, et demandait à tout le monde si l'on savait des nouvelles, quoiqu'il dût en recevoir le premier ; il redoutait que Napoléon ne fût enlevé par les Cosaques, car il avait une faible escorte, et si l'on avait pu apprendre son passage, nul doute que l'on eût fait les plus grands efforts pour s'en emparer.

Cette nuit du 6, le froid augmenta encore ; il fallait qu'il fût bien vif puisque l'on trouva à

terre des oiseaux tout raidis par la gelée. Des soldats qui s'étaient assis, la tête dans les mains
et le corps incliné, pour sentir moins le vide de
leur· estomac, se laissèrent aller au sommeil, et
furent trouvés morts dans cette position. Quand
nous respirions, la vapeur de notre haleine allait
se congeler à nos sourcils; de petits glaçons blancs
s'étaient formés aux moustaches et à la barbe des
soldats; pour s'en débarrasser, ils se chauffaient
le menton au feu des bivouacs; on conçoit qu'un
bon nombre ne le fit pas impunément; des ar-
tilleurs approchaient leurs mains des narines des
chevaux pour y chercher un peu de chaleur au
souffle puissant de ces animaux. Leur chair était
la nourriture ordinaire des soldats; on les voyait
jeter sur les charbons de larges tranches de cette
viande, et comme le froid la gelait, alors elle se
transportait sans se gâter, comme du porc salé,
la poudre des cartouches tenait lieu de sel.

· Dans cette même nuit nous avions avec nous un
jeune Parisien d'une famille fort riche, qui avait
voulu un emploi dans la maison de l'empereur; il
était fort jeune, et avait été reçu dans les garçons
d'appartement; le pauvre enfant faisait son premier
voyage. Il fut pris de la fièvre en quittant Moscou,
et il était si mal ce soir-là qu'on ne put l'enlever
du fourgon de la garde-robe dans lequel on l'avait

mis pour qu'il fût mieux; il y mourut dans la nuit, fort regretté de tous ceux qui le connaissaient. Le pauvre Lapouriel était d'un caractère charmant, d'une grande instruction, l'espoir de sa famille; c'était un fils unique. La terre était si dure qu'on ne put lui faire une fosse, et nous éprouvâmes le chagrin d'abandonner ses tristes restes sans sépulture.

Je partis le lendemain muni d'un ordre du prince de Neufchâtel pour que sur toute la route on me donnât des chevaux de préférence à tout autre. A la première poste après Smorghoni, d'où l'empereur était parti avec le duc de Vicence, cet ordre me fut de la plus grande utilité, car il n'y avait de chevaux que pour une seule voiture; je m'y trouvai en concurrence pour les avoir avec M. le comte Daru, arrivé en même temps que moi. Je n'ai pas besoin de dire que sans l'ordre de l'empereur de le rejoindre le plus tôt possible, je n'aurais pas usé de mon droit pour prendre le pas sur l'intendant-général de l'armée; mais commandé par mon devoir je montrai l'ordre du prince de Neufchâtel à M. le comte Daru, qui, après l'avoir examiné, me dit : « C'est juste, M. Constant; prenez les chevaux; mais, je vous en prie, renvoyez-les-moi le plus vite possible. »

Que cette retraite fut désastreuse! Après bien des

peines et des privations, nous arrivâmes à Wilna; il fallait passer sur un pont long et étroit pour entrer dans cette ville; l'artillerie, les fourgons encombraient l'espace de manière à empêcher toute autre voiture de passer; on avait beau dire. «Service de l'empereur;» on était accueilli par des malédictions. Voyant l'impossibilité d'avancer, je descendis de ma calèche, et vis alors le prince d'Aremberg, officier d'ordonnance de l'empereur, dans un état pitoyable; sa figure était décomposée, il avait le nez, les oreilles et les pieds gelés. Il était assis derrière ma voiture. J'en fus navré. Je dis au prince que, s'il m'avait prévenu de son délaissement, je lui aurais donné ma place. A peine s'il pouvait me répondre. Je le soutins quelque temps; mais, voyant combien il était urgent pour tous les deux d'avancer, je pris le parti de le porter. Il était mince, svelte, de taille moyenne. Je le pris dans mes bras, et, avec ce fardeau, coudoyant, pressant, heurtant et heurté, j'arrivai enfin, et déposai le prince au quartier-général du roi de Naples, en recommandant qu'il reçût les soins que réclamait son état; après quoi je m'occupai de ma voiture.

Nous manquions de tout. Long-temps avant d'arriver à Wilna, les chevaux étant morts, nous avions reçu ordre de brûler nos voitures avec tout ce qu'elles contenaient. Je perdis considérablement dans ce voyage. J'avais fait emplète de plusieurs choses de prix. Tout fut brûlé avec mes effets, dont j'avais toujours une grande quantité dans mes voyages. Une grande partie des effets de l'empereur furent perdus de la même manière.

Une fort belle voiture du prince Berthier, qui venait d'arriver et n'avait point encore servi, fut aussi brûlée. A chacun de ces feux se tenaient quatre grenadiers qui, la baïonnette en avant, devaient empêcher que personne ne prit ce qui devait être sacrifié. Le lendemain on fit la visite des voitures qui avaient été épargnées pour s'assurer qu'il n'y restait aucun effet. Je ne pus garder que deux chemises. Nous couchâmes à Wilna. Mais le lendemain de grand matin l'alarme se répandit. Les Russes étaient aux portes de la ville. Des gens arrivaient tout effarés en criant : *Nous sommes perdus.* Le roi de Naples fut réveillé brusquement, sauta de son lit, et en un instant l'ordre fut donné pour que le service de l'empereur partît sur-le-champ. Je laisse à penser avec quelle confusion tout cela se fit. On n'eut le temps de faire aucune provision. On nous obligea à partir sans retard. Le prince d'Aremberg fut mis dans une voiture du roi avec ce qu'on put se procurer pour les besoins les plus pressans. Nous étions à peine sortis de la ville, que nous entendîmes de grands cris

derrière nous et des coups de canon, accompa-
gnés de vives fusillades. Nous avions à gravir une
montagne de glace. Les chevaux étaient fatigués.
On n'avançait pas. La voiture du trésor fut laissée
à l'abandon; et une partie de l'argent fut pillée
par des gens qui, à cent pas de là, étaient obligés de
jeter ce qu'ils avaient pris pour sauver leur vie.

●●
.

CHAPITRE VIII.

L'empereur est mal logé durant toute la campagne. — Bicoques infestées de vermine. — Manière dont on disposait
l'appartement de l'empereur. — Salle du conseil. — Proclamations de l'empereur. — Habitans des bicoques russes.
— Comment l'empereur était logé , quand les maisons manquaient. — La tente. — Le maréchal Berthier. — Moment
de refroidissement entre l'empereur et lui. — M: Colin
contrôleur de la bouche.— Roustan. — Insomnies de l'empereur. —Soin qu'il avait de ses mains.— Il est très-affecté
du froid. — Démolition d'une chapelle à Witepsk. — Mécontentement des habitans. — Spectacle singulier. — Les
soldats de la garde se mêlant aux baigneuses. — Revue des
grenadiers. — Installation du général Friand. — L'empereur lui donne l'accolade. — Réfutation de ceux qui pen-
sent que la suite de l'empereur était mieux traitée que le
reste de l'armée.—Les généraux mordant dans le pain de
munition. — Communauté de souffrances entre les généraux et les soldats. — Les maraudeurs. — Lits de paille.
— M. de Beausset. — Anecdote. — Une nuit des personnes
de la suite de l'empereur. — Je ne me déshabille pas une
fois de toute la campagne. — Sacs de toile pour lits. — Sollicitude de l'empereur pour les personnes de sa suite. — Ver-

mine. — Nous faisons le sacrifice de nos matelas pour les officiers blessés.

———

DURANT toute la campagne de Russie l'empereur fut généralemeut fort mal logé. Il fallait pourtant bien se plier à la nécessité. La chose était un peu dure, il est vrai, pour des gens qui avaient presque toujours logé dans des palais. L'empereur en prenait son parti courageusement, et tout le monde par conséquent. Grâces au système d'incendie adopté par la politique russe, il en résultait que les gens aisés du pays, en se retirant plus avant dans les terres, abandonnaient à l'ennemi leurs maisons en ruines. A dire vrai, sur toute la route qui conduisait à Moscou, à l'exception des villes un peu importantes, les habitations étaient assez misérables. Après des marches longues et fatigantes, nous étions bien heureux de rencontrer une bicoque sur la place que l'empereur indiquait pour le quartier-général. Les propriétaires de ces misérables réduits, en les quittant, y laissaient parfois deux ou trois mauvais siéges et des bois de lit, où logeait à foison la vermine que nulle i..vasion n'épouvante. On prenait la pièce la moins sale, quand elle se trouvait heureusement la plus aerée. Quand vint le froid, on sait que les courans d'air ne nous manquaient pas. Quand le local était choisi et le parti pris de s'y fixer, on mettait un tapis par terre. On dressait le lit de fer de l'empereur. On posait sur une mauvaise table le nécessaire ouvert dans lequel était renfermé tout ce qui peut être agréable ou utile dans une chambre à coucher. Le nécessaire contenait un service de déjeuner pour plusieurs personnes. On déployait tout ce luxe quand l'empereur conviait ses maréchaux. Il fallait à toute force redescendre aux habitudes des petits bourgeois de province. Si la maison avait deux pièces, l'une servait à la fois de chambre à coucher et de salle à manger; et l'autre était prise pour le cabinet de Sa Majesté. La caisse aux livres, les cartes géographiques, le portefeuille, une table couverte d'un tapis vert formaient tout l'ameublement. C'était là la salle des conseils. C'est de ces galetas de mendians que partaient ces décisions promptes et tranchantes qui changeaient un ordre de bataille et souvent la fortune d'une journée; ces proclamations vives et énergiques qui remontaient si vite l'armée découragée. Quand notre appartement se composait de trois pièces, cas extrêmement rares, alors la troisième pièce ou cabinet était destinée au prince de Neufchâtel, qui couchait toujours le plus près possible. Nous trouvions très-souvent dans ces mauvaises habitations de vieux meubles pouris d'une forme bizarre; de petites images, en plâtre ou en bois, de saints ou de saintes que les propriétaires y avaient laissées. Mais assez ordinairement nous trouvions de pauvres gens dans ces demeures. N'ayant rien à sauver de la conquête, ils restaient. Ces bonnes gens paraissaient très-honteux de recevoir si mal l'empereur des Français. Ils donnaient ce qu'ils avaient, et n'en étaient pas plus mal vus de nous. Plus de pauvres que de riches en Russie ont reçu l'empereur dans leurs maisons. Le Kremlin fut le dernier des palais des rois étrangers où dormit Sa Majesté pendant la campagne de Russie.

Quand les maisons nous manquaient sur la route, on dressait la tente de l'empereur. Alors, pour la diviser de manière à y pratiquer plusieurs appartemens, on la séparait en trois pièces par des rideaux. Dans une couchait l'empereur, dans la seconde était le cabinet, dans la troisième se tenaient ses aides-de-camp et officiers de service. Cette pièce servait ordinairement à l'empereur pour prendre ses repas, qui étaient préparés au dehors. Je couchais seul dans la chambre. Roustan, qui suivait Sa Majesté à cheval quand elle sortait, couchait dans les couloirs de la tente pour n'être point interrompu dans un repos qui lui était bien nécessaire. Les secrétaires couchaient ou dans les cabinets ou dans les couloirs. Les grands officiers et les officiers de service mangeaient où et comme ils pouvaient. Comme les simples soldats ils ne se faisaient pas scrupule de manger tous sur le pouce.

Le prince Berthier avait sa tente près de celle de l'empereur. Le prince déjeunait et dînait toujours avec Sa Majesté. C'étaient les deux amis inséparables. Cette liaison était très-touchante. Elle se démentit rarement. Pourtant il y eut, je crois, un peu de brouille entre l'empereur et le maréchal, lorsque Sa Majesté quitta l'armée de Moscou. Le vieux maréchal voulait partir avec elle. L'empereur s'y refusa. Il s'ensuivit une discussion un peu vive qui n'eut aucune suite.

Les repas étaient servis en campagne par M. Collin, contrôleur de la bouche, et Roustan ou un valet de chambre de toilette.

Dans cette campagne plus que dans aucune autre l'empereur se relevait souvent la nuit, passait sa robe de chambre, et travaillait dans son cabinet. Très-souvent il avait des insomnies, qu'il ne pouvait combattre. Alors, comme le lit lui paraissait insupportable, il en sortait soudain, allait prendre un livre, et se mettait à lire en se promenant de long en large. Quand il se sentait la tête un peu rafraîchie, il se recouchait. Il était rare qu'il passât deux nuits de suite à dormir tout d'un somme. Souvent il restait ainsi dans le cabinet jusqu'à l'heure de la toilette. Alors il rentrait dans sa chambre, et je l'habillais. L'empereur avait un grand soin de ses mains. Pourtant il lui arriva mainte fois de se relâcher dans cette campagne de cette petite coquetterie. Dans les grandes chaleurs, il ne portait plus de gants, parce qu'il s'en trouvait fort incommodé. Aussi, à force d'être exposées au soleil, ses mains étaient devenues très-brunes. Quand vinrent les froids, ce qui était mesure de coquetterie devint aussi précaution sanitaire. L'empereur reprit ses gants. Il supportait le froid avec beaucoup de courage. Pourtant on s'apercevait qu'il en était physiquement très-affecté.

C'est à Witepsk que l'empereur, trouvant la place devant la maison qu'il habitait trop étroite pour passer ses revues, fit abattre plusieurs mauvais bâtimens pour l'élargir. Il y avait une vieille chapelle délabrée qu'il fallait aussi éliminer pour arriver complétement à ce but. Déjà on en commençait la démolition, quand les habitans se rassemblèrent en grand nombre, exprimant hautement leur mécontentement de cette mesure. Mais l'empereur leur ayant permis d'emporter tous les

objets sacrés renfermés dans la chapelle, ils se cal-
mèrent. En conséquence de cette autorisation plusieurs d'entre eux s'introduisirent dans le saint
lieu; et nous les vimes sortir portant en grande
pompe des sa·n·s de bois d'une haute dimension
qu'il... ...osèrent dans les autres églises.

Nous fûmes témoin dans cette ville d'un spectacle singulier et fait pour choquer la décence de
nos usages. Pendant plusieurs jours nous vîmes,
par une grande chaleur, les habitans, hommes et
femmes, courir sur les bords de la rivière, se déshabiller avec le plus grand sang-froid, et se bai-
gner ensemble, la plupart presque nus. Les soldats de la garde trouvèrent plaisant de se mêler
parmi les baigneurs et les baigneuses, puisqu'il y
avait des uns et des autres. Mais, comme ils n'é-
taient pas à beaucoup prés aussi calmes qu'eux, et
comme les folies allaient déjà bon train du côté des
nôtres, les braves gens cessèrent de se livrer au
plaisir du bain, fort mécontens que l'on rît d'un
exercice auquel ils apportaient toute la gravité et
tout le sérieux possibles.

Un matin, j'assistai à une grande revue des grenadiers à pied de la garde. Tous les régimens paraissaient dans une grande joie. C'est qu'en effet
il s'agissait de l'installation du général Friand

comme commandant du corps. L'empereur lui donna l'accolade. C'est la seule fois que je vis Sa Majesté le faire en campagne. Comme le général était très-aimé de l'armée, ce fut aux acclamations de tous qu'il reçut cette faveur de l'empereur. En général toutes les promotions étaient accueillies par les soldats avec un grand enthousiasme, parce que l'empereur tenait à ce qu'elles se fissent avec solennité et représentation.

Beaucoup de personnes s'imaginent qu'il suffisait d'être auprès de l'empereur, pour être parfaitement bien, même en campagne. C'est une grande erreur que pourraient démentir les rois et les princes qui ont suivi Sa Majesté dans ses guerres. Si d'aussi grands personnages manquaient des commodités nécessaires, on doit penser que les employés des différens services étaient fort mal. On a vu l'empereur lui-même se passer bien souvent de ces commodités ordinaires, qui lui eussent paru bien douces après les fatigues de ses journées. On peut dire qu'à l'heure des bivouacs, c'était un *loge-qui-peut* général. Le pauvre soldat n'eut jamais, dans son dénuement, le déplaisir de voir chez ses supérieurs une abondance et un luxe scandaleux. Les premiers généraux de l'armée mordirent bien souvent dans leur pain de munition avec autant de plaisir qu'un simple soldat.

Dans la retraite, jamais misère ne fut plus générale. Cette idée d'un malheur partagé de tous venait fort à propos rendre l'espoir et l'énergie aux
plus découragés. On peut dire aussi que jamais
sympathie ne fut plus réciproque entre les chefs et
les soldats. Il y aurait mille exemples pour un à
citer à l'appui de ce que j'avance.

Quand venait le soir, les feux s'allumaient ; les
plus heureux maraudeurs invitaient quelques-uns
de leurs compagnons à partager leur régal. Aux
jours de la misère, ce fut un bien pauvre et pourtant bien bon repas à offrir que des tranches de
cheval grillées. On vit beaucoup de soldats se pri-
ver de quelque bonne prise pour l'offrir à leurs
chefs. L'égoïsme ne fut pas tellement général que
cette noble courtoisie française ne reparût de
temps en temps pour rappeler les heureux jours
de France. La paille était le lit de tous. Et tels des
maréchaux qui couchaient à Paris dans d'excellens lits de plume ne trouvèrent pas cette couche
trop dure en Russie.

M. de Bausset m'a raconté fort plaisamment une
de ces nuits, où, couchés pêle-mêle sur un peu de
paille dans un local fort étroit, les aides-de-camp
appelés près de l'empereur passaient sans miséricorde sur les jambes de leurs compagnons en-
dormis, qui tous heureusement n'avaient pas les

douleurs, de goutte dont M. de Bausset souffrait, et qui n'étaient pas diminuées par des pressions aussi brusques et aussi répétées. Il s'écriait d'une voix lamentable, « C'est donc une boucherie, » et retirait ses jambes sous lui, se blottissant dans son coin, jusqu'à ce que les allées et venues eussent cessé pour quelque temps.

Qu'on se représente de grandes chambres sales et démeublées, ouvertes au vent par toutes les fenêtres dont les vitres étaient pour la plupart cassées, des murs dégradés, un air fétide que nous échauffions le mieux possible de nos haleines, une vaste litière de paille préparée comme pour des chevaux, sur cette litière des hommes grelottans de froid, s'agitant, se pressant les uns contre les autres, murmurant, jurant; les uns ne pouvant fermer l'œil, d'autres, plus heureux, ronflans de plus belle; et, au milieu de cet encombrement de pieds et de jambes, des cris d'alertes dans la nuit, quand venait un ordre de l'empereur; et l'on aura une idée de l'hôtellerie et des hôtes.

Quant à moi, tout le temps que dura la campagne, je ne me suis pas une seule fois déshabillé pour entrer dans un lit, car nous n'en trouvâmes nulle part. Il fallait y suppléer par quelque moyen. Or on sait que nécessité n'est jamais à court d'inventions. Voici comme nous nous pourvûmes dans cette partie défectueuse de notre ameublement. Nous avions fait faire de grands sacs de grosse toile, dans lesquels nous entrions tout entiers, pour nous jeter ensuite sur un peu de paille, quand la fortune nous favorisait assez pour en trouver. Pendant plusieurs mois, c'est de cette manière que je pris quelque repos pendant la nuit ; et encore ai-je passé plusieurs fois cinq ou six nuits sans en pouvoir jouir, mon service étant continuel.

Si l'on songe que toutes ces petites souffrances de détail se renouvelaient chaque jour; que la nuit venue, nous n'avions pas même le repos du lit pour refaire nos membres harassés, on se fera une idée des charges de notre service. Jamais il n'échappa à l'empereur le moindre murmure d'impatience, quand il était assailli de tant d'incommodités. Son exemple nous donnait un grand courage ; et à la fin nous nous habituâmes tellement à cette vie nomade et fatigante, que, malgré le froid et les privations de toute sorte auxquelles nous étions soumis, nous plaisantâmes fort souvent sur la mince apparence de nos appartemens. L'empereur ne fut jamais affecté dans la campagne que des souffrances des autres. Assez fréquemment sa santé s'altéra au point d'inspirer de l'inquiétude, sur-

tout quand il s'interdisait tout repos extraordinaire Cependant je le vis toujours s'informer comment tout allait autour de lui, s'il y avait des gîtes
pour tout le monde. Il n'était tranquille qu'a-
près avoir été parfaitement instruit de tous ces
détails.

Quoique l'empereur eût presque toujours son
lit, les pauvres abris dans lesquels on le dressait
étaient souvent si sales que, malgré les soins que
l'on prenait pour les nettoyer, j'ai plus d'une fois
trouvé dans ses vêtemens une vermine fort incom-
mode et très-commune en Russie. Nous avons
plus que l'empereur souffert de cette malpropreté,
étant privés, comme nous l'étions, de linge propre
et d'autres vêtemens de rechange; car la plus
grande partie de nos effets avaient été brûlés avec
les voitures qui les contenaient. Cette mesure extrême avait été prise, comme l'on sait, pour une
bonne raison. Tous les chevaux étaient morts de
froid ou de besoin.

Nous ne fûmes guère mieux couchés dans le palais des czars qu'au bivouac. Pendant quelques jours
nous eûmes des matelas; mais un grand nombre
d'officiers blessés en manquaient, et l'empereur
leur fit donner les nôtres. Nous en fîmes le sacrifice de bien bon cœur, et la pensée que nous sou-
lagions de plus malheureux que nous, nous aurait

fait trouver bonnes les couches les plus dures. Du reste, dans toute cette guerre nous eûmes plus d'une fois l'occasion d'apprendre à mettre de côté tout sentiment d'égoïsme et d'étroite personnalité. Nous nous fussions rendus coupables de pareils oublis que l'empereur eût toujours été là pour nous rappeler à ce devoir simple et si facile.

●●Q

CHAPITRE IX.

Publication à Paris du vingt-neuvième bulletin. — Deux jours
d'intervalle, et arrivée de l'empereur. — Marie-Louise, et
première retraite. — Joséphine et des succès. — Les deux
impératrices. —Ressources de la France. — Influence de la
présence de l'empereur. — Première défection et crainte des
imitateurs.— Mon départ de Smorghoni.— Le roi de Naples
commandant l'armée. — Route suivie par l'empereur. —
Espérance des [populations polonaises. — Confiance qu'inspire l'empereur. — Mon arrivée aux Tuileries. — Je suis
appelé chez Sa Majesté en habit de voyage. — Accueil plein
de bonté. — Mot de l'empereur à Marie-Louise et froideur
de l'impératrice. — Bontés de la reine Hortense. — Questions de l'empereur, et réponses véridiques. — Je reprends
mon service. — Adresses louangeuses. — L'empereur plus
occupé de l'entreprise de Mallet que des désastres de Moscou. — Quantité remarquable de personnes en deuil. —
L'empereur et l'impératrice à l'Opéra. — La querelle de
Talma et de Geoffroy. — L'empereur donne tort à Talma.
— Point d'étrennes pour les personnes attachées au service
particulier. — L'empereur s'occupant de ma toilette. — Cadeaux portés et commissions gratuites. — Dix-huit cents
francs de rente réduits à dix-sept. — Sorties de l'empereur

dans Paris. — Monumens visités sans suite avec le maréchal
Duroc. — Passion de l'empereur pour les bâtimens. — Fréquence inaccoutumée des parties de chasse. — Motifs politiques et les journaux anglais.

LE trop fameux vingt-neuvième bulletin de la
grande armée ne fut publié à Paris, où l'on sait
quelle consternation il répandit dans toutes les
classes, que le 16 décembre; et l'empereur, suivant de près ce manifeste solennel de nos désastres, arriva dans sa capitale quarante-huit heures
après, comme afin de paralyser par sa présence le
mauvais effet que cette communication devait produire. Le 28, à onze heures et demie du soir, Sa
Majesté descendit au palais des Tuileries. C'était
là première fois, depuis son avénement au consulat, que Paris le revoyait après une campagne
sans qu'il rapportât une nouvelle paix conquise
par la gloire de nos armes. Dans cette circonstance,
les nombreuses personnes qui, par attachement
pour l'impératrice Joséphine, avaient toujours vu
ou cru voir en elle une espèce de talisman protecteur des succès de l'empereur, ne manquèrent
pas de remarquer que la campagne de Russie était

la première qui eût été entreprise depuis le mariage de l'empereur avec Marie-Louise. Sans être superstitieux on ne saurait disconvenir que, si l'empereur fut toujours grand, même quand la fortune lui fut contraire, il y eut une différence bien marquée entre le règne des deux impératrices. L'une ne vit que des victoires suivies de la paix, et l'autre que des guerres, non sans gloire, mais sans résultats, jusqu'au grand et funeste résultat de l'abdication de Fontainebleau.

Mais ce serait trop anticiper sur les événemens que de s'occuper de malheurs qu'un petit nombre d'hommes osait encore prévoir, même après les désastres de Moscou. Personne n'ignorait que le froid et une température dévorante avaient plus contribué à nos revers que l'ennemi, que nous avions été chercher jusque dans le sein de sa capitale incendiée; la France offrait encore d'immenses ressources, et l'empereur était là pour en activer l'emploi et en multiplier la valeur. D'ailleurs aucune défection ne s'était encore manifestée, et, à l'exception de l'Espagne, de la Suède et de la Russie, l'empereur ne comptait que des alliés dans toutes les puissances du continent européen. Il est vrai que le moment approchait où le général Yorck donnerait le signal; car, autant que je puis me le rappeler, la première nouvelle en parvint à l'em-

pereur vers le 10 de janvier suivant, et il fut facile de voir que Sa Majesté en était profondément
affectée, prévoyant bien que la Prusse ne man-
querait pas d'avoir des imitateurs dans les autres
corps de l'armée alliée.

A Smorghoni, où l'empereur m'avait laissé, partant, comme je l'ai dit, avec M. le duc de Vicence,
dans la calèche qui m'était destinée, personne ne
songeait guère qu'à se retirer de l'effroyable bagarre où nous étions. Je me rappelle toutefois qu'a-
près quelques momens de regrets de ce que l'empereur n'était plus au milieu de ses lieutenans,
l'idée de le savoir hors de tout danger devint le
sentiment dominant : tant on avait confiance dans
son génie ! d'ailleurs, en partant, il avait remis le
commandement au roi de Naples, dont l'armée ad-
mirait la valeur, quoique quelques maréchaux,
m'a-t-on dit, fussent en secret jaloux de sa couronne royale. J'ai su depuis que l'empereur était
arrivé le 10 à Varsovie, après avoir évité de traverser la ville de Wilna, qu'il avait tournée par les faubourgs, et qu'enfin, après avoir traversé la Silésie,
il était arrivé à Dresde, où le bon et fidèle roi de
Saxe, tout malade qu'il était, s'était fait porter
auprès de l'empereur. De là, Sa Majesté avait suivi
la route de Nassau et de Mayence.

Je suivis aussi la même route ; mais non pas

avec la même rapidité, quoique je ne perdisse pas
de temps. Partout, et surtout eu Pologne, dans
les lieux où je m'arrêtais, j'étais étonné de trouver
autant de sécurité que j'en voyais manifester. J'entendais dire continuellement que l'empereur allait
revenir à la tête d'une armée de trois cent mille
hommes. On avait vu de l'empereur des choses si
surprenantes que rien ne semblait impossible, et
j'appris que lui-même avait fait répandre ces bruits
sur son passage pour remonter le courage des populations. Dans plusieurs endroits je ne trouvai
que difficilement des chevaux : aussi, malgré tout
mon empressement, n'arrivai-je à Paris que six ou
huit jours après l'empereur.

A peine étais-je descendu de voiture que l'empereur, étant informé de mon arrivée, me fit appeler. Comme je fis observer à la personne qu'il
avait envoyée que je n'étais pas dans un état qui
me permît de me présenter devant Sa Majesté,
« Cela ne fait rien, me fut-il répondu ; l'empereur
veut que vous veniez tout de suite, tel que vous
êtes. » J'obéis à la minute, et j'allai ou plutôt je
courus jusqu'au cabinet de l'empereur, où il était
avec l'impératrice, la reine Hortense, et une autre
personne que je ne me rappelle pas assez positive-
ment pour pouvoir la désigner. L'empereur daigna me faire l'accueil le plus bienveillant ; et comme

l'impératrice ne paraissait faire aucune attention à moi : « Louise, lui dit-il avec un accent de bonté » que je n'oublierai jamais , est-ce que tu ne recon- » nais pas Constant? — Je l'ai aperçu. » Telle fut la seule réponse de Sa Majesté l'impératrice. Mais il n'en fut pas de même de la reine Hortense, qui voulut bien m'accueillir comme l'avait toujours fait son adorable mère.

L'empereur était très-gai, et semblait avoir oublié toutes ses fatigues. J'allais me retirer par respect quand Sa Majesté me dit : « Non, Constant ; » restez encore un moment. Dites-moi ce que vous » avez vu sur la route. » Quand même j'aurais eu l'intention de déguiser à l'empereur une partie de la vérité, pris à l'improviste, le temps m'aurait manqué pour préparer un mensonge obligeant : je lui dis donc que partout, jusqu'à la Silésie, mes yeux avaient été frappés d'un spectacle effroyable ; que partout j'avais vu des morts, des mourans, des malheureux luttant sans espoir contre le froid et la faim. « C'est bien, c'est bien me dit-il ; allez » vous reposer, mon enfant ; vous devez en avoir » besoin. Demain vous reprendrez votre service. »

Le lendemain, en effet, je repris mon service auprès de l'empereur, et je le retrouvai absolument comme il était avant d'entrer en campagne ; la même sérénité se peignait sur sa figure ; on au-

rait dit-que le passé n'était plus.rien pour lui, et
que, vivant déjà dans l'avenir, il voyait la victoire
rangée de nouveau sous ses drapeaux, et ses ennemis humiliés et vaincus. Il est vrai que le langage
des nombreuses adresses qu'il reçut, et des discours que prononcèrent en sa présence les pré-
sidens du sénat et du conseil-d'état, n'avaient rien
de moins louangeur que par le passé; mais il fut
facile de démêler dans ses réponses que, s'il avait
pu feindre d'oublier les désastres éprouvés en Russie, il était plus vivement préoccupé de l'échauffourée du général Malet, que de toute autre
chose *. Quant à moi, je ne tairai point le senti-

* Dans la réponse de l'empereur au conseil d'état, on remarquait le passage suivant qu'il n'est peut-être pas hors de propos de rappeler comme une chose fort curieuse aujourd'hui.

« C'est à l'idéologie, à cette ténébreuse métaphysique, qui,
» en cherchant avec subtilité les causes premières, veut sur
» ses bases fonder la législation des peuples, au lieu d'appro-
» prier les lois à la connaissance du cœur humain et aux leçons
» de l'histoire, qu'il faut attribuer tous les malheurs qu'a
» éprouvés notre belle France. Ces erreurs devaient et ont ef-
» fectivement amené le régime des hommes de sang. En effet,
» qui a proclamé le principe d'insurrection comme un devoir?
» Qui a adulé le peuple en le proclamant à une souveraineté
» qu'il était incapable d'exercer? Qui a détruit la sainteté et le
» respect des lois, en les faisant dépendre non des principes

ment pénible que j'éprouvai la première fois que je sortis dans Paris, et que je traversai les promenades publiques à mes heures de loisir : je fus frappé de la quantité extraordinaire de personnes en deuil que je rencontrai; c'étaient des femmes, des sœurs de nos braves moissonnés dans les champs de la Russie; mais je gardai pour moi cette pénible observation.

Quelques jours après mon retour à Paris, Leurs Majestés assistèrent à une représentation à l'Opéra, où l'on donnait *la Jérusalem délivrée*; je m'y rendis de mon côté dans une loge qu'avait eu la bonté de me donner pour ce soir-là M. le comte Remusat, premier chambellan de l'empereur, et chargé des théâtres. Je fus témoin de la réception qui fut faite à l'empereur et à l'impératrice. Jamais je n'avais vu plus d'enthousiasme, et je dois avouer que la transition était brusque pour moi du passage récent de la

---

» sacrés de la justice, de la nature des choses et de la justice
» civile, mais seulement de la volonté d'une assemblée d'hom-
» mes étrangers à la connaissance des lois civiles, criminelles,
» administratives, politiques et militaires? Lorsqu'on est ap-
» pelé à régénérer un état, ce sont des principes constamment
» opposés qu'il faut suivre. »

(*Note de l'Éditeur.*)

Béresina à une représentation vraiment magique. C'était un dimanche. Je quittai le spectacle un peu avant la fin, afin de me trouver au palais au retour de l'empereur. Je me trouvai à temps pour le déshabiller, et je me rappelle que ce soir-là Sa Majesté me parla de la querelle que Talma avait eue peu de jours avant son arrivée avec Geoffroy. L'empereur, quoiqu'il aimât beaucoup Talma, lui donnait complètement tort. Il répéta plusieurs fois : « Un » vieillard !... Un vieillard !... Cela n'est pas excusa- » ble !... Parbleu ! ajouta-t-il en souriant, est-ce » qu'on ne dit pas du mal de moi ?... N'ai-je pas » aussi mes critiques qui ne m'épargnent guère ? Il »' n'aurait pas dû être plus susceptible que moi. » Cette affaire passa cependant sans désagrément pour Talma ; car, je le répète, l'empereur l'aimait beaucoup, et le comblait de pensions et de cadeaux.

Talma, sous ce rapport, était du petit nombre des privilégiés : car le chapitre des cadeaux n'était pas le fort de Sa Majesté, surtout à l'égard de son service particulier. Nous approchions alors du 1er janvier : mais nous n'avions point à bâtir sur cette époque de châteaux en Espagne : car l'empereur ne donnait jamais d'étrennes ; nous savions que nous ne devions compter que sur nos émolumens, et, à moi particulièrement, il m'était bien impossible de faire aucune économie ; car l'empereur voulait que ma toilette fût extrêmement recherchée. C'était vraiment une chose bien extraordinaire que de voir le maître de la moitié de l'Europe, ne pas dédaigner de s'occuper de la toilette de son valet de chambre ; c'était au point que lorsqu'il me voyait un habit neuf qui lui plaisait, il ne manquait jamais de m'en faire compliment ; puis il ajoutait : « Vous êtes bien beau, M. Constant. »

A l'époque même du mariage de l'empereur et de Marie-Louise, et à celle de la naissance du roi de Rome, les personnes composant le service particulier de Sa Majesté n'avaient reçu aucun présent ; l'empereur avait trouvé que les dépenses de ces deux cérémonies s'étaient élevées trop haut. Une fois cependant, mais sans que cela fût déterminé par aucune circonstance particulière, l'empereur me dit un matin, comme je finissais de l'habiller : « Constant, allez trouver M. Mennevalle, je lui ai » donné l'ordre de vous acheter dix-huit cents livres » de rente *. » Or il arriva que, la rente ayant monté dans l'intervalle de l'ordre à l'achat, au lieu de dix-huit cents livres de rente je n'en eus que dix-sept, que je vendis peu de temps après ; et c'est avec le produit de cette vente que j'achetai

* Roustan obtint la même faveur le même jour.

une modeste propriété dans la forêt de Fontainebleau.

Quelquefois l'empereur faisait des cadeaux aux
princes et aux princesses de sa famille; j'étais presque toujours chargé de les porter, et je puis assurer
qu'à deux ou trois exceptions près, les fonctions
du commissionnaire furent des fonctions parfaitement gratuités, circonstance que je ne rappelle
ici que comme un simple souvenir. La reine Hor-
tence et le prince Eugène ne furent jamais compris, du moins à ma connaissance, dans la distribution des largesses impériales : la princesse Pau-
line était la plus favorisée.

Malgré les nombreuses occupations de l'empereur qui, depuis son retour de l'armée, passait
un temps considérable des jours et une partie des
nuits à travailler dans son cabinet, il se montrait
plus fréquemment en public que par le passé. Il
sortait presque sans suite; le 2 janvier 1813, par
exemple, je me souviens qu'il alla, accompagné
seulement du maréchal Duroc, visiter la basilique
de Notre-Dame, les travaux de l'archevêché, ceux
du dépôt central des Vins; puis, traversant le pont
d'Austerlitz, les greniers d'abondance, la fontaine
de l'Éléphant, et enfin le palais de la Bourse, dont
Sa Majesté parlait souvent comme du plus beau
monument qui existerait en Europe. Au surplus la

passion des monumens était, après celle de la guerre, celle qui était la plus vive dans l'empereur. Le froid était assez rigoureux pendant que Sa Majesté se livrait à ces excursions presque solitaires; mais, en vérité, le froid de Paris était une température bien douce póur tous ceux qui revenaient de Russie.

Je remarquai à cette époque, c'est-à-dire à la fin de 1812 et au commencement de 1813, que jamais l'empereur n'avait été aussi fréquemment à la chasse. Deux ou trois fois par semaine je l'aidais à endosser l'habit de sa livrée, qu'il portait comme toutes les personnes de sa suite, conformément à l'usage renouvelé de l'ancienne monarchie. Plusieurs fois l'impératrice l'accompagna en calèche, quoique le froid fût très-vif; mais quand il avait dit quelque chose, il n'y avait point d'observation à faire. Sachant combien le plaisir de la chasse était ordinairement fastidieux pour Sa Majesté, je m'étonnais du nouveau goût qui lui était survenu; mais j'appris bientôt que l'empereur n'agissait ainsi que par politique. Un jour que le maréchal Duroc était dans sa chambre, pendant qu'il mettait son habit vert à galons d'or, j'entendis l'empereur dire au maréchal : « Il faut bien que je me » donne du mouvement et que les journaux en » parlent, puisque ces imbéciles de journaux an-

» glais répètent tous les jours que je suis malade,
» que je ne puis remuer, que je ne suis plus bon à
» rien. Patience !... Je leur ferai bientôt voir que je
» suis aussi sain de corps que d'esprit. » Au surplus,
je crois que l'exercice de la chasse, pris modéré-
ment, était très-favorable à la santé de l'empereur;
car je ne l'avais jamais vu mieux portant qu'au
moment où les journaux anglais se plaisaient à le
faire malade, et peut-être par leurs annonces
mensongères contribuèrent-ils à le rendre encore
mieux portant.

●●●

CHAPITRE X.

Chasse et déjeuné à Grosbois. — L'impératrice et ses dames.
— Voyage inattendu. — La route de Fontainebleau. —
Costumes de chasse, et désappointement des dames. — Précautions prises pour l'impératrice. — Le prétexte et les motifs du voyage. — Concordat avec le pape. — Insignes ca-
lomnies sur l'empereur. — Démarches préparatoires et l'é-
vêque de Nantes. — Erreurs mensongères relevées. — Première visite de l'empereur au Pape. — La vérité sur leurs
relations. — Distribution de grâces et de faveurs. — Les
cardinaux. — Repentir du pape après la signature du concordat. — Récit fait par l'empereur au maréchal Kellermann. — Ses hautes pensées sur Rome ancienne et Rome
moderne. — Etat du pontificat selon Sa Majesté. — Retour
à Paris. — Armemens et offres de cavaliers équipés. —
Plans de l'empereur, et Paris la plus belle ville du monde.
— Conversation de l'empereur avec M. Fontaine sur les bâtimens de Paris. — Projet d'un hôtel pour le ministre du
royaume d'Italie. — Note écrite par l'empereur sur le palais
du roi de Rome. — Détails incroyables dans lesquels entre
l'empereur. — L'Elysée déplaisant à l'empereur, et les Tuileries inhabitables. — Passion plus vive que jamais pour les
bâtimens. — Le roi de Rome à la revue du champ de Mars.

—Enthousiasme du peuple et des soldats.—Vive satisfaction
de l'empereur. — Nouvelles questions sur Rome adressées
à M. Fontaine. — Mes appointemens doublés le jour de la
revue à dater de la fin de l'année.

LE 19 janvier, l'empereur envoya prévenir l'impératrice qu'il allait chasser dans les bois de Grosbois, qu'il déjeunerait chez la princesse de Neuf-
chatel, et que Sa Majesté y viendrait avec lui.
L'empereur me dit aussi de me rendre à Grosbois
pour l'aider à changer de linge après la chasse.
Cette partie eut lieu comme l'empereur l'avait annoncé. Mais quelle fut la surprise de toutes les
personnes de la suite de l'empereur, lorsqu'au
moment de remonter en voiture, au lieu de reprendre la route de Paris, Sa Majesté donna l'ordre de se diriger sur Fontainebleau! L'impératrice
et les dames qui l'accompagnaient n'avaient absolument que leur costume de chasse, et l'empereur
se divertit un peu des tribulations de coquetterie
que les dames éprouvèrent en se voyant inopinément engagées dans une campagne sans munitions
de toilette. Avant de partir de Paris, l'empereur avait
donné des ordres pour que l'on envoyât en toute

hâte à Fontainebleau tout ce qui pouvait être nécessaire à l'impératrice; mais ses dames se trouvaient prisés au dépourvu, et c'était une chose
curieuse que de les voir expédier, en arrivant,
exprès sur exprès pour avoir les objets de première nécessité dont elles demandaient le prompt
envoi.

Cependant on sut bientôt que la partie de chasse
et le déjeuner à Grosbois n'avaient été que des
prétextes, et que le but de l'empereur avait été
de terminer lui-même avec le pape les différends
qui existaient encore entre Sa Sainteté et Sa Majesté. Toutes choses ayant été préparées et convenues, l'empereur et le pape signèrent le 25
un arrangement, sous le nom de concordat, dont
voici la teneur.

« Sa Majesté l'empereur et roi et Sa Sainteté,
voulant mettre un terme aux différends qui se
sont élevés entre eux, et pourvoir aux difficultés
survenues sur plusieurs affaires de l'église, sont
convenus des articles suivans, comme devant servir de base à un arrangement définitif.

Art. 1er. Sa Sainteté exercera le pontificat en
France et dans le royaume d'Italie de la même manière et dans les mêmes formes que ses prédéces-
seurs.

2. Les ambassadeurs, ministres, chargés d'alfaires des puissances près du Saint Père, et les ambassadeurs, ministres ou chargés d'affaires que le pape pourrait avoir près des puissances étrangères, jouiront des immunités et privilèges dont jouissent les membres du corps diplomatique.

3. Les domaines que le Saint Père possédait, et qui ne sont pas aliénés, seront exempts de toute espèce d'impôt; ils seront administrés par ses agens ou chargés d'affaires. Ceux qui seront aliénés seront remplacés jusqu'à la concurrence de deux millions de francs de revenu.

4. Dans les six mois qui suivront la notification d'usage de la nomination par l'empereur aux archevêchés et évêchés de l'empire et du royaume d'Italie, le pape donnera l'institution canonique, conformément aux concordats et en vertu du présent indult. L'information préalable sera faite par le métropolitain. Les six mois expirés sans que le pape ait accordé l'institution, le métropolitain, et à son défaut, ou s'il s'agit du métropolitain, l'évêque le plus ancien de la province procédera à l'institution de l'évêque nommé, de manière qu'un siège ne soit jamais vacant plus d'une année.

5. Le pape nommera, soit en France, soit dans le royaume d'Italie, à dix évêchés qui seront ultérieurement désignés de concert.

6. Les six évêchés suburbicaires seront rétablis. Ils seront à la nomination du pape. Les biens actuellement existans seront restitués, et il sera pris des mesures pour les biens vendus. A la mort des évêques d'Anagni et de Rieti, leurs diocèses seront réunis auxdits six évêchés, conformément au concert qui aura lieu entre Sa Majesté et le Saint Père.

7. A l'égard des évêques des états romains, absens de leurs diocèses par les circonstances, le saint père pourra exercer en leur faveur son droit de donner des évêchés *in partibus.* Il leur sera fait une pension égale au revenu dont ils jouissaient, et ils pourront être replacés aux sièges vacans, soit de l'empire, soit du royaume d'Italie.

8. Sa Majesté et Sa Sainteté se concerteront en temps opportun sur la réduction à faire, s'il y a lieu, aux évêchés de la Toscane et du pays de Gênes, ainsi que pour les évêchés à établir en Hollande et dans les départemens anséatiques.

9. La propagande, la pénitencerie, les archives seront établis dans le lieu du séjour du saint père.

10. Sa Majesté rend ses bonnes grâces aux cardinaux, évêques, prêtres, laïques, qui ont encouru sa disgrâce par suite des événemens actuels.

11. Le Saint Père se porte aux dispositions ci-dessus par considération de l'état actuel de l'église,

et dans la confiance que lui a inspirée Sa Majesté qu'elle accordera sa puissante protection aux besoins si nombreux qu'a la religion dans les temps où nous vivons.

NAPOLÉON. PIE VII.

Fontainebleau le 25 janvier 1813. »

On a cherché, par tous les moyens possibles, à jeter de l'odieux sur la conduite de l'empereur dans cette circonstance. On l'a accusé d'avoir injurié le pape, de l'avoir menacé même : tout cela est de la plus insigne fausseté. Les choses se passèrent de la façon la plus convenable. M. Dévoisin, évêque de Nantes, ecclésiastique très-estimé de l'empereur, et son médiateur favori dans les discussions fréquentes qui s'élevaient entre le pape et Sa Majesté, était venu aux Tuileries le 19 janvier. Après être resté deux heures enfermé avec Sa Majesté, il était parti pour Fontainebleau. Ce fut immédiatement après cette entrevue que l'empereur monta en voiture avec l'impératrice, en costume de chasse, suivi de tout le service, également en costume de chasse.

Le pape, prévenu par M. l'évêque de Nantes, attendait Sa Majesté ; les points importans étaient

onvenus d'avance et réglés, il ne s'agissait plus
que de quelques clauses accessoires au but prin-
jpal du concordat; il est donc impossible que l'en-
revue n'ait point été amicale. On se pénétrera de
ette vérité d'autant plus que l'on voudra réfléchir
ux excellentes dispositions du Saint Père à l'égard
e l'empereur, à l'amitié qu'ils avaient l'un pour
'autre, à l'admiration que le grand génie de Napoléon inspirait au pape. J'affirme donc, parce que
e crois pouvoir le faire, que toutes les choses se
passèrent honorablement, et que le concordat fut
igné librement et sans contrainte par Sa Sainteté
en présence des cardinaux réunis à Fontainebleau.
C'est une calomnie atroce que d'avoir osé dire que,
sur les refus réitérés du pape, l'empereur lui mit
une plume trempée d'encre à la main , et, lui sai-
sissant le bras et les cheveux, le força de signer
en lui disant qu'il *le lui ordonnait*, et que sa dés-
obéissance serait punie d'une prison perpétuelle.
Il faut avoir bien peu connu le caractère de l'empereur, pour ajouter foi à ce conte absurde.

Une personne présente à cette entrevue, dont
on s'est plu si méchamment à dénaturer les circonstances, me les a toutes racontées : c'est d'a-
près elle que je parle. Aussitôt son arrivée à Fontainebleau, l'empereur fit une visite au Saint
Père, qui la lui rendit le lendemain : celle-ci dura

deux heures au moins; pendant ce temps la contenance de Sa Majesté fut toujours calme et ferme à la vérité, mais pleine de bienveillance et de respect pour la personne vénérable du pape. Quelques stipulations du traité alarmaient la conscience du Saint Père, l'empereur s'en aperçut; et, sans attendre de réclamations, déclara qu'il y renonçait. Ce procédé subjugua tout ce qu'il pouvait rester de scrupules dans l'esprit de Sa Sainteté; un secrétaire fut appelé, et rédigea les articles du traité, que le pape approuva l'un après l'autre avec une bonté toute paternelle.

Le 25 janvier, le concordat étant définitivement arrêté, le saint père se rendit dans les appartemens de Sa Majesté l'impératrice. Les deux contractans paraissaient également satisfaits; c'est une preuve de plus qu'il n'y avait eu ni tromperie ni violence. Le concordat fut signé par les augustes personnages, au milieu d'un cercle magnifique de cardinaux, d'évêques, de militaires, etc. Le cardinal Doria remplissait les fonctions de grand maître des cérémonies : ce fut lui qui recueillit les signatures.

Je ne saurais dire combien il y eut ensuite de félicitations données et reçues, de grâces demandées et obtenues, de reliques, de décorations, de chapelets, de tabatières, distribués de part et d'autre. Le cardinal Doria reçut de la propre main de

Sa Majesté l'aigle d'or de la Légion-d'Honneur. Le grand aigle fut aussi donné au cardinal Fabricio-Ruffc ; le cardinal Maury, l'évêque de Nantes, l'archevêque de Tours reçurent la grande croix de l'ordre de la Réunion; les évêques d'Evreux et de Trèves, la croix d'officiers de la Légion-d'Honneur; enfin le cardinal de Bayanne et l'évêque d'Evreux furent faits sénateurs par Sa Majesté. Le docteur Porta, médecin du pape, fut gratifié d'une pension de douze mill'ᵃ francs, et le secrétaire ecclésiastique, qui était venu dans le cabinet transcrire les articles du concordat, reçut en cadeau une magnifique bague en brillans.

A peine Sa Sainteté eut-elle signé le concordat qu'elle s'eı repentit. Ce fut ainsi que l'empereur le dit au maréchal Kellermann, en se trouvant avec lui à Mayence vers la fin du mois d'avril.

« Le lendemain de la signature du fameux concordat de Fontainebleau, le pape devait diner en public avec moi; mais dans la nuit, il fut malade ou feignit de l'être. C'était vraiment un agneau, tout-à-fait bon homme, un véritable homme de bien, que j'estime, que j'aime beaucoup, et qui de son côté me le rend un peu, j'en suis sûr.

» Croiriez-vous, continua Sa Majesté, qu'il m'écrivit huit jours après, qu'il était bien fâché d'avoir signé, que sa conscience lui en faisait un re-

proche, et qu'il me priait avec instance de regarder le concordat comme non avenu? C'est
qu'immédiatement après que je l'eus quitté, il retomba dans les mains de ses conséillers habituels,
qui lui firent un épouvantail de ce qu'il venait d'arrêter. Si nous eussions été seuls, j'en aurais fait
ce que j'aurais voulu. Je lui répondis que ce qu'il
me demandait était contraire aux intérêts de la
France, qu'étant d'ailleurs infaillible, il n'avait pu
se tromper; et que sa conscience était trop prompte
à s'alarmer.

» Dans le fait, qu'était Rome ancienne, et qu'é-
tait-elle aujourd'hui? Froissée par les conséquences impérieuses de la révolution, pourrait-elle se
relever et se maintenir? Un gouvernement vicieux
dans l'ordre politique a succédé à l'ancienne législation romaine qui, sans être parfaite, était cependant propre à former de grands hommes dans tous
les genres. Rome moderne a appliqué à l'ordre
politique des principes qui pouvaient être res-
pectables dans l'ordre religieux, et leur a donné
une extension fatale au bonheur des peuples...

» Ainsi la *charité* est la plus parfaite des vertus
chrétiennes.... Il faut donc faire la charité à ceux
qui la demandent. Voilà le raisonnement qui a
rendu Rome le réceptacle de la lie de toutes les
nations. On y voit réunis (m'a-t-on dit; car je n'y

ni jamais été) tous les fainéans de la terre qui viennent s'y réfugier, assurés qu'ils sont d'y trouver une nourriture abondante et des largesses considérables. C'est ainsi que le territoire papal, que la nature avait destiné à produire des riches s immenses, par sa position sous un ciel heureux, par la multiplicité des ruisseaux dont il est arrosé et encore plus par la bonté du sol, languit faute de culture. Berthier m'a souvent répété que l'on traverse des pays considérables sans apercevoir l'empreinte de la main des hommes. Les femmes mêmes, qui sont regardées comme les plus belles de l'Italie, y sont indolentes, et leur esprit n'est susceptible d'aucune activité pour les soins ordinaires de la vie : c'est la mollesse des mœurs de l'Asie.

» Rome moderne s'est bornée à conserver une certaine prééminence par les merveilles des arts qu'elle renfermait. Mais nous l'avons un peu affaiblie, cette prééminence; le Muséum s'est enrichi de tous ces chefs-d'œuvre dont elle tirait tant de vanité; et bientôt le beau monument de la Bourse qui s'élève à Paris, l'emportera sur tous ceux de l'Europe ancienne et moderne.

» La France avant tout.

» Pour en revenir à l'ordre politique, que pouvait être le gouvernement papal dans son état actuel,

en présence des grandes souverainetés de l'Europe ?
De vieux petits souverains parvenaient au trône
pontifical dans un âge où l'on ne soupire qu'après
le repos. A cette époque de la vie, tout est rou-
tine, tout est habitude; on ne songe qu'à jouir de
sa grandeur et à la faire rejaillir sur sa famille. Un
pape n'arrive au pouvoir souverain qu'avec un
esprit rétréci par un long usage de l'intrigue, et
avec la crainte de se faire des ennemis puissans
qui pourraient dans la suite se venger sur sa famille; car son successeur est toujours inconnu.
Enfin il ne veut que vivre et mourir tranquille.
Pour un Sixte-Quint, que de papes n'y a-t-il pas
eu qui ne s'occupaient que d'objets minutieux,
aussi peu intéressans dans le véritable esprit de la
religion que propres à inspirer du mépris pour
un pareil gouvernement ? Mais ceci nous menerait
trop loin *. »

Depuis son retour de Moscou, Sa Majesté s'é-
tait occupée, avec une activité sans égale, des

---

* Cette allocution remarquable de Sa Majesté au maréchal
Kellermann a déjà été rapportée dans un autre ouvrage, mais
j'ai cru pouvoir me permettre de la reproduire ici, parce
qu'elle vient tout-à-fait à l'appui des renseignemens que j'ai
pu recueillir particulièrement sur l'entrevue du pape à Fontainebleau et que l'on vient de lire.

moyens à prendre pour arrêter l'invasion des Russes qui, réunis aux Prussiens depuis la défection
du général Yorck, formaient une masse des plus
formidables. Des levées nouvelles avaient été or-
données : pendant deux mois on avait reçu et uti-
lisé les offres innombrables de chevaux et de cavaliers faites par toutes les villes de l'empire, par les
administrations, par les individus riches tenant de
près à la cour, etc. La garde impériale fut réorga-
nisée par les soins du brave duc de Frioul, qui
devait, hélas! quelques mois après, être enlevé
à ses nombreux amis.

Au milieu de ces graves occupations, Sa Majesté ne perdait pas de vue son plan favori, de faire
de Paris la plus belle ville du monde. Une semaine
ne se passait jamais sans que les architectes et les
ingénieurs fussent admis à lui présenter leurs de-
vis, à lui faire des rapports, etc.

« C'est une honte, disait un jour l'empereur en
regardant la caserne de la garde, espèce de hangar
noir et enfumé, c'est une honte, disait-il à M. Fontaine, de faire des bâtimens aussi affreux que ceux
de Moscou. Je n'aurais jamais dû laisser exécuter
un pareil ouvrage : n'êtes-vous pas mon premier
architecte? » Là dessus M. Fontaine s'excusa en faisant observer à Sa Majesté que les constructions
de Paris ne le regardaient pas, qu'il avait bien

l'honneur d'être le premier architecte de l'empereur, mais pour les Tuileries et le Louvre seulement. «C'est vrai, reprit Sa Majesté; mais ne pour-
rait-on pas, dit-elle en montrant le quai, à la place
de ce chantier à bois, qui fait d'ici un très-mauvais effet, construire un hôtel pour le ministre
d'Italie? » M. Fontaine répondit que la chose était
très-faisable, mais qu'il faudrait pour cela trois à
quatre millions. Alors l'empereur sembla abandonner cette idée, et pensant au jardin des Tuileries, peut-être à cause de la conspiration du général Malet, il dit de mettre en état toutes les
fermetures du palais de manière à ce que la même
clef pût servir pour toutes les serrures. « Cette clef,
ajouta Sa Majesté, devra être remise au grand maréchal tous les soirs après les portes fermées.»

Quelques jours après cet entretien avec M. Fontaine, l'empereur lui remit pour lui et pour M. Cos-
taz la note suivante, dont une copie est tombée
entre mes mains. Sa Majesté était allée, dans la
matinée, visiter les constructions de Chaillot.

« Il serait temps de discuter la construction du
palais du roi de Rome.

» Je ne veux point que l'on m'entraîne dans des
dépenses folles; je voudrais un palais moins grand
que celui de Saint-Cloud, mais plus grand que celui du Luxembourg.

» Je voudrais pouvoir l'habiter lorsque le sei-
zième million sera dépensé; alors ce sera le moyen
que je puisse en jouir; si, au lieu de cela, on me
fait des choses à prétention, il en sera de celui-ci
comme du Louvre, qui n'a jamais été terminé.

» Il faut commencer par les plantations, déterminer l'enceinte, et la fermer.

» Je veux que ce palais soit un peu plus beau,
que celui de l'Elysée; or l'Elysée ne coûterait pas
huit millions à construire; il est cependant l'un
des plus beaux palais de Paris.

» Celui du roi de Rome sera le second palais
après le Louvre, qui est un grand palais. Ce ne
sera, pour ainsi dire, qu'une maison de campagne
pour Paris; car on préférera toujours passer l'hiver au Louvre et aux Tuileries.

» J'ai peine à croire que Saint-Cloud coûtât
seize millions à construire.

» Avant de voir le projet, je veux qu'il ait été
bien discuté et arrêté par le comité des bâtimens,
de manière que j'àie l'assurauce que cette somme
de seize millions ne sera point dépassée : je ne veux
point une chimère, mais une chose réelle pour
moi, et non pas pour le plaisir de l'architecte. L'a-
chèvement du Louvre suffit pour faire la part de
sa gloire. Quand une fois le projet sera adopté,
je le mènerai grand train.

» L'Elysée ne me plaît point, et les Tuileries sont inhabitables. Rien ne pourra me plaire, s'il n'est extrêmement simple, et bâti suivant mes goûts et ma manière de vivre. Alors ce palais me sera utile. Je veux en quelque façon que ce soit un *Sans-souci* renforcé. Je veux surtout que ce soit un palais agréable plutôt qu'un beau jardin, deux conditions qui sont incompatibles; qu'il soit entre cour et jardin, comme les Tuileries; que de mon appartement je puisse aller me promener dans le jardin et le parc, comme à Saint-Cloud : mais à Saint-Cloud il y a l'inconvénient de ne pas avoir de parc pour la maison.

» Il faut aussi étudier l'exposition, de manière que mon appartement soit au nord et au midi, afin que suivant la température je puisse changer de logement.

» Il faut que mon logement d'habitation soit celui d'un riche particulier, comme celui de mon petit appartement à Fontaibleau.

» Il faut que mon appartement soit très-près de celui de l'impératrice et au même étage.

» Enfin il me faut *un palais de convalescent, ou d'habitation pour un homme sur le retour de l'âge.* Je veux un petit théâtre, une petite chapelle, etc.; et surtout que l'on ait grand soin qu'il n'y ait point d'eau stagnante autour du palais. »

Le goût des bâtimens était alors poussé à l'excès par l'empereur; il semblait un architecte plus actif, plus pressé d'exécuter ses plans, plus jaloux de ses idées que tous les architectes du monde. Cependant, l'idée de mettre le palais du roi de Rome sur les hauteurs de Chaillot n'était pas tout entière à lui, M. Fontaine pouvait en revendiquer la meilleure part : on en avait parlé la première fois à propos du palais de Lyon qui, pour avoir une belle apparence, disait M. Fontaine, avait besoin d'être situé sur une élévation qui pût dominer la ville, comme par exemple les hauteurs de Chaillot dominent Paris. L'empereur n'eut pas l'air de prendre garde à ce que venait de dire M. Fontaine; il avait, deux ou trois jours auparavant, donné l'ordre que l'on mît le château de Meudon en état de recevoir son fils.... quand, un matin, il fit appeler l'architecte, et lui dit de lui présenter un projet pour l'embellissement du bois de Boulogne, en y ajoutant une maison de plaisance bâtie sur le sommet de la montagne de Chaillot. « Qu'en dites-vous? ajouta-t-il en souriant; le lieu vous parait-il bien choisi? »

Un matin du mois de mars, l'empereur fit apporter son fils à une revue qu'il passait au Champ-de-Mars; ce fut un enthousiasme impossible à décrire; la sincérité ne pouvait point en être suspec-

tée, car il était facile de voir que les cris partaient
du cœur : aussi l'empereur fut-il vivement ému. Il
rentra aux Tuileries dans la plus charmante disposition d'esprit ; il caressait le roi de Rome, le couvrait
de baisers, en faisant remarquer à M. Fontaine et
à moi l'intelligence précoce que ce cher enfant témoignait. « Il n'a pas eu peur du tout, disait Sa
Majesté ; il semblait savoir que tous ces braves
étaient de ma connaissance. » Ce jour-là, il causa
long-temps avec M. Fontaine, en jouant avec son
fils qu'il tenait dans ses bras ; la conversation étant
venue à tomber sur Rome et ses monumens,
M. Fontaine parla du Panthéon avec l'admiration
la plus profonde. L'empereur lui demanda s'il
avait habité Rome, et sur la réponse de M. Fontaine qu'il y était resté trois ans à son premier
voyage, « C'est une ville que je n'ai pas vue, continua Sa Majesté ; j'irai sûrement un jour. C'est la
ville du peuple-roi. » Et ses yeux se fixèrent sur le
roi de Rome avec tout l'orgueil de la tendresse paternelle.

Lorsque M. Fontaine fut sorti, l'empereur me
fit signe d'approcher, et commença par me tirer
les oreilles, selon son habitude quand il était de
bonne humeur. Après quelques questions personnelles, il me demanda de combien étaient mes
appointemens. — « Sire, six mille francs. — Et

monsieur Collin, combien a-t-il? — Douze mille francs. — Douze mille francs! Cela n'est pas juste; vous ne devez pas avoir moins que M. Collin : je me ferai rendre compte de cela. » Sa Majesté eut en effet la bonté de se faire informer sur-le-champ, mais on lui dit que les comptes de l'année étaient faits. Alors l'empereur m'annonça que jusqu'à la fin de l'année ce serait M. le baron Fain qui me donnerait chaque mois, sur sa cassette, cinq cents francs, voulant, disait-il, que mes appointemens fussent égaux à ceux de M. Collin.

CHAPITRE XI.

Départ de Murat quittant l'armée pour retourner à Naples. —
Eugène commandant au nom de l'empereur. — Quartier
général à Posen. — Les débris de l'armée. — Nouvelles de
plus en plus inquiétantes. — Résolution de départ. — Bruits
jetés en avant. — L'impératrice régente. — Serment de
l'impératrice. — Notre départ pour l'armée. — Marche ra-
pide sur Erfurth. — Visite à la duchesse de Weymar. —
Satisfaction causée à l'empereur par sa réception. — Maison
de l'empereur pour la campagne de 1813. — La petite ville
d'Eckartsberg transformée en quartier-général. — L'empereur au milieu d'un vacarme inouï. — Arrivée à Lutzen,
et bataille gagnée le lendemain. — Mort du duc d'Istrie.
— Lettre de l'empereur à la duchesse d'Istrie. — Monument érigé au duc par le roi de Saxe. — Belle conduite des
jeunes conscrits. — Opinion de Ney à leur égard. — Les
Prussiens commandés par leur roi en personne. — L'empereur au milieu des balles. — Entrée de Sa Majesté à Dresde
le jour où l'empereur Alexandre avait quitté cette ville.
— Députation, et réponse de l'empereur. — Explosion, et
l'empereur légèrement blessé. — Mission du général Flahaut auprès du roi de Saxe. — Longue conférence entre le
roi de Saxe et l'empereur. — Plaintes de l'empereur sur son
beau-père. — Félicitations de l'empereur d'Autriche après

la Victoire. — M. de Bubna à Dresde. — L'empereur ne prenant point de repos. — Faculté de dormir en tous lieux et à toute heure. — Bataille de Bautzen. — Admirable mouvement de pitié de la population saxonne. — L'empereur, le baron Larrey, et vive discussion. — Les conscrits blessés par maladresse. — Injustice de l'empereur reconnue par lui-même.

———

Depuis que l'empereur avait quitté l'armée et laissé, comme on l'a vu, le commandement au roi de Naples, Sa Majesté sicilienne avait elle-même abandonné le commandement qui lui avait été confié, et l'avait remis, en partant pour ses états, au prince Eugène. L'empereur était très-avide des nouvelles qu'il recevait de Posen où était le grand quartier-général vers la fin de février et au commencement de mars; mais le prince vice-roi n'avait guère sous ses ordres que des débris de différens corps, dont quelques-uns n'étaient plus représentés que par un très-petit nombre d'hommes.

D'ailleurs chaque fois que les Russes se présentaient en forces, il n'y avait d'autre parti à prendre que celui de se retirer; et chaque jour, durant le mois de mars, les nouvelles devinrent de plus en plus inquiétantes. L'empereur se décida donc, à la fin de mars, à partir très-prochainement pour l'armée.

Déjà, depuis assez long-temps, l'empereur, préoccupé de la tentative que Malet avait faite pendant sa dernière absence, s'était exprimé sur le danger de laisser son gouvernement sans chef, et les journaux avaient été remplis de recherches sur les cérémonies usitées lorsque la régence du royaume avait été autrefois déférée à des reines. Comme on connaissait dans le public le moyen fréquemment adopté par Sa Majesté de nourrir à l'avance l'opinion sur ce qu'elle avait l'intention de faire, personne ne fut surpris de la voir, avant de partir, confier la régence à l'impératrice Marie-Louise, les circonstances ne lui ayant pas encore permis de la faire couronner, ainsi que depuis long-temps il en avait le désir. L'impératrice prêta le serment solennel au palais de l'Elysée, en présence des princes grands dignitaires et des ministres. Le duc de Cadore fut nommé secrétaire de la régence, pour conseiller Sa Majesté l'impératrice de concert avec l'archi-chancelier : le commandement de la garde fut confié au général Cafarelli.

L'empereur partit de Saint-Cloud le 15 avril à quatre heures du matin. Le lendemain à minuit, il entrait à Mayence. En arrivant, Sa Majesté apprit qu'Erfurth et toute la Westphalie étaient en proie

aux alarmes les plus vives : rien ne pourrait exprimer la rapidité que cette nouvelle lui fit donner
à sa marche : en huit heures il fut à Erfurth. Sa Majesté s'arrêta peu dans cette dernière ville ; les
renseignemens qu'elle y recueillit la tranquillisè-
rent pleinement sur les suites de la campagne. En
sortant d'Erfurth, l'empereur voulut passer par
Weimar pour saluer la grande duchesse; il lui fit
sa visite le même jour et à la même heure que l'empereur Alexandre se rendait de Dresde à Tœplitz
pour voir l'autre duchesse de Weimar (la princesse héréditaire, sa sœur).

La grande duchesse reçut l'empereur avec une
grâce dont il fut enchanté. Leur entretien dura
près d'une demi-heure. En la quittant, Sa Majesté
dit au prince de Neufchâtel : « Cette femme est toujours étonnante ; c'est vraiment une tête de grand
homme. » Le duc voulut accompagner l'empereur
jusqu'au bourg d'Eckartsberg, où Sa Majesté le re-
tint à dîner avec elle *.

---

* La maison de l'empereur, refaite en partie pour cette campagne de 1813, se composait ainsi qu'il suit :

Grand-maréchal du palais, M. le duc de Frioul.
Grand-écuyer, M. le duc de Vicence.
Aides-de-camp, MM. les généraux Mouton, comte de Lo-

L'empereur était logé sur la place d'Eckartsberg ; il n'avait que deux chambres ; sa suite campait sur le palier et sur les degrés de l'escalier. Rien de plus extraordinaire que l'aspect de cette petite

bau ; Lebrun, duc de Plaisance ; MM. les généraux Drouot, Flahaut, Dejean, Corbineau, Bernard, Durosnel et Hogendorg.

Premier officier d'ordonnance, M. le colonel Gourgaud.

Officiers d'ordonnance, M. le baron de Mortemart, M. le baron Athalin, M. Béranger, M. de Lauriston, MM. les barons Desaix, Laplace et de Caraman, MM. de Saint-Marsan, de Lamezan, Pretet et Pailhou ; il y avait aussi M. d'Aremberg, mais à cette époque il était renfermé dans la ville de Dantzig.

Premier chambellan, maître de la garde-robe, M. le comte de Turenne.

Préfet du palais, M. le baron de Beausset.

Maréchal-des-logis du palais, M. le baron de Canouville.

Écuyers, MM. les barons Van Lenneps, Montaran et de Mesgriguy.

Secrétaires du cabinet, M. le baron Mounier, M. le baron Fain.

Commis du cabinet, MM. Jouanne et Prevost.

Secrétaires interprètes, MM. Lelorgne, Dideville et Vonzowitch.

Directeur du bureau topographique, M. le baron Bacler d'Albe.

Ingénieurs géographes, MM. Lameau et Duvivier.

Pages, MM. Montarieu, Devienne, Saint-Perne et Ferreri.

ville ainsi transformée pour quelques heures en
quartier-général. Sur une place entourée de camps,
de bivouacs et de parcs militaires, au milieu de
plus de mille voitures qui se croisaient, se mê-
laient, s'accrochaient en tous sens, on voyait défiler lentement des régimens, des convois, des
trains d'artillerie, des fourgons, etc. A leur suite,
des troupeaux de bœufs venaient, précédés ou
coupés par les petites charrettes des cantinières
et des vivandières, équipages si légers, si frêles,
que le moindre choc les endommageait ; et puis
des maraudeurs qui rapportaient du fourrage ; des
paysans conduisant de force les équipages en jurant et maugréant, au milieu des éclats de rire de
nos soldats ; et des courriers, des ordonnances,
des aides-de-camp se lançant au galop à travers
toute cette multitude d'hommes et de bêtes, bi-
garrés, bariolés de la manière la plus bizarre. Et
si l'on veut ajouter à cela les hennissemens des
chevaux, le mugissement des bœufs, le bruit des
roues sur le pavé, les cris des soldats, les trom-
pettes, les tambours, les fanfares, les réclamations
des habitans, quatre cents personnes qui demandent ensemble la même chose en parlant allemand
aux Italiens, français aux Allemands, comment
comprendre jamais qu'il fût possible à Sa Majesté
d'être aussi tranquille, aussi à l'aise au milieu de

cet infernal vacarme que dans son cabinet des Tuileries ou de Saint-Cloud? Il en était ainsi pourtant;
l'empereur, assis devant une mauvaise table couverte d'une espèce de nappe, une carte sous les
yeux, le compas et la plume à la main, tout entier à ses méditations, ne témoignait pas la moindre impatience, on eût dit que rien du bruit extérieur ne parvenait à ses oreilles....; mais qu'un
cri de douleur s'élevât quelque part, à l'instant
l'empereur levait la tête et donnait l'ordre d'aller
s'informer de ce qui pouvait être arrivé. Le pouvoir de s'isoler aussi complètement de tout ce qui
nous entoure est bien difficile à acquérir; personne
au monde ne l'a possédé comme Sa Majesté.

Le 1er mai, l'empereur était à Lutzen. La bataille ne fut livrée que le lendemain. Ce jour-là,
sur les six heures du soir, le brave maréchal Bes-
sière, duc d'Istrie, fut emporté par un boulet de
canon, au moment où monté sur une hauteur,
enveloppé d'un long manteau qu'il avait mis pour
ne pas être remarqué, il venait d'ordonner la sépulture du brigadier de son escorte qu'un premier
boulet venait de jeter mort à quelques pas de lui.

Depuis les premières campagnes d'Italie, le duc
d'Istrie n'avait presque pas quitté l'empereur; il
l'avait suivi dans toutes ses campagnes; il avait assisté à toutes ses batailles, et s'y était toujours dis-

tingué par un courage à toute épreuve, par une
droiture et une franchise trop rares chez les hauts
personnages dont Sa Majesté était entourée. Il
avait passé par presque tous les grades du commandement de la garde impériale; et sa grande
expérience, ses excellentes qualités, son bon cœur
et son attachement inaltérable l'avaient rendu bien
cher à Sa Majesté.

L'empereur fut vivement ému en apprenant la
mort du maréchal; il resta quelques instans sans
parler, la tête baissée et les yeux fixés sur la terre.
« Enfin, dit-il, il est mort de la mort de Turenne;
son sort est digne d'envie; » puis il passa la main
sur ses yeux et quitta précipitamment la place.

Le corps du maréchal fut embaumé et transporté à Paris ; l'empereur écrivit la lettre suivante
à madame la duchesse d'Istrie.

« Ma cousine, votre mari est mort au champ
d'honneur! La perte que vous faites et celle de
vos enfans est grande, sans doute; mais la mienne
l'est davantage encore. Le duc d'Istrie est mort de
la plus belle mort et sans souffrir. Il laisse une réputation sans tache; c'est le plus bel héritage qu'il
ait pu léguer à ses enfans. Ma protection leur est
acquise. Ils hériteront aussi de l'affection que je

portais à leur père. Trouvez dans toutes ces consi-
sidérations des motifs de consolations pour alléger
vos peines, et ne doutez jamais de mes sentimens
pour vous.

« Cette lettre n'étant à autre fin, je prie Dieu,
ma cousine, qu'il vous ait en sa sainte et digne
garde.

NAPOLÉON. »

Le roi de Saxe fit élever un monument au duc
d'Istrie, à l'endroit même où il était tombé.

La victoire, long-temps disputée dans cette bataille de Lutzen, n'en fut que plus glorieuse pour
l'empereur. Ce fut principalement les jeunes conscrits qui la gagnèrent. Ils se battirent comme
des lions. Le maréchal Ney s'y attendait bien, au
reste : car avant la bataille il disait à Sa Majesté :
« Sire, donnez-moi beaucoup de ces petits jeunes
gens-là... Je les mènerai où je voudrai. Les vieilles
moustaches en savent autant que nous, ils réflé-
chissent; ils ont trop de sang-froid : mais ces enfans
intrépides ne connaissent pas les difficultés; ils re-
gardent toujours devant eux, jamais ˋoite ni à
gauche. »

Effectivement, au milieu de la bataille, les Prussiens, commandés par le roi en personne, attaqué-

rent avec tant de fureur le corps du maréchal Ney qu'ils le firent plier; mais les conscrits ne prirent point la fuite: ils attendaient les coups, se ralliaient par pelotons, et tournaient ainsi autour des ennemis en criant de toutes leurs forces : « *Vive l'empereur!* » L'empereur vint à paraître; alors, remis du choc terrible qu'ils avaient essuyé, électrisés par la présence du héros, ils attaquèrent à leur tour, avec une violence incomparable. Sa Majesté en fut surprise. « Il y a vingt ans, disait-elle, que je commande des armées françaises, et je n'ai pas encore vu autant de bravoure et de dévouement. »

Il fallait voir ces jeunes soldats, blessés, quelques-uns privés d'un bras, d'une cuisse, n'ayant plus qu'un souffle de vie, tâcher, à l'approche de l'empereur, de se soulever de terre, et crier de tout ce qu'il leur restait de voix : *Vive l'empereur!* Les larmes me viennent aux yeux quand je songe à cette jeunesse si brillante, si forte et si courageuse.

Même bravoure, même enthousiasme du côté de nos ennemis; les chasseurs de la garde prussienne étaient presque tous des jeunes gens qui voyaient le feu pour la première fois; ils se précipitaient au devant de la mort et tombaient par centaines avant d'avoir reculé d'un pas.

Dans aucune bataille, je crois, l'empereur ne

parut plus visiblement protégé par sa destinée. Les balles sifflaient à ses oreilles ; elles emportaient, en passant, des morceaux du harnais de son cheval ; les boulets et les grenades roulaient à ses pieds : rien ne l'atteignit. On voyait toutes ces choses, et l'enthousiasme en redoublait.

L'empereur vit, au commencement de la bataille, s'avancer un bataillon dont le chef avait été suspendu de ses fonctions, deux ou trois jours avant, pour une faute assez légère de discipline. Le pauvre officier marchait au second rang de ses soldats, dont il était adoré. L'empereur l'aperçoit, fait arrêter le bataillon, prend l'officier par la main, et le remet à la tête de sa troupe. L'effet que produisit cette scène ne peut se décrire.

Le 8 mai, à sept heures du soir, l'empereur fit son entrée à Dresde, et prit possession du palais, que l'empereur de Russie et le roi de Prusse avaient quitté le matin même. A quelque distance des barrières, l'empereur fut salué par une députation de la municipalité de cette ville. « Vous mériteriez, dit-il à ces envoyés, que je vous traitasse en pays conquis. Je sais tout ce que vous avez fait pendant que les alliés occupaient votre ville ; j'ai l'état des volontaires que vous avez habillés, équipés et armés contre moi, avec une générosité qui a étonné l'ennemi lui-même ; je sais quelles insultes vous avez prodiguées à la France, et combien d'indignes libelles vous avez à cacher ou à brûler aujourd'hui. Je n'ignore pas les transports de joie que vous avez fait éclater, quand l'empereur de Russie et le roi de Prusse sont entrés dans vos murs. Vos maisons sont encore ornées de guirlandes, et nous voyons encore sur le pavé les fleurs que vos jeunes filles ont semées sur leurs pas. Cependant je veux tout pardonner. Bénissez votre roi, car c'est lui qui vous sauve, et je ne pardonne que pour l'amour de lui. Qu'une députation d'entre vous aille le prier de vous rendre sa présence. C'est mon aide-de-camp, le général Durosnel, qui sera votre gouverneur. Votre bon roi, lui-même, ne choisirait pas mieux.»

Au moment d'entrer dans la ville, l'empereur apprit qu'une partie de l'arrière-garde russe cherchait à se maintenir dans la ville neuve, séparée par l'Elbe de la vieille ville, tombée au pouvoir de notre armée. Aussitôt Sa Majesté ordonne que tout soit fait pour chasser ce reste de troupes, et pendant uu jour tout entier il n'y eut que canonnade et fusillade dans la ville, d'une rive à l'autre. Les boulets et les grenades tombaient comme la grêle sur le terrain occupé par l'empereur. Une grenade brisa, près de lui, la cloison d'un magasin à poudre et lui lança des débris à la tète. Heureusement le feu ne prit point aux poudres. Quelques minutes après, une autre grenade tomba entre Sa Majesté et plusieurs Italiens ; ils se courbèrent pour éviter les effets de l'explosion. L'empereur vit ce mouvement, et, se mettant à rire, il leur dit : « *Ah! coglioni! non fa male.* »

Le 11 mai, dans la matinée, les Russes étaient en fuite et poursuivis, et l'armée française entrait de toutes parts dans la ville. L'empereur resta toute la journée sur le pont à voir défiler les troupes. Le lendemain, à dix heures, la garde impériale prit les armes, et se mit en bataille sur le chemin de Pirna jusqu'au Grow Garten; l'empereur en passa la revue, et envoya le général Flahaut en avant; le roi de Saxe arriva vers midi. En se rencontrant, les deux souverains descendirent de cheval et s'embrassèrent; ils entrèrent ensuite dans Dresde aux acclamations générales.

Le général Flahaut, qui était allé au devant du roi de Saxe, avec une partie de la garde impériale, reçut de ce bon roi les témoignages les plus flatteurs de satisfaction et de reconnaissance. Il est impossible de montrer plus de bonhomie, plus de douceur que le roi de Saxe. L'empereur disait de lui et de sa famille que c'était une famille de patriarches, et que toutes les personnes qui la composaient joignaient à de grandes vertus une bonté expansive qui devait les faire adorer de leurs sujets. Sa Majesté eut toujours pour cette royale personne les soins les plus affectueux. Tant que la guerre dura, il envoyait chaque jour des courriers pour tenir le roi au courant des moindres circonstances; il venait lui-même le plus souvent qu'il pouvait; enfin il fut toujours avec lui plein de cette amabilité qu'il savait prendre si bien et rendre irrésistible quand il le voulait.

Quelques jours après son arrivée à Dresde, Sa Majesté eut avec le roi de Saxe une longue conversation dans laquelle il fut principalement question de l'empereur Alexandre. Les qualités et les défauts de ce prince furent amplement analysés, et le résultat de la conversation fut que l'empereur Alexandre avait été sincère à l'entrevue d'Erfuth, et qu'il avait fallu des intrigues bien compliquées pour l'amener ainsi à la rupture de toutes leurs liaisons d'amitié. « Les souverains sont si malheureux! disait Sa Majesté; toujours circonvenus, toujours entourés de flatteurs ou de conseillers perfides, dont le premier besoin est d'empêcher que la vérité puisse arriver jusqu'aux oreilles de leur maître, qui a tant d'intérêt à la connaître. »

Après, les deux souverains vinrent à parler de l'empereur d'Autriche. Sa Majesté paraissait profondément affligée de ce que son union avec l'archiduchesse Marie-Louise, qu'il faisait tout au monde pour rendre la plus heureuse des femmes, eût manqué l'effet, qu'il espérait, de lui acquérir la confiance et l'amitié de son beau-père. « Mais je ne suis pas né souverain, disait l'empereur; c'est peut-être à cause de cela..... Et pourtant, j'aurais cru que cette condition serait un titre de plus à l'amitié de François. Je ne pourrai jamais, je le sens, me persuader que des liens pareils ne soient pas assez forts pour retenir l'empereur d'Autriche dans mon alliance. Car enfin je suis son gendre; mon fils est son petit-fils; il aime sa fille; elle est heureuse..... Comment donc serait-il mon ennemi? »

En apprenant la victoire de Lutzen et l'entrée de l'empereur à Dresde, l'empereur d'Autriche se hâta d'envoyer M. de Bubna auprès de son gendre. Il arriva le 16 au soir, et l'entrevue, qu'il obtint aussitôt de Sa Majesté, dura jusqu'à deux heures après minuit. Cela nous donnant l'espoir que la paix allait se faire, nous arrangeâmes là-dessus mille conjectures plus rassurantes les unes que les autres; mais deux ou trois jours s'écoulèrent pendant lesquels nous ne vimes que des préparatifs de guerre qui trompèrent bien douloureusement notre espoir. Ce fut alors que j'entendis ces mots sortis de la bouche de l'infortuné maréchal Duroc :

« Ceci devient trop long ! nous y passerons tous. »
Il avait le pressentiment de sa mort.

Pendant toute cette campagne l'empereur n'eut
pas un instant de repos. Les jours s'écoulaient en
combats ou en courses, toùjours à cheval ; les
nuits, en travaux de cabinet. Je n'ai jamais compris
comment son corps pouvait résister à de telles
fatigues , et pourtant il jouissait presque constamment de la meilleure santé. La veille de la bataille
de Bautzen , il s'était couché fort tard , après avoir
visité tous les postes militaires. Les ordres étant
donnés, il s'endormit profondément. Le 20 mai,
jour de la bataille, de grand matin , les évolutions
commencèrent, et nous attendîmes , au quartier-
général, avec une bien vive impatience, le résultat de cette journée. Mais la bataille ne devait pas
finir ce jour-là. Après une suite de combats tous
à notre avantage, quoique vivement disputés, l'empereur rentra le soir, à neuf heures, au quartier-
général, prit un léger repas, et resta avec le prince
Berthier jusqu'à minuit. Le reste de la nuit se passa
en travail, et à cinq heures du matin , l'empereur
était debout et prêt à retourner au combat.

Trois ou quatre heures après son arrivée sur le
champ de bataille , l'empereur ne put résister au
sommeil qui l'accablait. Prévoyant l'issue de la
journée, il s'endormit sur la pente d'un ravin, au

milieu des batteries du duc de Raguse. On le réveilla pour lui dire que la bataille était gagnée.

Ce fait, qui me fut rapporté le soir, ne m'étonna
point ; car j'avais déjà remarqué que, lorsqu'il lui
fallait céder au sommeil, ce besoin impérieux de
la nature, l'empereur prenait le repos qui lui était
nécessaire où et comme il pouvait, en vrai soldat.

Quoique l'affaire fût décidée, on se battit jusqu'à cinq heures du soir ; à six heures, l'empereur
fit dresser sa tente près d'une auberge isolée qui
avait servi de quartier-général à l'empereur Alexandre pendant les deux jours précédens. Je reçus
l'ordre de m'y rendre, et j'accourus aussitôt ; mais
Sa Majesté passa encore toute la nuit à recevoir
et féliciter les principaux chefs, ainsi qu'à travailler avec ses secrétaires.

Tous les blessés qui pouvaient encore marcher
étaient déjà sur la route de Dresde, où de nombreux
secours les attendaient ; mais sur le champ de bataille étaient étendus plus de dix mille hommes
français, russes, prussiens, etc., respirant à peine,
mutilés, dans un état à faire pitié. Les efforts du
bon et infatigable baron Larrey et d'une multitude de chirurgiens, encouragés par son exemple héroïque, ne suffisaient pas encore aux premiers pansemens. Et quels moyens de transport
pour ces malheureux pouvait-on trouver dans cette

campagne désolée, dont tous les villages avaient été saccagés et brûlés, où il ne restait plus ni chevaux ni voitures? Fallait-il donc laisser périr tous ces hommes, dans les plus atroces douleurs, faute de pouvoir les conduire à Dresde?

Ce fut alors que cette population de villageois saxons, que les désastres de la guerre devaient avoir aigris, qui voyaient leurs demeures brûlées, leurs champs ravagés, voulut donner à toute l'armée le spectacle de ce que la pitié peut inspirer de plus sublime au cœur de l'homme. Ils s'aperçurent des inquiétudes cruelles auxquelles se livraient M. Larrey et ses compagnons sur le sort de tant de malheureux blessés; en un instant, hommes, femmes, enfans, vieillards accourent avec des brouettes; les blessés sont enlevés, sont posés sur ces frêles voitures; deux ou trois personnes se mettent à chaque brouette, et la conduisent ainsi jusqu'à Dresde, s'arrêtant dès que, par un cri ou par un signe, le blessé demandait du repos, s'arrêtant pour replacer les bandages que le mouvement avait dérangés, s'arrêtant auprès d'une source pour lui donner à boire et calmer ainsi la fièvre qui le dévorait. Je n'ai jamais rien vu d'aussi touchant.

Le baron Larrey eut avec l'empereur une assez vive discussion. Parmi les blessés, on avait trouvé

un grand nombre de jeunes soldats, ayant deux
doigts de la main droite déchirés. Sa Majesté crut
que ces pauvres jeunes gens l'avaient fait exprès
pour se dispenser du service. Elle le dit à M. Larrey, qui se récria hautement, disant que c'était impossible, qu'une telle lâcheté n'était point dans le
caractère de ces braves conscrits. Comme l'empereur insistait, M. Larrey se laissa emporter jusqu'à le taxer d'injustice. Les choses en étaient là,
quand on eut la preuve certaine que ces blessures
uniformes venaient toutes de la précipitation avec
laquelle ces jeunes soldats chargeaient et déchar-
geaient leurs fusils, au maniement desquels ils
n'étaient point habitués. Alors Sa Majesté vit que
M. Larrey avait eu raison, et lui sut bon gré de sa
fermeté à soutenir ce qu'il savait être vrai : « Vous
êtes un parfait homme de bien, M. Larrey, dit
l'empereur ; je voudrais n'être entouré que d'hommes comme vous, mais les hommes comme vous
sont bien rares.

●●

CHAPITRE XII.

Mort du maréchal Duroc. — Douleur de l'empereur et consternation générale dans l'armée. — Détails sur cet événement funeste. — Impatience de l'empereur de ne pouvoir atteindre l'arrière-garde russe. — Deux ou trois boulets creusant la terre aux pieds de l'empereur. — Un homme de la garde tué près de Sa Majesté. — Annonce de la mort du général Bruyère. — Duroc près l'empereur. — Un arbre frappé par un boulet. — Le duc de Plaisance annonce, en pleurant, la mort du grand-maréchal. — Mort du général Kirgener. — Soins empressés, mais inutiles. — Le maréchal respirant encore. — Adieux de l'empereur à son ami. — Consternation impossible à décrire. — L'empereur immobile et sans pensée. — *A demain tout.* — Déroute complète des Russes. — Dernier soupir du grand-maréchal. — Inscription funéraire dictée par l'empereur. — Terrain acheté et propriété violée. — Notre entrée en Silésie. — Sang-froid de l'empereur. — Sa Majesté dirigeant elle-même les troupes. — Marche sur Breslaw. — L'empereur dans une ferme pillée. — Un incendie détruisant quatorze fourgons. — Historiette démentie. — L'empereur ne manque de rien. — Entrée à Breslaw. — Prédiction presque accomplie. — Armistice du 4 juin. — Séjour à Gorlitz. — Pertes généreusement payées. — Retour

à Dresde. — Bruits dissipés par la présence de l'empereur.
— Le palais Marcolini. — L'empereur vivant comme à
Schœnbrunn. — La Comédie française mandée à Dresde. —
Composition de la troupe. — Théâtre de l'Orangerie et la
comédie. — La tragédie à Dresde. — Emploi des journées
de l'empereur. — Distractions, et mademoiselle G...... —
Talma et mademoiselle Mars déjeunant avec l'empereur. —
Heureuse repartie, et politesse de l'empereur.—L'abondance
répandue dans Dresde par la présence de Sa Majesté. —
Camps autour de la ville. — Fête de l'empereur avancée
de cinq jours. — Les soldats au *Te Deum*.

Nous étions à la veille du jour où l'empereur,
encore tout ému de la perte qu'il avait faite dans
la personne du duc d'Istrie, devait recevoir le coup
qui peut-être lui fut le plus sensible de tous ceux
dont son âme fut atteinte en voyant tomber autour
de lui ses vieux compagnons d'armes. Le lendemain même du jour où l'empereur avait eu, avec
le baron Larrey, l'espèce de discussion que j'ai rapportée à la fin du chapitre précédent, fut marqué
par la mort irréparable de l'excellent maréchal
Duroc. L'empereur en eut l'âme brisée, et il n'y
en eut pas un seul de nous qui ne lui donnât des
larmes sincères; tant il était juste et bon quoique

grave et sévère avec toutes les personnes que la nature de leur service mettait en contact avec lui. Ce fut une perte non-seulement pour l'empereur, qui possédait en lui un véritable ami, mais j'ose dire que c'en fut une aussi pour la France entière, qu'il adorait jusqu'à la passion, et pour laquelle il ne cessait de prodiguer ses conseils, quoiqu'ils ne fussent pas toujours écoutés. La mort du maréchal Duroc fut un de ces événemens tellement douloureux, tellement imprévus, que l'on reste quelque temps indécis s'il faut y croire, alors même qu'une trop évidente réalité ne permet plus de se faire aucune illusion.

Voici dans quelles circonstances ce funeste événement vint répandre la consternation dans toute l'armée. L'empereur poursuivait l'arrière-garde russe, qui lui échappait sans cesse. Elle venait de lui échapper pour la dixième fois peut-être depuis le matin, après avoir tué et fait prisonniers un bon nombre de nos braves, quand deux ou trois boulets, creusant la terre aux pieds de l'empereur, excitèrent son attention, et lui firent dire : « Comment, après une telle boucherie, point de résultat! point de prisonniers! Ces gens-là ne me laisseront pas un clou. » A peine avait-il parlé, un boulet passe et renverse un chasseur à cheval de l'escorte presque dans les jambes du cheval de Sa Majesté.

« Ah! Duroc! ajouta-t-il en se tournant vers le grand maréchal, la fortune nous en veut bien aujourd'hui! — Sire, dit un aide-de-camp qui accourait au galop, le général Bruyères vient d'être tué. — Mon pauvre camarade d'Italie! Est-il possible? Ah! il faut en finir pourtant! » Et, voyant sur sa gauche une éminence du haut de laquelle il pourra mieux observer ce qui se passe, l'empereur se dirige de ce côté au milieu d'un nuage de poussière; le duc de Vicence, le duc de Trévise, le maréchal Duroc et le général du génie Kirgener suivaient Sa Majesté de très-près; mais le vent poussait la poussière et la fumée avec une telle violence qu'on se voyait à peine. Tout à coup un arbre, près duquel l'empereur passait, est frappé par un boulet qui le renverse à moitié; Sa Majesté, arrivée sur le plateau, se retourne pour demander sa lunette, et ne voit plus que le duc de Vicence. Le duc Charles de Plaisance survient; une pâleur mortelle couvre ses traits; il se penche vers M. le grand-écuyer, et lui dit quelques mots à l'oreille. « Qu'est-ce que c'est? demande vivement l'empereur, que se passe-t-il? — Sire, dit en pleurant le duc de Plaisance, le grand-maréchal est mort. — Le grand-maréchal est mort? Duroc? Mais vous vous trompez, il était tout à l'heure à côté de moi! »

Plusieurs aides-de-camp arrivent avec un page

qui portait la lunette de Sa Majesté. La fatale nouvelle est confirmée, en grande partie du moins. Le duc de Frioul n'était pas encore mort; mais le coup avait frappé les entrailles, et tous les secours de l'art devenaient inutiles. Le boulet, après avoir ébranlé l'arbre, avait ricoché sur le général Kirgener, qui était tombé raide mort; puis sur le duc de Frioul. MM. Yvan et Larrey étaient auprès du blessé, qu'on avait transporté dans une maison de Makersdorf; il n'y avait aucun espoir de sauver le maréchal.

Dire la consternation de l'armée, la douleur de Sa Majesté à cet affreux événement, serait impossible. L'empereur donna machinalement quelques ordres, et revint au camp. Arrivé dans le carré de la garde, il s'assit sur un tabouret devant sa tente, la tête baissée, les mains jointes, et demeura près d'une heure ainsi, sans proférer une seule parole. Cependant on avait à prendre pour le lendemain des mesures essentielles; le général Drouot s'approche, et, d'une voix que les sanglots entrecoupaient, il demande ce qu'il faut faire : « A demain tout, » répond l'empereur; il ne dit pas un mot de plus. « Pauvre homme! murmuraient en le regardant les vieux grognards de la garde; il a perdu un de ses enfans. »

La nuit close, l'ennemi étant en pleine retraite;

et l'armée ayant pris ses positions, l'empereur sortit du camp, et, accompagné du prince de Neufchâtel, de M. Yvan et du duc de Vicence, il se rendit dans la maison où l'on avait déposé le grand maréchal. La scène fut terrible. L'empereur désolé embrassa plusieurs fois ce fidèle ami, en cherchant à lui donner quelques espérances; mais le duc, qui connaissait parfaitement son état, ne lui répondit qu'en le suppliant de lui faire donner de l'opium. A ces mots l'empereur sortit : il ne pouvait plus y tenir.

Le duc de Frioul mourut le lendemain matin. L'empereur ordonna que son corps fût transporté à Paris pour être déposé sous le dôme des Invalides; il acheta la maison dans laquelle était mort le grand-maréchal, et chargea le pasteur du village de faire placer à l'endroit du lit une pierre sur laquelle seraient gravés ces mots :

« Ici le général Duroc, duc de Frioul, grand-
» maréchal du palais de l'empereur Napoléon,
» frappé d'un boulet, est mort dans les bras de
» l'empereur, son ami. »

La conservation de ce monument fut imposée en obligation au locataire de la maison. Ce fut la condition du don que lui en fit Sa Majesté. Le pasteur, le magistrat du village et le donataire furent appelés à cet effet en présence de l'empereur; il leur fit connaître ses intentions, qu'ils s'engagèrent solennellement à remplir. Alors Sa Majesté, tirant de sa cassette les fonds nécessaires, les remit à ces messieurs.

Il est bon maintenant que le lecteur sache comment cette convention, si religieusement contractée, a reçu son exécution. Cet ordre de l'état-major russe le lui apprendra.

« Un protocole, en date du 16 (28) mars, constate que l'empereur Napoléon a remis au ministre du culte Hermann, à Makersdorf, la somme de deux cents napoléons d'or, destinés à l'érection d'un monument à la mémoire du maréchal Duroc, mort sur le champ de bataille. Son excellence le prince Repnin, gouverneur-général de la Saxe, ayant ordonné qu'un commis de mes bureaux se rendrait à Makersdorf, afin de se faire remettre ladite somme pour m'en faire le dépôt jusqu'à disposition ultérieure, le commis Meyerheim est chargé de cette mission. En conséquence, il se rendra sur le champ à Makersdorf, à l'effet de s'y légitimer auprès du ministre Hermann en lui montrant le présent ordre, et saisira entre ses mains la somme énoncée plus haut de deux cents napoléons d'or.

Le commis Meyerheim n'aura à rendre compte qu'à moi de l'exécution de cet ordre

» A Dresde, ce 20 mars (1ᵉʳ avril) 1814.

». *Signé* Baron de Rosen. »

Cette pièce n'a pas besoin de commentaire.

Après les batailles de Bautzen et de Wurtchen, l'empereur entra en Silésie. Il voyait partout l'armée combinée des alliés fuir devant la sienne, et ce spectacle flattait vivement son amour-propre en entretenant dans son cœur l'idée qu'il allait bientôt se voir maitre d'un pays riche et fertile, où l'abondance des subsistances favoriserait ses entreprises. Plusieurs fois par jour on lui entendait dire : « Sommes-nous loin de telle ville? — Quand arriverons-nous à Breslaw? » Son impatience ne l'empêchait point, au reste, de s'occuper de tous les objets qui le frappaient, comme l'aurait pu faire un homme libre de tous soins; il examinait les maisons les unes après les autres, quand on passait dans quelque village; il remarquait la direction des rivières et des montagnes, recueillant jusqu'aux moindres renseignemens qu'on pouvait ou qu'on voulait lui donner.

Dans la journée du 27 mai, Sa Majesté, n'étant
plus qu'à trois jours de marche de Breslaw, rencon-
tra, en avant d'une petite ville appelée Michels-
dorf, plusieurs régimens de cavalerie russe qui
barraient le passage; ils étaient déjà tout près de
l'empereur et de l'état-major, que Sa Majesté n'a-
vait pas encore songé à les regarder seulement. Le
prince de Neufchâtel, voyant l'ennemi si près,
court à l'empereur, et lui dit : « Sire, ils avancent
toujours. — Eh bien! nous avancerons aussi, répond en souriant Sa Majesté; ne voyez-vous pas
derrière nous? » Et elle montrait au prince l'infanterie française qui approchait en colonnes serrées.
Quelques décharges eurent bientôt chassé les Russes
de cette position; mais on les retrouvait à une
demi-lieue, à une lieue plus loin : c'était toujours
à recommencer. L'empereur le savait bien, aussi
manœuvrait-il avec la plus grande précision. Dirigeant lui-même les troupes qui se portaient en
avant, il allait d'une hauteur à l'autre; faisait le tour
de toutes les villes et de tous les villages, pour reconnaître les positions et voir les ressources qu'il pourrait tirer du terrain. Par ses soins, par les effets de
son infatigable coup d'œil, la scène changeait dix
fois par jour. Une colonne avait débouché par un
chemin creux, par un bois, par un village; elle
pouvait à l'instant même prendre possession d'une

hauteur, pour la défense de laquelle une batterie
était déjà toute prête. L'empereur indiquait tous
les mouvemens avec un tact admirable, de manière
à ce qu'il fût impossible de le prendre au dépourvu. Il ne commandait qu'en grand, transmet-
tant en personne, ou par ses officiers d'ordonnance, ses ordres aux commandans des corps et
des divisions, lesquels, à leur tour, transmettaient
ou faisaient transmettre les leurs aux chefs de bataillon. Tous les ordres donnés par Sa Majesté
étaient courts, précis et tellement clairs que jamais on n'avait besoin d'en demander l'explica-
tion.

Le 29 mai, ne sachant pas jusqu'à quel point
la prudence permettait d'avancer sur la route de
Breslaw, Sa Majesté s'établit dans une petite ferme
appelée Rosnig. Elle avait déjà été pillée et présentait l'aspect le plus misérable. On ne put trouver
dans la maison qu'une petite pièce avec un cabinet
pour l'usage de l'empereur; le prince de Neufchâtel et la suite s'établirent comme ils purent dans
des chaumières, dans des granges, dans les jardins
même; car il n'y avait pas d'abri pour tout le
monde. Le lendemain le feu prit dans une métairie
à côté du logement de Sa Majesté. Il y avait quatorze ou quinze fourgons dans cette métairie qui
furent tous brûlés; un de ces fourgons contenait la

caisse du payeur des voyages; dans un autre se trouvaient des habits et du linge pour l'empereur, ainsi que des bijoux, des bagues, des tabatières et d'autres objets précieux. On ne sauva que peu de chose de cet incendie, et si le service de réserve n'était arrivé promptement, Sa Majesté eût été obligée de déroger à ses habitudes de toilette faute de bas et de chemises. Le major saxon d'Odeleben, qui a écrit des choses fort intéressantes sur cette campagne, dit que tout ce qui appartenait à Sa Majesté fut brûlé, et qu'il fallut faire faire à la hâte quelques culottes à Breslaw : c'est une errreur. Je ne crois pas que le fourgon de la garde-robe ait été brûlé; mais quand même il l'eût été, l'empereur n'eût pas pour cela manqué de vêtemens, puisqu'il y avait toujours quatre à cinq services, soit en avant soit en arrière des quartiers-généraux. En Russie, où l'ordre fut donné de brûler toutes les voitures qui manquaient de chevaux, cet ordre eut sa rigoureuse exécution à l'égard des personnes de la maison, qui restèrent avec presque rien; mais on garda pour Sa Majesté tout ce qui pouvait être regardé comme indispensable.

Enfin, le 1er juin, à six heures du matin, l'avant-garde française entra dans Breslaw, ayant à sa tête le général Lauriston et le général Hogendorp, que Sa Majesté avait investi d'avance des fonctions de gouverneur de cette ville, capitale de la Silésie. Ainsi fut accomplie en partie la promesse qu'avait faite l'empereur en revenant de Russie et passant à Varsovie : « Je vais chercher trois cent mille hommes. Le succès rendra les Russes audacieux ; je leur livrerai deux batailles entre l'Elbe et l'Oder, et dans six mois je serai encore sur le Niémen. »

Ces deux batailles, livrées et gagnées par des conscrits et sans cavalerie, avaient rétabli la réputation des armées françaises. Le roi de Saxe avait été ramené en triomphe dans sa capitale. Le quartier-général de l'empereur était à Breslaw, un des corps de la grande-armée aux portes de Berlin, et l'ennemi chassé de Hambourg ; la Russie allait être rejetée dans ses limites, lorsque l'empereur d'Autriche, intervenant dans les affaires des deux souverains alliés, leur conseilla de proposer un armistice. Ils suivirent ce conseil, et l'empereur eut la faiblesse de consentir à ce qu'ils deman-daient. L'armistice fut accordé et signé le 4 juin ; et Sa Majesté se mit en route pour retourner à Dresde. Une heure après son départ elle dit : « Si les alliés ne veulent pas de bonne foi la paix, cet armistice peut nous devenir bien fatal. »

Le 8 juin, Sa Majesté vint coucher à Gorlitz. Cette nuit-là le feu prit dans un faubourg où la garde avait établi son quartier. A une heure du

matin arrive au quartier de l'empereur un des notables de la ville, pour répandre l'alarme et dire que
tout est perdu. Les troupes éteignirent le feu, et
l'on vint ensuite rendre compte à Sa Majesté de ce
qui s'était passé. Je l'habillais dans le moment, parce
qu'elle voulait partir à la pointe du jour. « A combien s'élève la perte? demande l'empereur. — Sire,
à sept ou huit mille francs, du moins pour les plus
nécessiteux. — Qu'on en donne dix mille, et qu'ils
soient distribués sur-le-champ. » La population
apprit à l'instant même la générosité de l'empereur,
et lorsqu'il quitta la ville, une heure ou deux
après, il fut salué par des acclamations unanimes.

Le 10 au matin nous étions de retour à Dresde.
L'arrivée de l'empereur dissipa des bruits assez
étranges qui y circulaient depuis que l'on avait
vu passer les restes du grand-maréchal Duroc.
On assurait que le cercueil qu'on avait amené
était celui de l'empereur, qu'il avait été tué dans
la dernière bataille, que son corps était mystérieu-
sement renfermé dans une chambre du château, à
travers les fenêtres de laquelle on voyait toute la
nuit brûler des bougies. Quand il arriva, ces personnes, entêtées dans leurs idées, allèrent jusqu'à
redire ce qui avait été dit déjà dans une autre circonstance, que ce n'était pas l'empereur que l'on
voyait dans sa voiture, mais un mannequin avec

une figure de cire. Pourtant, lorsque le lendemain il parut aux yeux de tous à cheval, dans une prairie aux portes de la ville, il fallut bien croire qu'il vivait encore.

L'empereur alla descendre au palais Marcolini, charmante habitation d'été située dans le faubourg de Frédérichstadt. Un immense jardin, les belles prairies de l'Osterwise, sur les bords de l'Elbe, et la plus agréable exposition possible, rendaient ce séjour bien plus attrayant que celui du palais d'hiver : aussi l'empereur sut-il un gré infini au roi de Saxe de l'avoir fait préparer pour lui. Là, sa vie était comme à Schœnbrunn; des revues tous les matins, beaucoup de travail dans la journée et quelque peu de distraction le soir. Plus de simplicité que de faste, en général. Le milieu du jour était consacré au travail du cabinet; alors il régnait une telle tranquillité dans le palais que, sans les deux vedettes à cheval et les deux factionnaires, qui annonçaient le séjour d'un monarque, on aurait eu de la peine à supposer que cette belle demeure fût habitée même par le plus simple particulier.

L'empereur avait choisi pour son logement l'aile droite du palais; l'aile gauche était occupée par le prince de Neufchâtel. Au centre de l'édifice se trouvaient un grand salon et deux autres plus petits qui servaient pour les réceptions.

Deux jours après son retour, Sa Majésté fit donner à Paris les ordres nécessaires pour que les acteurs de la Comédie française vinssent passer à Dresde le temps de l'armistice. Le duc de Vicence, chargé par intérim des fonctions de grand-maréchal du palais, fut chargé de tout faire préparer pour les recevoir. Il s'en remit aux soins de MM. de Beausset et de Turenne, auxquels l'empereur donna la surintendance du théâtre. A cet effet on construisit une salle dans l'orangerie du palais Marcolini. Cette salle communiquait avec les appartemens, et pouvait contenir environ deux cents personnes; elle fut bâtie comme par enchantement, et s'ouvrit, en attendant les débuts de la troupe française, par deux ou trois représentations que donnèrent les comédiens italiens du roi de Saxe.

Les acteurs de Paris étaient, pour la tragédie :
MM. Saint-Prix, Talma;
Mademoiselle Georges.

Pour la comédie :
MM. Fleury, Saint-Fal, Baptiste cadet, Armand, Thénard, Michot, Devigny, Michelot, Barbier;
Mesdames Mars, Bourgoin, Thénard, Emilie Contat, Mézeray.

La direction avait été confiée aux soins de M. Després.

Tous ces acteurs arrivèrent le 19 juin, et trouvèrent tout disposé de la manière la plus convenable : des logemens meublés avec goût, des voitures, des domestiques, enfin tout ce qui pouvait les aider à supporter facilement l'ennui d'un séjour en pays étranger, et leur prouver en même temps combien Sa Majesté avait de considération pour leurs talens, considération que la plupart d'entre eux méritaient doublement à cause de leurs excellentes qualités sociales, de la noblesse et du bon ton de leurs manières.

Le début de la troupe française au théâtre de l'Orangerie se fit le 22 juin, par *la Gageure imprévue* et une autre pièce, fort en vogue alors à Paris et que l'on a toujours vue depuis avec plaisir, *la Suite d'un bal masqué.*

Comme la salle de l'Orangerie eût été trop petite pour les représentions tragiques, on réserva ce genre de spectacle pour le grand théâtre de la ville, où l'on n'était admis ces jours-là qu'avec des billets du comte de Turenne et sans aucune rétribution.

Au grand théâtre, les jours de représentation française, comme dans la salle du palais Marcolini, le service des loges était fait seulement par les va-

lets-de-pied de Sa Majesté, qui présentaient des ra-
fraîchissemens pendant toute la durée du spectacle.

Voici comment l'emploi des journées fut réglé
après l'arrivée de MM. les acteurs du théâtre français.

Tout était tranquille jusqu'à huit heures du matin, à moins que quelque courrier ne fût arrivé,
ou que quelque aide-de-camp n'eût été appelé
à l'improviste. A huit heures j'habillais l'empereur. A neuf heures, il y avait lever, auquel pouvaient assister toutes les personnes qui avaient
rang de colonel. On y admettait aussi les autorités
civiles et militaires du pays; les ducs de Weimar et
d'Anhalt, les frères et les neveux du roi de Saxe
y venaient quelquefois. Après, le déjeuner; ensuite, la parade dans les prairies d'Osterwise, dis-
tantes de cent pas à peu près du palais. L'empereur s'y rendait toujours à cheval, et mettait pied
à terre en arrivant; les troupes défilaient devant
lui, et le saluaient trois fois avec l'enthousiasme
ordinaire. Les évolutions étaient commandées tantôt par l'empereur, et tantôt par le comte de Lobau; dès que la cavalerie avait commencé à défiler, Sa Majesté rentrait au palais, et se mettait à
travailler. Alors commençait cette tranquillité dont
j'ai parlé. Le dîner n'avait lieu que fort tard, à sept

ou huit heures. L'empereur dînait souvent seul avec le prince de Neufchâtel, à moins d'avoir quelques convives de la famille royale de Saxe. Après dîner, on allait au spectacle, quand il y avait spectacle, et après le spectacle, l'empereur rentrait dans son cabinet pour travailler encore, seul, ou avec ses secrétaires.

C'était tous les jours la même chose, à moins que, et le cas était fort rare, à moins que, fatigué outre mesure du travail de la journée, il prît fantaisie à Sa Majesté de faire venir mademoiselle G...... après la tragédie. Alors elle passait deux ou trois heures dans son appartement, mais jamais davantage.

Il arrivait aussi quelquefois à l'empereur de faire inviter à déjeuner Talma ou mademoiselle Mars. Un jour, dans une conversation qu'il eut avec cette admirable actrice, l'empereur parla de son début : « Sire, dit-elle avec la grâce que tout le monde lui connaît, j'ai commencé toute petite. Je me suis glissée sans être aperçue. — Sans être aperçue! répliqua vivement Sa Majesté; vous vous trompez. Croyez au reste, Mademoiselle, que j'ai toujours applaudi, avec toute la France, à vos rares talens. »

Le séjour de l'empereur à Dresde y répandit l'abondance et la richesse. Plus de six millions d'étrangers passèrent dans cette ville depuis le 8 mai jusqu'au 16 novembre, si l'on en croit les états publiés par l'autorité saxonne et le nombre de logemens distribués. Ce passage était une pluie d'or que ramassaient soigneusement les traiteurs, les aubergistes et les marchands. Ceux qui se chargeaient des logemens militaires, pour le compte des habitans, faisaient aussi de grands profits. On voyait à Dresde des tailleurs parisiens, des bottiers parisiens qui aidaient ceux du pays à travailler à la française; on voyait jusqu'à des décroteurs criant sur les ponts de l'Elbe, comme ils avaient crié sur ceux de la Seine : « *Cirer les bottes!* »

Autour de la ville on avait établi plusieurs camps pour les blessés, les convalescens, etc. Rien de plus gracieux à l'œil qu'un de ces camps, appelé le camp westphalien. C'était une suite de petits jardins charmans. Là, était une forteresse de gazon avec ses bastions couronnés d'hortensias. Ici, un emplacement avait été converti en plate-forme, en allées garnies de fleurs comme le parterre le mieux soigné. Sur un tertre on voyait une statue de Pallas. Toutes les baraques, revêtues de mousse, étaient chargées de branchages et de guirlandes renouvelées tous les jours.

L'armistice finissant le 15 août, on avança de cinq jours la fête de Sa Majesté. L'armée, la ville et la cour avaient fait de magnifiques préparatifs pour que les cérémonies fussent dignes de celui qui en était l'objet. Tout ce que Dresde renfermait de riche et de puissant voulut se distinguer à l'envi par des bals, des concerts, des festins, des réjouissances de toute espèce. Le matin avant l'heure de la revue, le roi de Saxe vint chez l'empereur avec toute sa famille ; et les deux souverains se firent beaucoup d'amitiés. On déjeuna ; et Sa Majesté, accompagnée du roi de Saxe, de ses frères et de ses neveux, se rendit dans la prairie derrière le palais, où l'attendaient quinze mille hommes de la garde, en tenue comme aux plus belles parades du Champ-de-Mars.

Après la revue, les troupes françaises et saxonnes se répandirent dans les églises pour entendre le *Te Deum*. La cérémonie religieuse terminée, tous ces braves allèrent s'asseoir aux banquets préparés pour eux, et les cris de joie, la musique, les danses se prolongèrent bien avant dans la nuit.

CHAPITRE XIII.

Désir de la paix. — L'honneur de nos armes réparé. — Difficultés élevées par l'empereur Alexandre. — Médiation de
l'Autriche. — Temps perdu. — Départ de Dresde. — Beauté
de l'armée française. — L'Angleterre âme de la coalition.
— Les conditions de Lunéville. — Guerre nationale en
Prusse. — Retour vers le passé. — Circonstances du séjour
à Dresde. — Le duc d'Otrante auprès de l'empereur. —
Fausses interprétations. — Souvenirs de la conspiration Mallet. — Fouché gouverneur général de l'Illyrie. — Haute
opinion de l'empereur sur les talens du duc d'Otrante. —
Dévouement du duc de Rovigo. — Arrivée du roi de Naples.
— Froideur apparente de l'empereur. — Dresde fortifié et
immensité des travaux. — Les cartes et répétition des batailles. — Notre voyage à Mayence. — Mort du duc d'A-
brantès. — Regrets de l'empereur. — Courte entrevue
avec l'impératrice. — L'empereur trois jours dans son cabinet. — Expiration de l'armistice. — La Saint-Napoléon
avancée de cinq jours. — La Comédie française et spectacle
gratis à Dresde. — La journée des dîners. — Fête chez le
général Durosnel. — Baptiste cadet et milord Bristol. —
L'infanterie française divisée en quatorze corps. — Six
grandes divisions de cavalerie. — Les gardes d'honneur. —

Composition et force des armées ennemies. — Deux étrangers contre un Français. — Fausse sécurité de l'empereur à l'égard de l'Autriche. — Déclaration de guerre. — Le comte de Narbonne.

———

TOUTE la durée de l'armistice fut employée en négociations pour arriver à la conclusion de la paix. L'empereur la souhaitait alors ardemment, surtout depuis qu'il avait vu l'honneur de ses armes réparé aux journées de Lutzen et de Bautzen. Malheureusement il la voulait à des conditions auxquelles les ennemis ne pouvaient se déterminer à consentir, et bientôt on verra commencer la seconde série de nos désastres, qui rendirent la paix de plus en plus impossible. Dailleurs, dès le commencement des négociations relatives à l'armistice dont nous touchions au terme, l'empereur Alexandre, malgré les trois batailles gagnées par l'empereur Napoléon, n'avait pas voulu écouter de propositions directes de la part de la France, mais seulement sous la condition que l'Autriche agirait comme médiatrice. Cette défiance ne pouvait être de nature à amener un rapprochement définitif: vainqueur, l'empereur devait naturellement en être irrité; cependant, dans ces graves circonstances, il était parvenu à dompter sa juste susceptibilité, à l'égard du procédé de l'empereur de Russie envers lui. Il en résulta du temps perdu à Dresde, comme il y en avait eu lors de la prolongation de notre séjour à Moscou, et, dans l'une et dans l'autre de ces circonstances, ce temps perdu pour nous profita seulement à l'ennemi.

Tout espoir d'accommodement étant donc évanoui, le 15 d'août l'empereur monta en voiture, nous quittâmes Dresde, et la guerre recommença. L'armée française était encore magnifique et imposante : elle était forte de deux cent mille hommes d'infanterie, et seulement de quarante mille hommes de cavalerie, tant il avait été impossible de réparer complétement les nombreuses pertes que nous avions faites en chevaux. Le malheur voulait alors que l'Angleterre fût l'âme de la coalition de la Russie, de la Prusse et de la Suède contre la France; ses subsides lui avaient acquis des droits; on ne voulait rien décider sans la consulter, et j'ai su depuis que, pendant que l'on faisait des simulacres de négociations, le gouvernement britannique déclara à l'empereur de Russie que, dans les circonstances où on se trouvait,e conditions de Lunéville seraient encore trop favorables pour la France. Toutes ces difficultés pou-

vaient se traduire par ces mots : « Nous voulons la
guerre! » On eut donc la guerre, ou plutôt, ce fléau
continua à désoler l'Allemagne, et bientôt menaça et
envahit la France. Je dois en outre faire observer
que ce qui contribuait à rendre notre position extrêmement critique en cas de revers, c'est que la
Prusse ne nous faisait pas seulement une guerre de
soldats, mais une guerre devenue nationale par le
soulèvement de la landwer et de la landsturm,
guerre plus dangereuse mille fois que la tactique
des armées les mieux disciplinées. À tant d'embarras se joignait la crainte, qui ne tarda pas à être
justifiée, de voir l'Autriche, de médiatrice molle
et nonchalante qu'elle était, devenir ennemie dé-
clarée.

Avant d'aller plus avant, il est à propos, ce me
semble, que je revienne sur deux ou trois circonstances que j'ai involontairement omises, et qui se
rapportent à notre séjour à Dresde, avant ce que
l'on pourrait appeler la seconde campagne de 1813.
La première de ces circonstances est l'apparition
à Dresde de M. le duc d'Otrante, que Sa Majesté y
avait mandé. On ne l'avait vu que rarement aux
Tuileries, depuis que M. le duc de Rovigo l'avait
remplacé au ministère de la police générale, et je
me rappelle que sa présence au quartier-général
surprit bien du monde, car on le croyait dans une

disgrâce complète. Ceux qui cherchent toujours à expliquer les causes des moindres événemens pensèrent que l'intention de Sa Majesté était d'opposer les moyens astucieux de la police de M. Fouché à la police, alors toute-puissante, du baron de Stein, chef avoué des sectes occultes qui se formaient de toutes parts, et que l'on regardait, non sans raison, comme le directeur de l'opinion populaire en Prusse et en Allemagne, et surtout dans les nombreuses écoles, où les étudians n'attendaient que le moment de prendre les armes. Ces conjectures sur la présence de M. Fouché à Dresde n'étaient nullement fondées. L'empereur, en l'appelant auprès de lui, avait un motif réel qu'il avait toutefois déguisé sous la forme d'un prétexte apparent. Ayant sans cesse présente à la pensée l'entreprise de Mallet, Sa Majesté avait pensé qu'il ne serait pas prudent de laisser à Paris, en son absence, un mécontent aussi influent que M. le duc d'Otrante, et je l'ai entendu plusieurs fois s'exprimer sur ce sujet d'une manière qui ne me permet pas de doute. Toutefois, pour colorer ce motif réel, l'empereur nomma M. Fouché gouverneur des provinces illyriennes, en remplacement de M. le comte Bertrand, appelé au commandement d'un corps d'armée, et qui bientôt fut appelé à succéder à l'adorable général Duroc, dans les fonctions de

grand-maréchal du Palais. Quoi qu'il en soit de
M. Fouché, c'est une chose bien certaine que peu
de personnes étaient aussi convaincues de la supériorité de ses talens pour la police que Sa Majesté
elle-même; plusieurs fois, quand il s'était passé à
Paris quelque chose d'extraordinaire, et notamment quand il eut appris la conspiration de Mallet, l'empereur, revenant le soir sur ce qui l'avait
le plus affecté dans le jour, conclut en disant:
« Cela ne serait pas arrivé si Fouché eût été mi-
» nistre de la police. » Peut-être était-ce une prévention, car certainement l'empereur n'a jamais
eu de serviteur plus fidèle et plus dévoué que M. le
duc de Rovigo, quoiqu'on ait fort plaisanté dans
Paris de sa captivité de quelques heures.

Le prince Eugène étant retourné en Italie au
commencement de la campagne, pour y organiser
une nouvelle armée, nous ne le vimes point à
Dresde; le roi de Naples, arrivé dans la nuit du
13 au 14 d'août, s'y présenta presque seul, n'ayant
plus dans la grande armée que le petit nombre de
troupes napolitaines qu'il y avait laissées lors de
son départ pour Naples.

J'étais dans la chambre de l'empereur quand le
roi de Naples y entra et le vit pour la première
fois. Je ne sus à quoi l'attribuer, mais je crus remarquer que l'empereur ne faisait pas à son beau-

frère un accueil aussi amical que par le passé. Le
prince Murat dit qu'il n'avait pu demeurer plus
long-temps tranquille à Naples, sachant que l'armée française, à laquelle il n'avait jamais cessé
d'appartenir, se battait, et qu'il ne demandait qu'à
combattre dans ses rangs. L'empereur l'emmena
avec lui à la parade, et lui donna le commandement de la garde impériale : il eût été difficile de
le confier à un chef plus intrépide. Plus tard, il
eut le commandement général de la cavalerie.

Pendant toute la durée de l'armistice, occupée
plutôt que remplie par les lentes et inutiles con-
férences du congrès de Prague, il serait impossible de se figurer tous les travaux divers auxquels
l'empereur se livrait du matin au soir, et souvent
pendant la nuit. On le voyait sans cesse couché
sur ses cartes, faisant pour ainsi dire une répétition des batailles qu'il méditait. Cependant, souvent impatienté de la lenteur des négociations, sur
l'issue desquelles il ne paraissait plus se faire d'illusion, il me dit, un peu avant la fin de juillet,
de voir si l'on avait préparé ce qui lui était nécessaire pour une excursion que nous allions faire
jusqu'à Mayence. Il y avait donné rendez-vous
à l'impératrice, qui devait y arriver le 25, de
sorte que l'empereur combina son départ de manière à y arriver peu de temps après elle. Au sur-

] lus, je ne rapporte ce voyage pour ainsi dire que comme un fait, car il ne fut signalé par aucune circonstance remarquable, si ce n'est que ce fut pendant notre excursion à Mayence que l'empereur apprit la mort du duc d'Abrantès, qui venait de succomber à Dijon aux violens accès de la maladie terrible dont il était atteint. Quoique l'empereur, sachant déjà qu'il était dans un état déplorable d'aliénation mentale, dût s'attendre à cette perte, elle ne lui fut pas moins sensible, et il donna de sincères regrets à son ancien aide-de-camp.

L'empereur ne resta que peu de jours avec l'impératrice, qu'il avait revue avec une vive satisfaction. Mais les grands intérêts de sa politique le rappelaient à Dresde; il y revint en visitant plusieurs places situées sur la route, et le 4 d'août nous étions de retour dans la capitale de la Saxe. Les Voyageurs qui n'avaient vu cette belle ville que dans un temps de paix auraient eu de la peine à la reconnaître; d'immenses travaux l'avaient métamorphosée en ville de guerre; de nombreuses batteries étaient élevées aux environs pour pouvoir dominer la rive opposée de l'Elbe. Tout prit une attitude guerrière; et les occupations de l'empereur devinrent multipliées et pressées au point qu'il resta près de trois jours sans sortir de son cabinet.

Cependant, au milieu des préparatifs de guerre, tout se disposait à célébrer, le 10 d'août, la fête de l'empereur, que l'on avait avancée de cinq jours, parce que, ainsi que je crois l'avoir fait observer, l'armistice expirait précisément le jour anniversaire de la Saint-Napoléon; et l'on peut dire qu'avec son caractère belliqueux la reprise des hostilités n'était pas pour l'empereur un bouquet de fête qu'il fût tenté de dédaigner.

Comme à Paris, il y eut à Dresde spectacle *gratis* la veille de la fête de l'empereur. Les acteurs du Théâtre-Français jouèrent deux comédies le 9 à cinq heures du soir; et cette représentation fut la dernière, la Comédie française ayant immédiatement après reçu l'ordre de retourner à Paris. Le lendemain, le roi de Saxe, accompagné de tous les princes de sa famille, se rendit à neuf heures du matin au palais Marcolini, pour y présenter ses hommages à l'empereur; ensuite il y eut grand-lever comme aux Tuileries, une revue dans laquelle l'empereur inspecta une partie de sa garde, plusieurs régimens, et quelques troupes saxonnes qui furent invitées à dîner par les troupes françaises. Ce jour-là, on aurait pu sans trop d'exagération comparer la ville de Dresde à une vaste salle à manger. En effet, pendant que Sa Majesté dinait en grand couvert au palais du roi de Saxe, où toute la famille de ce prince se trouvait réunie, tout le corps diplomàtique était assis à la table de M. le duc de Bassano; M. le baron Bignon, envoyé de France à Varsovie, traitait tous les Polonais de distinction présens à Dresde; M. le comte Daru donnait un grand dîner aux autorités françaises; le général Friant aux généraux français et saxons; et le baron de Serra, ministre de France à Dresde, aux chefs des collèges saxons. Enfin cette journée de dîners fut couronnée par un souper de près de deux cents couverts, que le général Henri Durosnel, gouverneur de Dresde, donna le soir même à la suite d'un bal magnifique dans l'hôtel de M. de Serra.

A notre retour de Mayence à Dresde, j'avais appris que la maison du général Durosnel était le lieu de rendez-vous de la haute société, tant parmi les Saxons que parmi les Français. Pendant l'absence de Sa Majesté, le général, profitant de ses loisirs, donna des fêtes, et entre autres une aux acteurs et aux actrices de la Comédie française. Je me rappelle même à ce sujet une anecdote comique que l'on me raconta alors. Sans manquer aux bienséances ni à la politesse, Baptiste cadet, me dit-on, contribua beaucoup à l'agrément de la soirée. Il s'y présenta sous le nom de milord Bristol, diplomate anglais, se rendant au congrès de Prague. Son déguisement était si vrai, son accent si naturel, et son flegme si imperturbable, que plusieurs personnes de la cour de Saxe y furent prises de la meilleure foi du monde. Cela ne m'étonna pas, et je vis par là que le talent de Baptiste cadet pour les mystifications n'avait rien perdu depuis le temps où il me divertissait si fort aux déjeuners du colonel Beauharnais. Que de choses déjà depuis cette époque !

Cependant l'empereur, voyant que rien ne pouvait plus retarder la reprise des hostilités, avait aussitôt divisé ses deux cent mille hommes d'infanterie en quatorze corps d'armée, dont le commandement fut donné aux maréchaux Victor, Ney, Marmont, Augereau, Macdonald, Oudinot, Davoust et Gouvion-Saint-Cyr *, le prince Poniatowski, et les généraux Reynier, Rapp, Lauriston, Vandamme et Bertrand. Les quarante mille hommes de cavalerie formèrent six grandes divisions sous les ordres des généraux Nansouty, Latour-Maubourg, Sébastiani, Arrighi, Milhaud et Kellermann ; et, comme je l'ai déjà dit, le roi de Na-

---

* La maréchal Gouvion-Saint-Cyr était alors le plus jeune en date des maréchaux de l'empire, ayant reçu le bâton de maréchal sur le champ de bataille pendant la campagne de Moscou, après le combat du 18 août.

ples eut le commandement de la garde impériale.
En outre on vit dans cette campagne apparaître
pour la première fois sur nos champs de bataille les
gardes d'honneur, troupe d'élite recrutée dans les
familles les plus riches et les plus considérables,
et qui s'élevait à plus de dix mille hommes séparés
en deux divisions sous le simple titre de régimens,
dont l'un était commandé par le général comte de
Pully, et l'autre, si je ne me trompe, par le général Ségur. Cette jeunesse, naguère oisive, adon-
née au repos et aux plaisirs, devint en peu de
temps une excellente cavalerie, qui se signala en
plusieurs occasions, et notamment à la bataille de
Dresde, dont j'aurai bientôt à parler.

On a vu précédemment quelle était la force de
l'armée française. L'armée combinée des alliés ennemis s'élevait à quatre cent vingt mille hommes
d'infanterie, et sa cavalerie n'était guère moindre
de cent mille chevaux, sans compter un corps d'armée de réserve de quatre-vingt mille Russes prêt
à sortir de la Pologne sous les ordres du général
Beningsen. Ainsi les soldats étrangers étaient contre les nôtres dans une proportion plus grande que
celle de deux contre un.

A cette époque de l'entrée en campagne, l'Autriche venait de se déclarer contre nous. Ce coup,
bien qu'attendu, frappa vivement l'empereur; il

s'en expliqua souvent devant toutes les personnes qui avaient l'honneur de l'approcher. M. de Metternich, ai-je entendu dire, l'en avait presque prévenu dans les dernières entrevues que ce ministre avait eues à Dresde avec Sa Majesté; mais l'empereur avait long-temps répugné à croire que l'empereur d'Autriche ferait cause commune avec les coalisés du nord contre sa fille et son petit-fils. Enfin tous les doutes furent levés par l'arrivée de M. le comte Louis de Narbonne, qui revint de Prague à Dresde, porteur de la déclaration de guerre de l'Autriche. Chacun prévit dès lors que la France compterait bientôt pour ennemis tous les pays que ses troupes n'occuperaient plus. L'événement ne justifia que trop cette prévision. Cependant tout n'était pas désespéré, et nous n'avions pas encore été obligés de prendre la défensive.

●○○○●○○○●○●○○○●○○○●○○○●○●○○○●○○○●○●○○○●○○○●○●○○○●○●○

CHAPITRE XIV.

L'empereur marchant à la conquête de la paix. — Le lendemain du départ et le champ de bataille de Bautzen. — Murat
à la tête de la garde impériale et refus des honneurs royaux.
— L'empereur à Gorlitz. — Entrevue avec le duc de Vicence. — Le gage de paix et la guerre. — Blucher en Silésie. — Violation de l'armistice par Blucher. — Le général Jomini au quartier-général de l'empereur Alexandre. —
Récit du duc de Vicence. — Première nouvelle de la présence de Moreau. — Présentation du général Jomini à Moreau. — Froideur mutuelle et jugement de l'empereur. —
Prévision de Sa Majesté sur les transfuges. — Deux traîtres.
— Changemens dans les plans de l'empereur. — Mouvemens du quartier-général. — Mission de Murat à Dresde.
— Instructions de l'empereur au général Gourgaud. —
Dresde menacée et consternation des habitans. — Rapport
du général Gourgaud. — Résolution de défendre Dresde.
— Le général Haxo envoyé auprès du général Vandamme.
— Ordres détaillés. — L'empereur sur le pont de Dresde.
— La ville rassurée par sa présence. — Belle attitude des
cuirassiers de Latour-Maubourg. — Grande bataille. —
L'empereur plus exposé qu'il ne l'avait jamais été. — L'em-
pereur mouillé jusqu'aux os. — Difficulté que j'éprouve à

le déshabiller. — Le seul accès de fièvre que j'ai vu à Sa Majesté. — Le lendemain de la victoire. — L'escorte de l'empereur brillante comme aux Tuileries. — Les grenadiers passant la nuit à nettoyer leurs armes. — Nouvelles de Paris. — Lettres qui me sont personnelles. — Le procès de Michel et de Reynier. — Départ de l'impératrice pour Cherbourg.— Attentions de l'empereur pour l'impératrice. — Soins pour la rendre populaire. — Les nouvelles substituées aux bulletins. — Lecture des journaux.

————

La guerre recommença sans que les négociations fussent précisément rompues, puisque M. le duc de Vicence était encore auprès de M. de Metternich ; aussi l'empereur, en montant à cheval, dit-il aux nombreux généraux qui l'entouraient qu'il marchait à la conquête de la paix. Mais quel espoir pouvait-on encore conserver après la déclaration de l'Autriche, et surtout quand on savait que les souverains alliés avaient sans cesse augmenté leurs prétentions à mesure que l'empereur faisait les concessions qui lui étaient demandées ? Ce fut à cinq heures de l'après-midi que l'empereur partit de Dresde, s'avançant par la route de Kœnigstein. Le lendemain, il passa la journée à

Bautzen, où il examina le champ de bataille théâtre de sa dernière victoire. Là, le roi de Naples, qui n'avait pas voulu qu'on lui rendît les honneurs royaux, vint le rejoindre à la tête de la garde impériale, dont l'aspect était aussi imposant qu'il l'avait jamais été.

Nous arrivâmes le 18 à Gorlitz, où l'empereur trouva le duc de Vicence, qui revenait de Bohême. Il confirma l'empereur dans la nouvelle que Sa Majesté avait déjà reçue à Dresde de la détermination qu'avait prise l'empereur d'Autriche de faire cause commune avec l'empereur de Russie, le roi de Prusse et la Suède contre l'époux de sa fille, de cette princesse qu'il avait donnée à l'empereur comme un gage de paix. Ce fut aussi par M. le duc de Vicence que l'empereur apprit que le général Blucher venait d'entrer en Silésie à la tête d'une armée de cent mille hommes, et que, sans respect pour les conventions les plus sacrées, il s'était emparé de Breslau la veille du jour fixé pour la rupture de l'armistice; que ce même jour le général Jomini, Suisse de naissance, mais tout à l'heure encore au service de France, et chef d'état-major du maréchal Ney, comblé des bontés de l'empereur, venait de déserter son poste pour se rendre au quartier-général de l'empereur Alexan-

dre, qui l'avait accueilli avec toutes les démons-
trations d'une vive satisfaction.

Le duc de Vicence entra dans quelques détails
sur cette désertion, qui parut affliger Sa Majesté
plus que toutes les autres nouvelles. Il lui dit, entre
autres choses, que lorsque le général Jomini était
arrivé en présence d'Alexandre, il avait trouvé ce
monarque entouré de chefs, parmi lesquels on dé-
signait le général Moreau; et ce fut alors que l'empereur reçut la première nouvelle de la présence
de Moreau au quartier-général ennemi. M. le duc
de Vicence ajouta que l'empereur Alexandre avait
présenté le général Jomini à Moreau, que celui-ci
l'avait salué froidement, et que Jomini n'avait répondu à ce salut que par une simple inclinaison
de tête, après quoi il s'était retiré sans dire un seul
mot, et que tout le reste de la soirée il était resté
triste et silencieux dans un coin du salon opposé
à celui où se tenait Moreau. Cette froideur n'avait
point échappé à l'empereur Alexandre; aussi le
lendemain à son lever, interpellant l'ex-chef d'état-
major du maréchal Ney : « Général Jomini, lui
dit-il, d'où vient ce qui s'est passé hier? Il aurait
dû, ce me semble, vous être agréable de rencontrer le général Moreau? — Partout ailleurs, Sire.
— Comment? — Si j'étais né Français, comme le
général, je ne serais pas aujourd'hui dans le camp

de Votre Majesté. » M. le duc de Vicence ayant ainsi terminé son rapport à l'empereur, Sa Majesté dit avec un sourire amer : « Je suis sûr que ce misérable Jomini croit avoir fait une belle action! Ah! Caulaincourt, ce sont les transfuges qui me perdront! » Peut-être Moreau, en accueillant lui-même le général Jomini avec froideur, avait-il pensé que s'il eût servi encore dans l'armée française, il n'aurait pas trahi les armes à la main ; et, après tout, ce n'est point une chose hors de nature que de voir deux traîtres rougir l'un de l'autre, se faire en même temps illusion sur leur propre trahison, et sans penser que le sentiment qu'ils éprouvent est en même temps celui qu'ils inspirent.

Quoi qu'il en soit, les nouvelles que M. de Caulaincourt donna à l'empereur lui firent faire quelques changemens dans la disposition de ses plans de campagne. Sa Majesté renonça effectivement à se porter de sa personne sur Berlin, ainsi qu'elle avait témoigné l'intention de le faire. L'empereur, reconnaissant la nécessité de savoir avant tout à quoi s'en tenir sur la marche de la grande armée autrichienne, commandée par le prince de Schwartzenberg, pénétra en Bohême ; mais, apprenant par les coureurs de l'armée et par les espions que quatre-vingt mille Russes étaient restés du côté op-

posé, avec un corps considérable de l'armée autrichienne, il revint sur ses pas après quelques
engagemens où sa présence décida de la victoire,
et le 24 nous nous trouvâmes de nouveau à
Bautzen. Sa Majesté envoya de cette résidence
le roi de Naples à Dresde pour rassurer le roi
de Saxe et les habitans de Dresde, qui savaient
l'ennemi aux portes de leur ville. L'empereur leur
faisait donner l'assurance que les forces ennemies
n'y entreraient pas, puisqu'il était revenu pour en
défendre les approches, les engageant toutefois à
ne pas se laisser intimider par un coup de main
que pourraient tenter quelques détachemens isolés. Murat arriva à propos, car nous apprîmes plus
tard qu'alors la consternation était générale dans
la ville ; mais tel était le prestige attaché aux promesses de l'empereur, que chacun reprit courage
en apprenant sa présence.

Tandis que le roi de Naples remplissait cette
mission, le colonel Gourgaud fut appelé pendant
la matinée dans la tente de l'empereur, où je me
trouvais alors. « Je serai demain sur la route de
Pirna, lui dit Sa Majesté ; mais je m'arrêterai à
Stolpen. Vous, courez à Dresde ; allez ventre à
terre ; soyez-y cette nuit. Voyez, en arrivant, le
roi de Naples, Durosnel, le duc de Bassano, le
maréchal Gouvion : rassurez-les tous. Voyez aussi

le ministre saxon de Gersdorf; dites-lui que vous ne pouvez pas voir le roi, parce que vous partez tout de suite, mais que je puis demain faire entrer quarante mille hommes dans Dresde, et que je suis en mesure d'arriver avec toute l'armée. Au jour, vous irez chez le commandant du génie; vous visiterez les redoutes et l'enceinte de la ville; et quand vous aurez bien vu, vous reviendrez au plus vite me retrouver à Stolpen. Rapportez-moi 'le véritable état des choses, ainsi que l'opinion du maréchal Saint-Cyr et du duc de Bassano : allez. » Le colonel partit sur-le-champ au grand galop, n'ayant encore rien pris de la journée.

Le lendemain, à onze heures du soir, le colonel Gourgaud était de retour auprès de l'empereur, après avoir rempli toutes les conditions de sa mission. Cependant l'armée des alliés était descendue dans la plaine de Dresde, et déjà quelques attaques avaient été dirigées sur les postes avancés. Il résulta des renseignemens donnés par le colonel qu'à l'arrivée du roi de Naples, la ville, dans la plus grande consternation, n'avait d'espoir que dans l'empereur. Déjà, en effet, des hordes de cosaques étaient en vue des faubourgs qu'ils menaçaient, et leur apparition avait contraint les habitans de ces faubourgs à chercher un refuge dans l'intérieur de la ville. « En sortant, disait le colonel Gourgaud, j'ai vu un village en flammes à une demi-lieue des grands jardins, et le maréchal Gouvion-Saint-Cyr se disposait à évacuer cette position. — Mais enfin, dit vivement l'empereur, quel est l'avis du duc de Bassano? — Sire, M. le duc de Bassano ne pense pas qu'on puisse tenir encore vingt-quatre heures. — Et vous? — Moi, Sire?.... Je pense que Dresde sera pris demain, si Votre Majesté n'est pas là. — Puis-je compter sur ce que vous me dites? — Sire, j'en réponds sur ma tête. »

Alors Sa Majesté fait venir le général Haxo, et lui dit, le doigt sur la carte : « Vandamme s'avance par Pirna au delà de l'Elbe. L'empressement de l'ennemi à s'enfoncer jusqu'à Dresde a été extrême; Vandamme va se trouver sur ses derrières. J'avais le projet de soutenir son mouvement avec toute l'armée; mais le sort de Dresde m'inquiète, et je ne veux pas sacrifier cette ville. Je puis m'y rendre en quelques heures, et je vais le faire, quoiqu'il m'en coûte beaucoup d'abandonner un plan qui, bien exécuté, pouvait me fournir les moyens d'en finir tout d'un coup avec les alliés. Heureusement Vandamme est encore en forces suffisantes pour suppléer au mouvement général par des attaques partielles, et qui tourmenteront l'ennemi. Dites-lui donc qu'il se porte de Pirna sur Ghiesubel, qu'il gagne les défilés de Peterswalde, et que, retranché dans ce poste inexpugnable, il attende le résultat de ce qui va se passer sous les murs de Dresde. *C'est à lui que je réserve le soin de ramasser l'épée des vaincus.* Mais il faut du sang-froid, et ne pas s'occuper de la cohue que feront les fuyards. Expliquez bien au général Vandamme ce que j'attends de lui. Jamais il n'aura une occasion plus belle de gagner le bâton de maréchal. »

Le général Haxo partit à l'instant même ; l'empereur fit rentrer le colonel Gourgaud et lui dit de prendre un cheval frais et de retourner à Dresde plus vite qu'il n'en était venu, afin d'annoncer son arrivée : « La vieille garde me précédera, dit Sa Majesté, j'espère qu'ils n'auront pas peur quand ils la verront. »

Le 26 au matin, l'empereur était sur le pont de Dresde, à cheval, et commençait, au milieu des cris de joie de la jeune et de la vieille garde, les dispositions de cette bataille terrible qui dura trois jours.

Il était dix heures du matin quand les habitans de Dresde, réduits au désespoir et parlant hautement de capituler, virent arriver Sa Majesté. La scène changea tout à coup ; au plus complet découragement succéda la confiance la plus forte, surtout lorsque les fiers cuirassiers de Latour-Maubourg défilèrent sur le pont, la tête haute et les yeux fixés sur les collines avoisinantes, que les lignes ennemies couronnaient. L'empereur descendit aussitôt au palais du roi, qui se préparait à chercher un asile dans la ville neuve. L'arrivée du grand homme changea ses dispositions. Cette entrevue fut extrêmement touchante.

Je ne prétends pas entrer dans les détails de ces journées mémorables, où l'empereur se couvrit de gloire et fut exposé à plus de dangers que jamais il n'en avait couru. Pages, écuyers, aides de camp, tombaient morts autour de lui, les balles perçaient le ventre de ses chevaux, mais rien ne pouvait l'atteindre; les soldats le voyaient et redoublaient d'ardeur en redoublant de confiance et d'admiration. Je dirai seulement que le premier jour l'empereur ne rentra au château qu'à minuit, et passa toutes les heures jusqu'au jour à dicter des ordres en se promenant à grands pas; qu'à la pointe du jour il remonta à cheval par le temps le plus affreux, avec une pluie qui dura toute la journée. Le soir l'ennemi était en pleine déroute : alors l'empereur reprit le chemin du palais dans un état épouvantable. Depuis six heures du matin qu'il était à cheval, la pluie n'avait pas cessé un seul

in tint; aussi était-il si mouillé que l'on pourrait
dire sans figure que ses bottes prenaient l'eau par
le collet de son habit : elles en étaient entièrement
remplies. Son chapeau de castor très-fin était tellement déformé qu'il lui tombait sur les épaules;
son ceinturon de buffle était entièrement impré-
gné d'eau; enfin, un homme que l'on vient de retirer de la rivière n'est pas plus mouillé que l'était
l'empereur. Le roi de Saxe, qui l'attendait, le revit
dans cet état et l'embrassa comme un fils chéri
qui vient d'échapper à un grand danger; cet excellent prince avait les larmes aux yeux en pressant
contre son cœur le sauveur de sa capitale. Après
quelques mots rassurans et pleins de tendresse de
la part de l'empereur, Sa Majesté entra dans son
appartement, laissant partout des traces de l'eau
qui dégouttait de toutes les parties de ses vêtemens.
J'eus beaucoup de peine à le déshabiller. Sachant
que l'empereur aimait à se mettre dans le bain
après une journée fatigante, j'en avais fait préparer un; mais éprouvant une fatigue extraordinaire, à laquelle se joignait un mouvement de frisson très-caractérisé, Sa Majesté préféra se mettre
dans son lit, que je bassinai en toute hâte. A peine
l'empereur fut-il couché qu'il fit appeler M. le baron Fain, l'un de ses secrétaires, pour lui faire lire
sa correspondance arriérée, qui était très-volumi-

neuse. Ce fut après seulement qu'il prit son bain ;
il n'y était que depuis quelques minutes, quand il
se trouva saisi d'un malaise extraordinaire bientôt
suivi de vomissemens, ce qui l'obligea à se remettre
au lit. Alors Sa Majesté me dit : « Mon cher
Constant, un peu de repos m'est indispensable,
voyez à ce qu'on ne me réveille que pour des
choses de la plus grande importance; dites-le à
Fain. » J'obéis aux ordres de l'empereur, après
quoi je me tins dans le salon qui précédait sa chambre
à coucher, veillant avec la sévérité d'un factionnaire
à ce que personne ne le réveillât ou approchât
même de son appartement. Le lendemain
matin l'empereur sonna d'assez bonne heure, et j'entrai
immédiatement dans sa chambre, inquiet de
savoir comment il aurait passé la nuit. Je trouvai
l'empereur presque entièrement remis et fort gai ;
il me dit cependant qu'il avait eu un mouvement
de fièvre assez fort, et je dois dire que ce fut à ma
connaissance la seule fois que l'empereur ait eu la
fièvre, car, pendant tout le temps que j'ai été auprès
de lui, je ne l'ai jamais vu assez malade pour
garder le lit seulement pendant vingt-quatre heures.
Il se leva à son heure ordinaire. Quand il descendit,
l'empereur éprouva une vive satisfaction, causée
par la bonne tenue du bataillon de service.
Ces braves grenadiers, qui la veille lui avaient servi

d'escorte, étaient rentrés à Dresde avec lui dans l'état le plus·pitoyable : dès le matin nous les vîmes rangés dans la cour du palais, en tenue magnifique, et portant leurs armes brillantes comme en un jour de parade sur la place du Carrousel. Ces braves avaient passé la nuit à se nettoyer et à se sécher autour de grands feux qu'ils avaient allumés à cet effet, ayant ainsi préféré au ,sommeil et au repos· dont ils devaient pourtant avoir grand besoin, la satisfaction de se présenter en bonne tenue aux· regards de leur empereur. Un mot d'approbation les . payait de leurs fatigues, et l'on peut dire que jamais chef militaire n'a été autant aimé du soldat que l'était Sa Majesté.

Le dernier courrier arrivé de Paris à Dresde, et dont les dépêches furent lues, comme je l'ai dit, à l'empereur, était porteur·de plusieurs lettres pour moi, tant de ma famille que de deux ou trois de mes amis; et tous ceux qui, dans quelque grade ou dans quelque emploi que ce soit, ont suivi Sa Majesté dans ses campagnes, savent combien étaient précieuses les nouvelles que l'on recevait des siens. On m'y parlait, je me rappelle, d'un procès fameux, débattu alors devant la cour d'assises entre le banquier Michel et Reynier. Cette affaire scandaleuse faisait tant de bruit dans la capitale, qu'elle parta-

geait presque avec les nouvelles de l'armée l'intérêt et l'attention du public. On me parlait aussi
du voyage que l'impératrice était sur le point de
faire à Cherbourg, pour assister à la rupture des
digues et à l'envahissement du port par les eaux
de la mer. Ce voyage, comme on peut bien le penser, avait été conseillé par l'empereur, qui cherchait toutes les occasions de mettre l'impératrice en
évidence et de lui faire faire des actes de souveraineté comme régente de l'empire. Elle convo-
quait et présidait le conseil des ministres, et j'ai
vu plus d'une fois l'empereur se féliciter, depuis
la déclaration de guerre de l'Autriche, de ce que
sa Louise, comme il l'appelait, était tout entière
aux intérêts de la France, et n'avait plus d'Autrichien que sa naissance; aussi lui laissait-il la satisfaction de faire publier elle-même et en son nom
toutes les nouvelles officielles de l'armée; on ne
rédigeait plus de bulletins; les nouvelles lui étaient
transmises toutes rédigées; et nul doute que ce ne
fût de la part de Sa Majesté une attention pour
rendre l'impératrice régente plus populaire, en
la prenant pour l'intermédiaire des communications du gouvernement au public. Au surplus, il
est de toute vérité que nous, qui étions sur les lieux,
si nous étions immédiatement instruits du gain
d'une bataille ou d'un échec malheureux, nous ne

connaissions bien souvent l'ensemble des opérations des différens corps manœuvrant sur une ligne
immense que par les journaux de Paris; on peut
donc se figurer combien nous étions tous avides
de les lire.

⁂⁂

CHAPITRE XV.

Prodiges de valeur du roi de Naples. — Sa beauté sur un champ de bataille. — Effet produit par sa présence. — Son portrait. — Le cheval du roi de Naples. — Eloges donnés au roi de Naples par l'empereur. — Prudence progressive de quelques généraux. — L'empereur sur le champ de bataille de Dresde. — Humanité envers les blessés et secours aux pauvres paysans. — Personnage important blessé à l'état-major ennemi.—Détails donnés à l'empereur par un paysan. — Le prince de Schwartzenberg cru mort. — Paroles de Sa Majesté. — Fatalisme et souvenir du bal de Paris. — L'empereur détrompé. — Inscription sur le collier d'un chien envoyé au prince de Neufchâtel. — *J'appartiens au général Moreau.* — Mort de Moreau. — Détails sur ses derniers momens donnés par son valet de chambre. — Le boulet rendu. — Résolution reprise de marcher sur Berlin. — Fatale nouvelle et catastrophe du général Vandamme. — Beau mot de l'empereur. — Résignation pénible de Sa Majesté. — Départ définitif de Dresde. — Le maréchal Saint-Cyr. — Le roi de Saxe et sa famille accompagnant l'empereur. — Exhortation aux troupes saxonnes. — Enthousiasme et trahison. — Le château de Düben. — Projets de l'empereur connus de l'armée. — Les temps bien changés. — Mécontentement des généraux hautement exprimé. — Défection des Bavarois et surcroît de découragement. — Tristesse du séjour de Düben. — Deux jours de solitude et d'indécision. — Oisiveté apathique de l'empereur. — L'empereur cédant aux généraux. — Départ pour Leipzig. — Joie générale dans l'état-major. — Le maréchal Augereau seul de l'avis de l'empereur. — Espérances de l'empereur déçues. — Résolution des alliés de ne combattre qu'où n'est pas l'empereur. — Court séjour à Leipzig. — Proclamations du prince royal de Suède aux Saxons. — M. Moldrecht et clémence de l'empereur. — M. Leborgne d'Ideville. — Leipzig centre de la guerre. — Trois ennemis contre un Français. — Deux cent mille coups de canon en cinq jours. — Munitions épuisées. — La retraite ordonnée. — L'empereur et le prince Poniatowski. — Indignation du roi de Saxe contre ses troupes et consolations données par l'empereur. — Danger imminent de Sa Majesté. — Derniers et touchans adieux des deux souverains.

———

Pendant la seconde journée de la bataille de Dresde, celle à la suite de laquelle l'empereur éprouva l'accès de fièvre dont j'ai parlé dans le chapitre précédent, le roi de Naples, ou plutôt le maréchal Murat avait fait des prodiges de valeur. On a beaucoup parlé de ce prince vraiment extraordinaire ; mais ceux-là seulement qui l'ont vu personnellement peuvent s'en faire une idée exacte, encore ne le connaissent-ils qu'imparfaitement s'ils ne l'ont pas vu sur un champ de bataille. Il était là comme ces grands acteurs qui produisent une illusion complète, au milieu des prestiges de la scène, et chez lesquels on ne retrouve pas le héros quand on les rencontre dans la vie privée. Lorsqu'à Paris j'assistais à une représentation de *la Mort d'Hector* de Luce de Lancival, je n'entendais jamais réciter les vers où l'auteur peint l'effet produit sur l'armée troyenne par l'apparition d'Achille sans penser au prince Murat, et l'on peut dire sans exagération que sa présence produisait le même effet, aussitôt qu'il se montrait au devant des lignes autrichiennes. Etant naturellement d'une taille presque gigantesque, qui aurait suffi pour le faire remarquer, il cherchait en outre tous les moyens possibles d'attirer sur lui les regards, comme s'il eût voulu éblouir ceux qui auraient eu l'intention de le frapper. Sa figure régulière et fortement caractérisée, ses beaux yeux bleus roulant dans leur orbite, d'énormes favoris, et ses cheveux noirs retombant en longues boucles sur le collet d'un *kurtka* à manches étroites, étonnaient d'abord ; ajoutez à cela le costume le plus riche et le plus élégant que jamais on se soit

avisé de porter même au théâtre : un habit polonais, brodé de la manière la plus brillante, et
serré d'une ceinture dorée à laquelle pendait le
fourreau d'un sabre léger, à lame droite et pointue
seulement, sans tranchant et sans garde ; un pan-
talon large, amaranthe, brodé en or sur les coutu-
res, et des bottines de nankin : un grand chapeau
brodé en or, à franges de plumes blanches, et
surmonté de quatre grandes plumes d'autruche, au
milieu desquelles s'élevait une magnifique aigrette
de héron. Enfin, le cheval du roi, toujours choisi
parmi les plus forts et les plus grands que l'on
pût trouver, était couvert d'une housse traînante
bleu de ciel, magnifiquement brodée, et maintenue
par une selle de forme hongroise ou turque, d'un
travail précieux, et qu'accompagnaient une bride
et des étriers dont la richesse ne le cédait en rien
au reste de l'équipement. Toutes ces choses réunies
faisaient du roi de Naples un être à part ; objet de
terreur et d'admiration. Mais ce qui, pour ainsi
dire, l'*idéalisait*, c'était une bravoure vraiment
chevaleresque et souvent poussée jusqu'à la témérité, comme si le danger n'eût pas dû exister pour
lui. Au surplus, cette témérité était loin de dé-
plaire à l'empereur ; sans peut-être en approuver
toujours l'emploi, Sa Majesté négligeait rarement
d'en faire l'éloge, lorsque surtout elle croyait néces-

saire de l'opposer à la prudence progressive de quelques-uns de ses anciens compagnons d'armes.

Dans la journée du 28, l'empereur visita le champ de bataille, qui présentait le spectacle le plus affreux; il donna des ordres pour qu'on adoucît autant qu'il serait possible les souffrances des blessés, et celles des habitans, des paysans dont on avait ravagé, pillé, brûlé les champs et les maisons, puis il se porta sur des hauteurs d'où ses regards pouvaient suivre la marche de retraite de l'ennemi. Presque tout le service l'avait suivi dans cette excursion. On lui amena un paysan de Nothlitz, petit village où l'empereur Alexandre et le roi de Prusse avaient eu leur quartier-général les deux jours précédens. Ce paysan, interrogé par le duc de Vicence, dit qu'il avait vu amener à Nothlitz un grand personnage blessé la veille au milieu de l'état-major des alliés; il était à cheval à côté de l'empereur de Russie au moment où il avait reçu le coup, et l'empereur de Russie paraissait prendre à son sort le plus vif intérêt. On l'avait porté au quartier-général de Nothlitz, sur des piques de cosaques mises en travers; on n'avait trouvé pour le couvrir qu'un manteau traversé par la pluie. Arrivé à Nothlitz, le chirurgien de l'empereur Alexandre était venu lui faire l'amputation, et l'avait fait transporter sur une chaise longue à

Dippodiswalde, escorté par plusieurs détachemens autrichiens, prussiens et russes.

En apprenant ces détails, l'empereur se persuada qu'il s'agissait du prince de Schwartzenberg : « C'était un brave homme, dit-il, et je le regrette...» Puis après une pause silencieuse : « C'est donc lui, reprit Sa Majesté, qui purge la fatalité ! J'ai toujours eu sur le cœur l'événement du bal, comme un présage sinistre.... Il est bien évident, maintenant, que c'est à lui que le présage s'adressait. »

Cependant, tandis que l'empereur se livrait de la sorte à ses conjectures, et rappelait ses anciens pressentimens, on interrogea des prisonniers qui furent amenés devant Sa Majesté, et elle apprit par leurs rapports que le prince de Schwartzenberg n'avait point été blessé, qu'il se portait bien, et que c'était lui qui dirigeait la retraite de la grande armée autrichienne. Quel était donc le personnage important frappé par un boulet français ? Les conjectures recommençaient sur ce point, quand le prince de Neufchâtel reçut de la part du roi de Saxe un collier détaché du cou d'un chien égaré, que l'on avait trouvé à Nothlitz ; sur le collier étaient écrits ces mots : J'APPARTIENS AU GÉNÉRAL MOREAU. Ce n'était encore qu'un indice, mais bientôt arrivèrent de nombreux renseignemens qui tous confirmèrent les soupçons qu'il avait fait naître.

Ainsi, Moreau reçut la mort la première fois qu'il porta les armes contre sa patrie, lui qui avait si souvent affronté impunément les boulets ennemis. L'histoire l'a jugé sans retour ; cependant, malgré l'inimitié qui les divisait depuis long-temps, je puis assurer que l'empereur n'apprit pas sans émotion la mort du général Moreau, tout indigné qu'il était de penser qu'un général français aussi célèbre eût pu s'armer contre la France et arborer la cocarde russe.

Cette mort inopinée produisit beaucoup d'effet dans les deux camps. Nos soldats y voyaient une juste punition du ciel, et un présage favorable à l'empereur. Quoi qu'il en soit, voici quelques détails qui vinrent peu de temps après à ma connaissance, tels qu'ils ont été racontés par le valet de chambre du général Moreau.

Les trois souverains de Russie, d'Autriche et de Prusse avaient assisté le 27 à la bataille sur la hauteur de Nothlitz, d'où ils s'étaient retirés aussitôt qu'ils eurent vus que la bataille était perdue pour eux. Ce même jour, le général Moreau a été blessé par un boulet de canon, auprès des retranchemens établis devant Dresde. Vers quatre heures de l'après-midi, on le transporta à Nothlitz !

dans la maison de campagne d'un négociant nommé
Salir, chez lequel les empereurs de Russie et d'Autriche avaient établi leur quartier-général. On fit
au général l'amputation des deux jambes au-des-
sous du genou. Après l'amputation, il demanda quelque chose à manger et une tasse de thé : on lui présenta trois œufs sur le plat et du thé, mais il ne
prit que le thé. Vers sept heures, on le plaça sur
un brancard, et on le transporta le soir même à
Passendorf. Des soldats russes le portaient. Il passa
la nuit dans la maison de campagne de M. Tritschier,
grand-maitre des forêts. Là, il ne prit qu'une nouvelle tasse de thé, et se plaignait beaucoup des
souffrances qu'il éprouvait. Le lendemain, 28 août,
à quatre heures du matin, il fut transporté,
toujours par des soldats russes, de Passendorf à
Dippodiswalde, où il prit un peu de pain blanc
et un verre de limonade chez un boulanger nommé
Watz. Une heure après, on le conduisit plus près
des frontières de la Bohême. Des soldats russes le
portaient dans une caisse de carrosse séparée du
train. Dans ce trajet, il ne cessait de pousser des
cris que lui arrachait la vivacité de ses douleurs.

Tels sont les détails que j'appris alors sur la catastrophe de Moreau, et l'on sait assez que ce général ne survécut pas long-temps à sa blessure. Le
même boulet qui lui avait brisé les deux jambes

emporta un bras au prince Ipsilanti, alors aide-de-
camp de l'empereur Alexandre; de sorte que, si
le mal que l'on fait pouvait réparer le mal que l'on
éprouve, on pourrait dire que le coup de canon
qui nous enleva le général Kirschner et le maréchal Duroc fut ce jour-là renvoyé à l'ennemi;
mais, hélas! ce sont de tristes consolations que
celles que l'on tire des représailles.

On a vu par ce qui précède, et surtout par le gain
qui paraissait décisif de la bataille de Dresde, que
depuis la reprise des hostilités, partout où nos
troupes avaient été soutenues par la présence toute-
puissante de l'empereur, elles n'avaient remporté
que des avantages; mais, malheureusement, il n'en
fut pas de même sur quelques points éloignés de
la ligne d'opérations. Cependant, voyant les alliés
en déroute devant l'armée qu'elle commandait en
personne, sûre, d'ailleurs, que le général Vandamme
aurait conservé la position qu'elle lui avait fait indiquer par le général Haxo, Sa Majesté revint à sa
première idée de marcher sur Berlin; déjà même
elle ordonnait des dispositions en conséquence,
quand la fatale nouvelle arriva que Vandamme,
victime de sa témérité, avait disparu du champ de
bataille, et que ses dix mille hommes, enveloppés
de toutes parts et accablés par le nombre, avaient
été taillés en pièces. On crut Vandamme mort, et

ce ne fut que par des nouvelles postérieures que l'on sut qu'il avait été fait prisonnier avec une partie de ses troupes. On apprit aussi que Vandamme, emporté par son intrépidité naturelle, n'ayant pu résister au désir d'attaquer un ennemi qu'il voyait à sa portée, avait quitté ses défilés pour combattre. Il avait vaincu d'abord, mais quand, après la victoire, il avait voulu reprendre sa position, il la trouva occupée par les Prussiens, qui s'en étaient emparés. Alors il se livra tout entier au désespoir, mais ce fut inutilement, et le général Kleist, fier de ce beau trophée, le conduisait en triomphe à Prague. Ce fut en parlant de l'audacieuse tentative de Vandamme que l'empereur se servit de cette expression, que l'on a si justement admirée : « A un ennemi qui fuit, il faut faire un pont d'or, ou opposer un mur d'acier. »

L'empereur entendit avec son calme accoutumé le détail des pertes qu'il venait d'éprouver. Cependant ses paroles exprimèrent à plusieurs reprises l'étonnement que lui causait la déplorable témérité de Vandamme; il ne pouvait revenir de ce que ce général expérimenté s'était laissé entraîner hors de sa position. Mais le mal était fait, et, en pareil cas, l'empereur ne se perdait jamais en vaines récriminations. « Allons, dit-il en s'adressant à M. le duc de Bassano; vous venez d'entendre.... Voilà la guerre! bien haut le matin et bien bas le soir. »

Après divers ordres donnés à l'armée et à ses chefs, l'empereur quitta Dresde le 3 de septembre au soir, pour essayer de regagner ce qu'avait perdu l'audacieuse imprudence du général Vandamme. Mais cet échec, le premier que nous eussions éprouvé depuis la reprise des hostilités, devint comme le signal de la longue série de revers qui nous attendait. On aurait dit que la victoire, faisant en notre faveur un dernier effort à Dresde, s'était enfin lassée; le reste de la campagne ne fut qu'une suite de désastres, aggravés par des trahisons de tous genres, et qui se terminèrent par l'horrible catastrophe de Leipzig. Déjà, avant de quitter Dresde, on avait appris la désertion à l'ennemi d'un régiment westphalien, avec armes et bagages.

L'empereur laissa dans Dresde le maréchal Saint-Cyr avec trente mille hommes, et l'ordre d'y tenir jusqu'à la dernière extrémité; l'empereur voulait conserver cette capitale à tout prix. Le mois de septembre se passa en marches et en contre-marches autour de cette ville, sans événemens d'une importance décisive; hélas! l'empereur ne devait plus revoir la garnison de Dresde. Les circonstances, devenues plus difficiles, commandaient impérieu-

sement à Sa Majesté d'opposer un prompt obstacle
aux progrès des alliés. Le roi de Saxe, rare mo-
dèle de fidélité parmi les rois, voulut accompagner l'empereur; il monta en voiture avec la reine
et la princesse Augusta, sous l'escorte du grand
quartier-général. Deux jours après son départ, eut
lieu à Eilenbourg, sur les bords de la Mulda, la
jonction des troupes saxonnes avec l'armée française. L'empereur exhorta ces alliés, qu'il devait
croire fidèles, à soutenir l'indépendance de leur
patrie. Il leur montra la Prusse menaçant la Saxe
et convoitant ses plus belles provinces; leur rappela les proclamations de leur souverain, son digne
et fidèle allié; puis, enfin, leur parlant au nom de
l'honneur militaire, il les somma en terminant de le
prendre toujours pour guide et de se montrer les
dignes émules des soldats de la grande armée, avec
lesquels ils faisaient cause commune et auprès desquels ils allaient combattre. Les paroles de l'empereur furent traduites et répétées aux Saxons
par M. le duc de Vicence. Ce langage, dans la
bouche de celui qu'ils regardaient comme l'ami de
leur souverain, comme le sauveur de leur capitale, parut produire sur eux une profonde impression. On se mit donc en marche avec confiance,
loin de prévoir la défection prochaine de ces mêmes hommes, qui tant de fois avaient salué l'em-

pereur de leurs cris d'enthousiasme en jurant de combattre jusqu'à la mort plutôt que de l'abandonner jamais.

Le projet de Sa Majesté était alors de tomber sur Blucher et sur le prince royal de Suède, dont l'armée française n'était séparée que par une rivière. Nous quittâmes donc Eilenbourg, l'empereur laissant dans cette résidence le roi de Saxe et sa famille, M. le duc de Bassano, le grand parc d'artillerie, tous les équipages, et nous nous dirigeâmes sur Düben. Blucher et Bernadotte s'étaient retirés laissant Berlin à découvert. Alors les plans de l'empereur furent connus : on sut que c'était sur Berlin et non sur Leipzig qu'il se dirigeait, et que Düben n'était qu'un lieu de jonction, d'où les divers corps qui s'y trouvaient réunis devaient marcher ensemble sur la capitale de la Prusse, dont l'empereur s'était déjà emparé deux fois.

Le temps était malheureusement passé où la seule indication des intentions de l'empereur était regardée comme un signal de victoire; les chefs de l'armée, jusqu'alors soumis, commençaient à réfléchir et se permettaient même de désapprouver des projets dont l'exécution les effrayait. Quand on connut dans l'armée l'intention de l'empereur, de marcher sur Berlin, ce fut le signal d'un mécontentement presque général; les généraux qui avaient échappé aux désastres de Moscou et aux dangers de la double campagne d'Allemagne étaient fatigués, et peut-être pressés de jouir de leur fortune et de goûter enfin du repos dans le sein de leur famille. Quelques-uns allaient jusqu'à accuser l'empereur de vouloir traîner la guerre en longueur : « N'en a-t-on pas assez tué? disaient-ils, faut-il donc que nous y restions tous? » Et ces plaintes ne se bornaient pas à des confidences secrètes, on les proférait publiquement, souvent même assez haut pour qu'elles vinssent jusqu'aux oreilles de l'empereur; mais, en pareil cas, Sa Majesté savait ne·pas entendre.

Ce fut au milieu de cette disposition douteuse d'un nombre considérable des chefs de l'armée que l'on apprit la défection de la Bavière. Cette défection ajouta une nouvelle force aux inquiétudes et aux mécontentemens nés de la résolution de l'empereur; on vit alors ce que l'on n'avait pas encore vu, son état major en corps se réunir, le supplier d'abandonner ses plans sur Berlin et de marcher sur Leipzig. Je vis combien l'âme de l'empereur souffrit de la nécessité d'écouter de pareilles remontrances.

Malgré les formes respectueuses dont elles étaient enveloppées, deux jours entiers Sa Majesté resta indécise; et que ces quarante-huit heures furent longues! Jamais bivouac ni cabane abandonnée ne fut plus triste que le triste château de Düben. Dans cette lamentable résidence, je vis pour la première fois l'empereur complétement désœuvré; l'indécision à laquelle il était en proie le tenait tellement absorbé, qu'il aurait été impossible de le reconnaître. Qui le croirait? à cette activité qui le poussait, qui, pour ainsi dire, le dévorait sans cesse, avait succédé une nonchalance apparente, dont on ne peut se faire une idée. Je le vis, pendant presque toute une journée, couché sur un canapé, ayant devant lui une table couverte de cartes et de papiers qu'il ne regardait pas, sans autre occupation pendant des heures entières que de tracer lentement de grosses lettres sur des feuilles de papier blanc. C'est qu'alors sa pensée flottait entre sa propre volonté et les supplications de ses généraux. Après deux jours de la plus douloureuse anxiété, il céda, et dès lors tout fut perdu. Plût à Dieu qu'il n'eût point écouté leurs plaintes, et que cette fois encore il eût obéi au pressentiment qui le dominait! et combien de fois répéta-t-il avec douleur, en pensant à la concession qu'il fit alors: « J'aurais évité bien des désastres en suivant tou- » jours ma première impulsion. Je n'ai failli qu'en » cédant à celles d'autrui. »

L'ordre du départ fut donné. Alors, comme si l'armée eût été plus fière d'avoir triomphé de la volonté de son empereur que de battre l'ennemi sous l'empire de ses hautes prévisions, on se livra aux accès d'une joie presque immodérée. Tous les visages étaient rayonnans : « Nous allons, répétait-on de toutes parts, nous allons revoir la France, embrasser nos enfans, nos parens, nos amis ! » L'empereur, et seul avec lui le maréchal Augereau, ne partageait pas l'allégresse générale. M. le duc de Castiglione venait d'arriver au quartier-général, après avoir vengé en partie sur l'armée de Bohême la défaite de Vandamme ; il était frappé comme l'empereur de noirs pressentimens sur les suites de ce mouvement rétrograde, il savait que les défections allaient échelonner sur la route des ennemis, d'autant plus dangereux que la veille encore ils étaient nos alliés et connaissaient nos positions. Quant à Sa Majesté, elle céda avec la conviction du mal qui en résulterait, et je l'entendis terminer un entretien de plus d'une heure qu'elle venait d'avoir avec le maréchal par ces mots, qu'elle prononça comme une sentence de malheur : « Ils l'ont voulu !... »

L'empereur, en se dirigeant sur Düben, était à la tête d'une force que l'on pouvait évaluer à cent

vingt-cinq mille hommes; il avait pris cette direction dans l'espoir de trouver encore Blucher sur la
Mulda; mais le général prussien avait repassé cette
rivière, ce qui contribua beaucoup à accréditer un
bruit qui s'était répandu depuis quelque temps :
on disait que dans un conseil des souverains alliés,
tenu précédemment à Prague, et auquel avaient
assisté Moreau et le prince royal de Suède, il avait
été convenu que l'on éviterait autant que possible
l'engagement d'une bataille, partout où l'empereur
commanderait son armée en personne, et que les
opérations seraient seulement dirigées contre les
corps commandés par ses lieutenans. Il était impossible, sans doute, de rendre un hommage plus
éclatant à la supériorité du génie de l'empereur;
mais c'était en même temps l'enchaîner dans sa
gloire, et paralyser son action ordinairement toute-
puissante.

Quoi qu'il en soit, le mauvais génie de la France
l'ayant emporté sur le bon génie de l'empereur,
nous prîmes la route de Leipzig, et nous y arrivâmes le 15 d'octobre de grand matin. En ce moment le roi de Naples était aux prises avec le prince
de Schwartzenberg, et Sa Majesté ayant entendu
le bruit du canon, ne fit que traverser la ville et
alla visiter la plaine où l'action paraissait vivement

engagée. A son retour, il reçut la famille royale de Saxe, qui était venue le rejoindre.

Pendant son court séjour à Leipzig, l'empereur fit un acte de clémence que l'on jugera sans doute bien méritoire, si l'on veut se reporter à la gravité des circonstances où nous nous trouvions. Un négociant de cette ville, nommé Moldrecht, fut accusé et convaincu d'avoir distribué parmi les habitans, et jusque dans l'armée, plusieurs milliers d'exemplaires d'une proclamation dans laquelle le prince royal de Suède invitait les Saxons à déserter la cause de l'empereur. Traduit devant un conseil de guerre, M. Moldrecht ne put se justifier; et comment l'aurait-il fait, puisqu'on avait trouvé chez lui plusieurs paquets de la fatale proclamation? Il fut condamné à mort. Sa famille tout éplorée fut se jeter aux pieds du roi de Saxe; mais les faits étaient si évidens et d'une nature telle que toute excuse était impossible, et le fidèle roi n'osa se livrer à l'indulgence pour un crime commis encore plus envers son allié qu'envers lui-même. Une seule ressource restait à cette malheureuse famille, c'était de s'adresser à l'empereur; mais il était difficile d'arriver jusqu'à lui. M. Leborgne d'Ideville, secrétaire interprète, voulut bien se charger de déposer une note sur le bureau de l'empereur. Sa Majesté l'ayant lue, ordonna un sursis, ce qui équivalait àune grâce plénière. Les événemens suivirent leur cours, et M. Moldrecht fut sauvé.

Leipzig, à cette époque, était le centre d'un cercle où l'on se battait sur plusieurs points, et presque sans interruption. Les combats continuèrent pendant les journées du 16 et du 17, et, le 18; Sa Majesté, mal récompensée de sa clémence envers M. Moldrecht, recueillit les tristes fruits de la proclamation répandue par les soins de ce négociant. Ce jour-là, l'armée saxonne déserta notre cause, et alla se rendre à Bernadotte. Il ne restait plus à l'empereur que cent dix mille hommes, en ayant contre lui trois cent trente mille, de sorte que, si, lors de la reprise des hostilités, nous étions déjà seulement un contre deux, nous n'étions plus alors qu'un contre trois. La journée du 18 fut, comme l'on sait, le jour fatal. Le soir, l'empereur assis sur un pliant de maroquin rouge au milieu des feux du bivouac, dictait au prince de Neufchâtel des ordres pour la nuit , quand deux commandans d'artillerie se présentèrent à Sa Majesté, et lui rendirent compte de l'état d'épuisement ou se trouvaient les munitions. Depuis cinq jours on avait tiré plus de deux cent mille coups de canon; les réserves étaient épuisées, et l'on pouvait à peine réunir de quoi nourrir encore le feu pendant deux heures. Les dépôts les plus voisins étaient Magdebourg et Erfurth, d'où il était impossible de tirer des secours assez prompts; ainsi, il n'y avait plus d'autre parti à tenter que la retraite.

La retraite fut donc ordonnée, et commença le lendemain, 19, après une bataille dans laquelle trois cent mille hommes se livrèrent à une lutte à mort, dans un espace tellement resserré qu'il n'avait pas plus de sept à huit lieues de circuit. Avant de quitter Dresde, l'empereur chargea le prince Poniatowski, qui venait de gagner le bâton de maréchal de France, de la défense d'un des faubourgs. « Vous défendrez le faubourg du midi, lui avait dit Sa Majesté. — Sire, répondit le prince, j'ai bien peu de monde. — Eh bien! vous vous défendrez avec ce que vous avez. — Ah! sire, nous tiendrons. Nous sommes tous prêts à périr pour Votre Majesté. » L'empereur, ému de ces paroles, tendit les bras au prince, qui s'y précipita les larmes aux yeux. C'était une scène d'adieux; car cet entretien du prince avec l'empereur fut le dernier, et bientôt le neveu du dernier roi de Pologne, comme on le verra dans peu, trouva une mort glorieuse autant que déplorable dans les flots de l'Elster.

A neuf heures du matin, l'empereur alla prendre congé de la famille royale de Saxe. L'entrevue fut courte, mais bien affectueuse et bien douloureuse de part et d'autre. Le roi manifesta l'indignation la plus profonde de la conduite de ses troupes : « Jamais je n'aurais pu le penser, disait-il ; je croyais mes Saxons meilleurs ; ils ne sont que des lâches. » Sa douleur était telle que l'empereur, malgré le mal immense que lui avait fait la désertion des Saxons pendant la bataille, cherchait à consoler cet excellent prince.

Comme Sa Majesté le pressait de quitter Leipzig, pour ne point demeurer exposé aux dangers d'une capitulation devenue indispensable : « Non, répondit ce prince vénérable : vous avez assez fait, et maintenant c'est pousser la générosité trop loin que de risquer votre personne pour rester quelques instans de plus à nous consoler. » Tandis que le roi de Saxe s'exprimait ainsi, on entendit la détonaton d'une forte fusillade ; alors la reine et la princesse Augusta joignirent leurs instances à celles du monarque. Dans l'excès de leur frayeur, elles voyaient déjà l'empereur pris et égorgé par les Prussiens. Des officiers étant survenus, ceux-ci annoncèrent que le prince royal de Suède avait forcé l'entrée d'un des faubourgs ; que le général Benigsen, le général Blücher et le prince de Schwartzenberg entraient de tous côtés dans la ville, et que nos troupes étaient réduites à se défendre de maison en maison. Le péril auquel l'empereur était exposé était imminent; il n'y avait plus une seule minute à perdre, il consentit donc enfin à se retirer; et le roi de Saxe l'ayant reconduit jusqu'au bas de l'escalier du palais, là ils s'embrassèrent pour la dernière fois.

●●

CHAPITRE XVI.

Offre d'incendie rejeté par l'empereur. — Volonté de sauver Leipzig. — Le roi de Saxe délié de sa fidélité. — Issue de Leipzig fermée à l'empereur. — Sa Majesté traversant de nouveau la ville. — Bonne contenance du duc de Raguse et du maréchal Ney. — Horrible tableau des rues de Leipzig. — Le pont du moulin de Lindenau. — Souvenirs vivans. — Ordres donnés directement par l'empereur. — Sa Majesté dormant au bruit du combat. — Le roi de Naples et le maréchal Augereau au bivouac impérial. — Le pont sauté. — Ordres de l'empereur mal exécutés, et son indignation. — Absurdité de quelques bruits mensongers. — Malheurs inouïs. — Le maréchal Macdonald traversant l'Elster à la nage. — Mort du général Dumortier et d'un grand nombre de braves. — Mort du prince Pouiatowski. — Profonde affliction de l'empereur et regrets universels. — Détails sur cette catastrophe. — Le corps du prince recueilli par un pasteur. — Deux jours à Erfurth. — Adieux du roi de Naples à l'empereur. — Le roi de Saxe traité en prisonnier, et indignation de l'empereur. — Brillante affaire de Hanau. — Arrivée à Mayence. — Trophées de la campagne et lettre de l'empereur à l'impératrice. — Différence des divers retours de l'empereur en France. — Arrivée à Saint-

Cloud. — Questions que m'adresse l'empereur et réponses véridiques. — Espérances de paix. — Enlèvement de M. de Saint-Aignan. — Le négociateur pris de force. — Vaines espérances. — Bonheur de la médiocrité.

Rien n'était plus difficile que de sortir de Leipzig, cette ville étant environnée de toutes parts de corps ennemis. On avait proposé à l'empereur d'incendier les faubourgs où se présentaient les têtes de colonnes des armées alliées, afin de mieux assurer sa retraite ; mais il avait repoussé cette proposition avec indignation, ne voulant pas laisser pour dernier adieu au fidèle roi de Saxe une de ses villes livrée aux flammes. Après l'avoir délié de sa fidélité, exhorté à songer à ses seuls intérêts, l'empereur, en le quittant, s'était dirigé vers la porte de Ranstadt ; mais il la trouva tellement encombrée qu'il lui fut de toute impossibilité de s'y frayer un passage ; il fut donc contraint de revenir sur ses pas, de traverser la ville, d'en sortir par la porte du nord, et de regagner le point par lequel seul il pouvait, selon son intention, se diriger sur Erfurth, en longeant les boulevards de l'ouest. Les ennemis n'étaient pas tout-à-fait maîtres de la ville, et c'était le sentiment général, qu'on aurait pu la défendre encore long-temps si l'empereur n'eût craint de l'exposer aux horreurs d'une prise d'assaut. Le duc de Raguse continuait à faire bonne contenance au faubourg de Halle contre les attaques réitérées du général Blücher, et le maréchal Ney, de son côté, voyait encore se briser devant son intrépidité les efforts réunis du général Woronzow, du corps prussien aux ordres du général Bulow et de l'armée suédoise.

Tant de valeur dut cependant céder au nombre, et surtout à la trahison : car, pendant le plus fort du combat aux portes de Leipsig, un bataillon badois, qui jusque-là avait vaillamment combattu dans les rangs français, abandonna tout à coup la porte Saint-Pierre, qu'il était chargé de défendre, et livra ainsi l'entrée de la ville à l'ennemi. Dès lors, selon ce que j'ai entendu raconter à plusieurs officiers qui se trouvaient dans cette bagarre, les rues de Leipzig présentèrent le tableau le plus horrible. Les nôtres, contraints de se retirer, ne le firent toutefois qu'en disputant le terrain. Mais un malheur irréparable vint bientôt jeter le désespoir dans l'âme de l'empereur.

Voici les faits qui signalèrent cette déplorable journée, tels que ma mémoire me les rappelle encore aujourd'hui. Je ne sais à quoi l'attribuer, mais aucun des grands événemens dont j'ai été témoin ne se présente plus clairement à mes souvenirs qu'une scène qui eut lieu, pour ainsi dire, sous les murs de Leipzig. Après avoir triomphé d'incroyables obstacles, nous étions enfin parvenus à passer l'Elster, sur le point du moulin de Lindenau. Il me semble voir encore l'empereur, plaçant lui-même sur la route des officiers qu'il chargeait d'indiquer le point de réunion des corps aux hommes isolés qui se présenteraient. Ce jour-là, après un immense désavantage causé par le nombre, sa sollicitude s'étendait à tout comme après un triomphe décisif. Mais il était tellement accablé de fatigue que quelques momens de sommeil lui furent indispensables, et il dormait profondément au bruit du canon, qui tonnait de toutes parts, quand une explosion terrible se fit entendre. Peu de temps après, je vis entrer au bivouac de Sa Majesté le roi de Naples, accompagné du maréchal Augereau; ils lui apportaient une triste nouvelle. Le grand pont de l'Elster venait de sauter, et c'était le dernier point de communication avec l'arrière-garde, forte encore de vingt mille hommes, et laissée de l'autre côté du fleuve sous le commandement du maréchal Macdonald. « Voilà donc comme on exécute mes ordres ! » s'écria l'empereur, en se serrant la tête avec violence entre ses deux mains. Puis il resta un moment pensif et comme absorbé dans ses réflexions.

Sa Majesté avait effectivement donné l'ordre de miner tous les ponts sur l'Elster et de les faire sauter, mais seulement lorsque toute l'armée française serait mise à couvert par le fleuve. J'ai entendu depuis parler de cet événement en sens divers; j'en ai lu beaucoup de relations contradictoires. Il ne m'appartient pas de chercher à répandre la lumière sur un point d'histoire aussi controversé que celui-ci; j'ai dû me borner à rapporter ce qui était parfaitement à ma connaissance, et c'est ce que j'ai fait. Toutefois, qu'il me soit permis de soumettre ici à mes lecteurs une simple observation, qui s'est présentée à mon esprit quand j'ai lu ou entendu dire que l'empereur avait donné l'ordre lui-même de faire sauter le pont, pour mettre sa personne à l'abri des poursuites de l'ennemi. Je demande pardon du terme, mais cette supposition me paraît d'une absurdité qui passe toute croyance : car il est bien évident que, si, dans ces désastreuses circonstances, l'empereur avait pensé à sa sûreté personnelle, nous ne l'aurions pas vu peu de temps auparavant prolonger volontairement son séjour au palais du roi de Saxe, étant exposé alors à un danger bien plus imminent que celui qu'il pouvait courir après sa sortie de Leipzig. Certes, d'ailleurs, l'empereur ne joua pas la consternation dont il fut frappé, quand il apprit que vingt mille de ses braves

étaient séparés de lui, et peut-être séparés pour
toujours.

Combien de malheurs furent les suites inévita-
bles de la destruction du dernier pont sur la route
de Leipzig à Lindenau! et quels traits d'héroïsme,
dont la plupart resteront éternellement inconnus,
ont signalé ce désastre! Le maréchal Macdonald,
se voyant séparé de l'armée, s'élança à cheval dans
l'Elster et fut assez heureux pour atteindre l'autre
rive; mais le général Demoutier, voulant suivre
son chef intrépide, disparut et périt dans les flots,
ainsi qu'un grand nombre d'officiers et de soldats;
car tous avaient juré de ne point se rendre à l'ennemi, et ce ne fut que le petit nombre qui obéit
à la cruelle nécessité de se reconnaître prisonniers.
La mort du prince Poniatowski causa de vifs regrets à l'empereur, et l'on peut dire que tout ce
qui se trouvait au quartier général fut profondément affligé de la perte du héros polonais. On était
empressé d'apprendre des détails sur ce malheur,
tout irréparable qu'il était. On savait que Sa Majesté l'avait chargé de couvrir la retraite de l'armée,
et personne n'ignorait que l'empereur ne pouvait
mieux placer sa confiance. Les uns racontaient que,
se voyant serré par l'ennemi contre une rivière
sans issue, ils l'avaient entendu dire à ceux qui
l'entouraient : « Messieurs, c'est ici qu'il faut suc-

comber avec honneur. » On ajoutait que, mettant bientôt en action son héroïque résolution, il avait traversé à la nage les eaux de la Pleisse, malgré les blessures qu'il avait reçues dans un combat opiniâtre qu'il soutenait depuis le matin. Enfin nous apprîmes que, ne trouvant plus de refuge contre une captivité inévitable que dans les flots de l'Elster, le brave prince s'y était précipité, sans considérer l'escarpement impraticable du bord opposé, et qu'en peu d'instans il fut englouti avec son cheval. Nous sûmes ensuite que son corps ne fut retrouvé que cinq jours après, et retiré de l'eau par un pêcheur. Telle fut la fin déplorable ensemble et glorieuse d'un des officiers les plus brillans et les plus chevaleresques qui se soient montrés dignes de figurer parmi l'élite des généraux français.

Cependant la pénurie des munitions de guerre obligeait l'empereur à se retirer promptement, quoique dans le plus grand ordre, sur Erfurth, ville richement approvisionnée de vivres, de fourrages, d'effets d'armement et d'équipement, enfin de toute sorte de munitions. Sa Majesté y arriva le 23, ayant eu chaque jour des combats à soutenir, pour assurer sa retraite, contre des forces quatre ou cinq fois plus nombreuses que celles qui restaient à sa disposition. A Erfurth l'empereur ne resta que deux jours, et en partit le 25, après avoir reçu les adieux de son beau-frère, le roi de Naples, qu'il ne devait plus revoir. Je fus témoin d'une partie de cette dernière entrevue, et je crus remarquer je ne sais quoi de contraint dans l'attitude du roi de Naples; ce dont, au surplus, l'empereur n'eut pas l'air de s'apercevoir. Il est vrai que le roi ne lui annonça pas son départ précipité, et que Sa Majesté ignorait que ce prince avait reçu secrètement un général autrichien * L'empereur n'en fut informé que par des rapports postérieurs, et en parut peu surpris. Au surplus (je dois le faire observer, parce que j'ai eu souvent l'occasion d'en faire la remarque), tant de coups, précipités, pour ainsi dire, les uns sur les autres, frappaient l'empereur depuis quelque temps, qu'il y paraissait presque insensible; on eût dit qu'il était entièrement retranché dans ses idées de fatalité. Cependant Sa Majesté, impassible pour ses propres malheurs, laissa éclater toute son indignation quand elle apprit que les souverains alliés avaient considéré le roi de Saxe comme leur pri-

---

* C'était le comte de Mier, chargé de garantir à Murat la possession de ses états s'il abandonnait la cause de l'empereur. Il l'abandonna ; que conserva-t-il ?

(*Note de l'éditeur.*)

sonnier, et l'avaient déclaré traître, précisément parce qu'il était le seul qui ne l'eût pas trahi. Certes, si la fortune lui était redevenue favorable comme par le passé, le roi de Saxe se serait trouvé maître d'un des plus vastes royaumes de l'Europe ; mais la fortune ne nous fut plus que contraire, nos triomphes mêmes n'étaient plus suivis que d'une gloire inutile.

Ainsi, par exemple, l'armée française eut bientôt à se couvrir de gloire à Hanau, quand il lui fallut traverser en la renversant la nombreuse armée autrichienne et bavaroise réunie sur ce point sous les ordres du général Wrede. Six mille prisonniers furent le résultat de ce triomphe, qui nous ouvrit en même temps les approches de Mayence, où l'on croyait arriver sans de nouveaux obstacles. Ce fut le 2 novembre, après une marche de quatorze jours depuis Leipzig, que nous revîmes enfin les bords du Rhin, et que l'on put respirer avec quelque sécurité.

Après avoir consacré cinq jours à la réorganisation de l'armée, donné ses ordres, assigné à chacun des maréchaux et des chefs de corps le poste qu'il devait occuper en son absence, l'empereur quitta Mayence le 7, et le 9 il coucha à Saint-Cloud, où il revint, précédé de quelques trophées ; car d'Erfurth à Francfort nous avions pris vingt drapeaux aux Bavarois. Ces drapeaux, apportés au ministère de la guerre par M. Lecouteulx, aide-de-camp du prince de Neufchâtel, avaient précédé de deux jours l'arrivée de Sa Majesté à Paris; et déjà ils avaient été présentés à l'impératrice, à qui l'empereur en avait fait hommage dans les termes suivans : « Madame et très-chère épouse, je vous envoie vingt drapeaux pris par mes armées aux batailles de Wachau, de Leipzig et de Hanau; c'est un hommage que j'aime à vous rendre. Je désire que vous y voyiez une marque de ma grande satisfaction de votre conduite pendant la régence que je vous ai confiée. »

Sous le consulat et pendant les six premières années de l'empire, lorsque l'empereur revenait à Paris à la suite d'une campagne, c'est que cette campagne était terminée; la nouvelle d'une paix conclue après la victoire l'avait toujours précédé. Pour la seconde fois, il n'en fut plus de même au retour de Mayence. En cette circonstance, comme au retour de Smorghoni, l'empereur laissait la guerre toujours vivante, et revenait, non plus pour présenter à la France les fruits de ses victoires, mais pour lui demander de nouveaux secours d'hommes et d'argent, afin de parer aux échecs et aux pertes éprouvées par nos armées. Cependant, malgré cette différence dans le résultat de nos guerres, l'accueil fait par la nation à Sa Majesté était toujours le même, du moins en apparence. Les adresses des différentes villes de l'intérieur n'étaient ni moins nombreuses ni moins remplies d'expressions de dévouement; ceux-là même qui concevaient des craintes pour l'avenir se montraient encore plus dévoués que les autres, de peur que l'on ne vînt à deviner leurs fatales prévisions. Pour moi, il ne me vint pas une seule fois à l'idée que l'empereur pût succomber en définitive dans la lutte qu'il soutenait : car mes idées ne se portaient pas si loin, et ce n'est qu'en y réfléchissant depuis que j'ai pu apprécier les dangers qui déjà le menaçaient à l'époque où nous sommes parvenus. J'étais comme ces hommes qui, ayant passé de nuit sur les bords d'un précipice, ne connaissent le péril auquel ils ont été exposés que quand le jour le leur a révélé. Pourtant je dois dire que tout le monde était las de la guerre, et que ceux de mes amis que je vis en revenant de Mayence me parlèrent tous du besoin de la paix.

Dans l'intérieur même du palais, j'entendais beaucoup de personnes attachées à l'empereur tenir, loin de sa présence, un pareil langage ; mais c'était une toute autre version devant Sa Majesté. Quand elle daignait m'interroger, ce qui arrivait assez souvent, sur ce que j'avais entendu dire, je lui rapportais exactement la vérité; et quand, dans ces rapports confidentiels de la toilette de l'empereur, le mot de paix sortait de ma bouche, il s'écria plusieurs fois : « La paix ! la paix !.... Eh ! qui la désire plus que moi?...... Ce sont eux qui ne la veulent pas. Plus j'accorde, plus ils exigent. »

Un événement extraordinaire, qui eut lieu précisément le jour où Sa Majesté arriva à Saint-Cloud, donna quelques motifs de croire, quand il fut connu, que les alliés avaient conçu le dessein d'entamer de nouvelles négociations. On apprit en effet que M. de Saint-Aignan, ministre de Sa Majesté près des cours ducales de Saxe, avait été enlevé de vive force et conduit à Francfort, où se trouvaient alors réunis M. de Metternich, le prince de Schwartzenberg, et les ministres de Russie et de Prusse. Là on lui fit des ouvertures toutes pacifiques au nom des souverains alliés; après quoi M. de Saint-Aignan eut la faculté de se rendre sur-le-champ auprès de l'empereur, pour lui faire connaître les détails de son enlèvement et des propositions qui en avaient été la suite. Les offres des alliés, dont je n'eus point connaissance, et dont par conséquent je ne puis rien dire, durent toutefois paraître dignes d'examen à l'empereur; car ce fut bientôt un bruit général dans le palais qu'un nouveau congrès allait s'assembler à Manheim', que M. le duc de Vicence avait été désigné par Sa Majesté comme son ministre plénipotentiaire, et que, pour donner plus d'éclat à sa mission, elle venait en même temps de lui confier le portefeuille des affaires étrangères. Je me rappelle que cette nouvelle fit renaître l'espérance, et fut reçue très-favorablement; car, bien que ce fût sans doute l'effet d'une prévention, personne n'ignorait que l'opinion générale ne voyait pas avec plaisir M. le duc de Bassano dans le poste où M. le duc de Vicence était appelé à lui succéder. M. le duc de Bassano passait pour aller au devant de ce qu'il croyait être les désirs secrets de l'empereur, et pour être contraire à la paix. On verra plus tard, par une réponse que me fit Sa Majesté à Fontainebleau, combien ces bruits étaient gratuits et dépourvus de fondement.

Il semblait alors d'autant plus probable que les alliés avaient réellement l'intention de traiter de la paix, qu'en se procurant à force ouverte un né-gociateur français, ils avaient été au devant de tout ce que l'on aurait pu dire pour attribuer les pre-mières démarches à l'empereur; et, ce qui surtout donnait un grand poids à la croyance accordée aux dispositions pacifiques de l'Europe, c'est qu'il ne s'agissait pas seulement d'une paix continen-

tale, comme à Tilsitt et à Schœnbrünn, mais bien
d'une paix générale dans laquelle l'Angleterre in-
tervenait comme partie contractante; de sorte que
l'on espérait gagner en sécurité pour la suite ce
que l'on perdrait peut-être par la rigidité des conditions. Mais, malheureusement, l'espoir auquel
on se livrait avec une joie anticipée fut de peu de
durée. On ne tarda pas à apprendre que les propositions communiquées à M. de Saint-Aignan,
après son enlèvement, n'étaient qu'un leurre, une
vieille ruse diplomatique à laquelle les étrangers
n'avaient eu recours que pour gagner du temps
en berçant l'empereur d'une fausse espérance. En
effet, un mois ne s'était pas écoulé, on n'avait pas
même eu le temps de compléter l'échange des correspondances préliminaires qui ont lieu en pareil
cas; lorsque l'empereur eut connaissance de la fameuse déclaration de Francfort, dans laquelle,
bien loin d'entrer en négociations avec Sa Majesté,
on affectait de séparer sa cause de celle de la
France. Que d'intrigues! Et que l'on bénit de bon
cœur sa médiocrité quand on se compare aux
hommes condamnés à vivre dans ce dédale de hautes fourberies et d'hypocrisies honorifiques! La
triste certitude étant acquise que les étrangers voulaient une guerre d'extermination, ramena la consternation où régnait déjà l'espérance; mais le génie

de Sa Majessé n'en fut point abattu, et dès lors tous ses efforts se dirigèrent vers la nécessité de faire encore une fois face à l'ennemi, non plus pour conquérir ses provinces, mais pour garantir d'une invasion le sol sacré de la patrie.

●●

CHAPITRE XVII.

Souvenirs récens. — Sociétés secrètes d'Allemagne. — L'empereur et les francs-maçons. — L'empereur riant de Cambacérès. — Les fanatiques assassins. — Promenade sur les bords de l'Elbe. — Un magistrat saxon. — Zèle religieux d'un protestant. — Détails sur les sociétés de l'Allemagne. — Opposition des gouvernemens au *Tugendwciren*. — Origine et réformation des sectes de 1813. — Les chevaliers noirs et la légion noire. — La réunion de Louise. — Les concordistes. — Le baron de Nostitz et la chaîne de la reine de Prusse. — L'Allemagne divisée entre trois chefs de secte. —Madame Brede et l'ancien électeur de Hesse-Cassel. — Intrigue du baron de Nostitz. — Les secrétaires de M. de Stein. — Véritable but des sociétés secrètes. — Leur importance. — Questions de l'empereur. — Histoire ou historiette. — Réception d'un carbonari. — Un officier français dans le Tyrol. — Ses mœurs, ses habitudes, son caractère. — Partie de chasse et réception ordinaire. — Les Italiens et les Tyroliens. — Épreuves de patience. — Trois rendez-vous. — Une nuit dans une forêt. — Apparence d'un crime. —Preuves évidentes. —Interrogatoire, jugement et condamnation. — Le colonel Boizard. — Révélations refusées.

— L'exécuteur et l'échafaud. — Religion du serment. —
Les carbonari.

———

On ne doit point omettre, en parlant de l'année
1813, le nombre incroyable des affiliations qui eurent lieu pendant cette année aux sociétés secrètes,
récemment formées en Italie et en Allemagne.
L'empereur, dès le temps où il n'était encore que
premier consul, non-seulement ne s'était point
opposé à la réouverture des loges maçonniques,
mais il est permis de penser qu'il l'avait favorisée
sous main. Il était bien sûr que rien ne sortirait
de ces réunions qui pût être dangereux pour sa
personne ou contraire à son gouvernement, puisque la franc-maçonnerie comptait parmi ses
adeptes, et avait même pour chefs, les plus grands
personnages de l'état. D'ailleurs, il aurait été de
toute impossibilité que dans ces sociétés, où se
glissaient quelques faux-frères, un secret dangereux, s'il y en avait eu de tel, pût échapper à la
vigilance de la police. L'empereur en parlait quelquefois, mais comme de purs enfantillages bons
pour amuser les badauds; et je puis assurer qu'il
riait de bon cœur quand on lui racontait que l'archi.

chancelier, en sa qualité de chef du Grand-Orient,
ne présidait pas un banquet maçonnique avec
moins de gravité qu'il n'en apportait à la présidence du sénat et du conseil d'état. Toutefois l'in-
souciance de l'empereur ne s'étendait pas jusqu'aux
sociétés si connues en Italie sous le nom de *carbonari*, et en Allemagne sous diverses dénominations. Il faut convenir, en effet, qu'après les entreprises de deux jeunes allemands affiliés à l'illu-
minisme, il était bien permis à Sa Majesté de ne
pas voir sans inquiétudes la propagation de ces
liens de vertu, où de jeunes fanatiques se trans-
formaient en assassins.

Je n'ai rien su de particulier relativement aux
carbonari, puisque aucune circonstance ne nous
rapprocha de l'Italie. Quant aux sociétés secrètes
de l'Allemagne, je me rappelle que, pendant notre
séjour à Dresde, j'en entendis parler avec beaucoup
d'intérêt, et non sans effroi pour l'avenir, à un
magistrat saxon avec lequel j'eus l'honneur de me
trouver souvent. C'était un homme de soixante ans
environ, parlant bien le français, et joignant au
plus haut degré le flegme allemand à la gravité de
l'âge. Dans sa jeunesse, il avait habité la France,
et avait même fait une partie de ses études au col-
lége de Sorrèze. J'attribuai l'amitié qu'il voulait
bien me témoigner au plaisir qu'il éprouvait à en-

tendre parler d'un pays dont la mémoire paraissait
lui être toujours chère. Je me souviens parfaitement aujourd'hui de la profonde vénération avec
laquelle cet excellent homme me parlait d'un de
ses anciens professeurs de Sorrèze, qu'il appelait
don Ferlus; et il faudrait que j'eusse la mémoire
bien ingrate pour oublier un nom que je lui ai entendu répéter si souvent.

Mon excellent saxon se nommait M. Gentz, mais
n'était point parent du diplomate du même nom
attaché à la chancellerie autrichienne. Il était de
la religion réformée, très-exact à remplir ses devoirs religieux; et je puis assurer que je n'ai jamais
connu un homme plus simple dans ses goûts et
plus pénétré de ses devoirs d'homme et de magistrat. Je n'oserais hasarder de dire quel était le fond
de sa pensée sur l'empereur, car il en parlait rarement; et s'il eût eu quelque chose de désobli-
geant à en dire, on conçoit facilement qu'il aurait
pour cela choisi un autre confident que moi. Un
jour que nous étions ensemble à examiner les travaux que Sa Majesté faisait élever de toutes parts
sur la rive gauche de l'Elbe, je ne sais comment la
conversation vint à tomber sur les sociétés secrètes
de l'Allemagne, sujet qui m'était totalement étranger. Comme je lui adressais des questions pour
m'instruire, M. Gentz me dit: « Il ne faut pas croire

que les sociétés secrètes qui se mutiplient en Allemagne d'une manière si extraordinaire aient été
protégées par les souverains. Le gouvernement
prussien les vit naître avec effroi, quoiqu'il cherche
actuellement à en tirer parti pour donner une apparence nationale à la guerre qu'il vous fait depuis
la défection du général Yorck. Des réunions aujourd'hui tolérées ont été, même en Prusse, l'objet
de vives persécutions. Il n'y a pas long-temps,
par exemple, que le gouvernement prussien prit
des mesures sévères pour supprimer la société dite
tugendverein. Il parvint à la dissoudre; mais au
moment même de sa dissolution, il s'en forma trois
autres qui devaient être dirigées par les membres
du *tugendverein*, en prenant toutefois la précaution de les déguiser sous des dénominations différentes. Le docteur Jahn se mit à la tête des *chevaliers noirs*, qui ont depuis donné naissance à un
corps de partisans connu sous le nom de *la légion
noire*, commandé par le colonel Lutzoff. Le souvenir toujours vivant en Prusse de la feue reine
exerce une grande influence sur la nouvelle direction imprimée à ses institutions; elle en est comme
la divinité occulte. De son vivant, elle avait donné
au baron de Nostitz une chaine d'argent qui devint
entre ses mains la décoration, ou pour mieux dire
le signe de ralliement d'une nouvelle société à la-

quelle il donna le nom de *réunion de Louise*. Enfin
M. Lang s'est déclaré le chef d'un ordre de *concordistes* qu'il institua à l'instar des associations de ce
nom qui s'étaient établies depuis quelque temps
dans les universités.

« Mes fonctions de magistrat, ajouta M. Gentz,
m'ont plusieurs fois mis à même d'avoir des renseignemens exacts sur ces nouvelles institutions, et
vous pouvez regarder ce que je vous dis à ce sujet
comme parfaitement authentique. Les trois chefs,
dont je viens de vous parler, dirigent bien en apparence trois sociétés ; mais il est bien certain que
les trois n'en font qu'une, puisque ces messieurs se
sont engagés à suivre en tout point les erremens
du Tugendverein. Seulement ils se sont partagés
l'Allemagne pour rendre, par leur présence, leur
influence plus immédiate. M. Jahn s'est réservé
plus particulièrement la Prusse, M. Lang le nord,
et le baron de Nostitz le midi de l'Allemagne. Ce
dernier sachant quelle peut être l'influence d'une
femme sur de jeunes adeptes, s'est associé une
très-belle actrice de Prague, nommée madame
Brede, et elle a déjà fait faire à la *Réunion de Louise*
une conquête fort importante et qui peut le devenir beaucoup plus pour l'avenir, si les Français
éprouvaient des revers. L'ancien électeur de Hesse,
affilié par l'entremise de madame Brede, a accepté,

presque immédiatement après sa réception, la
grande maîtrise de la *Réunion de Louise*, et le
jour même de son installation il a remis entre les
mains de M. de Nostitz les fonds nécessaires pour
créer et équiper un corps franc de sept cents hommes destiné à entrer au service de la Prusse. Il est
vrai qu'une fois nanti de la somme, le baron ne
s'est nullement occupé de la formation du corps, ce
qui a causé beaucoup d'humeur au vieil électeur;
mais à force d'adresse et d'intrigues, madame Brede
est parvenue à les réconcilier. Il a été démontré en
effet que M. de Nostitz ne s'était pas approprié les
fonds dont il était dépositaire, mais qu'il leur avait
donné une autre destination que l'armement d'un
corps franc. M. de Nostitz est sans contredit le
plus zélé, le plus ardent et le plus habile des trois
chefs; je ne le connais pas personnellement, mais
je sais que c'est un des hommes les plus capables
d'exercer un grand empire sur ceux qui l'écoutent.
C'est ainsi qu'il a captivé M. de Stein, ministre
prussien, au point que celui-ci entretient deux de
ses secrétaires à la disposition du baron de Nostitz,
pour rédiger sous sa direction les pamphlets dont
l'Allemagne est inondée; mais je ne puis trop
vous répéter, poursuivit M. Gentz, que la haine
vouée aux Français par ces diverses sociétés n'est
qu'une chose accidentelle et née uniquement des

circonstances; car leur but primitif était le renversement des gouvernemens, tels qu'ils existaient en Allemagne; et leur principe fondamental, l'établissement d'un système d'égalité absolue. Cela est si vrai, qu'il a été vivement question parmi les adeptes du Tugendverein, de proclamer la souveraineté du peuple dans toute l'Allemagne, et ceux-ci disaient tout haut que la guerre ne devait point être faite au nom des gouvernemens qui, selon eux, ne sont que des instrumens. Je ne sais quel sera en définitive le résultat de toutes ces machinations; mais ce qu'il y a de certain, c'est qu'à force de se donner de l'importance, les sociétés secrètes s'en créent une réelle. A les entendre, eux seuls ont déterminé le roi de Prusse à se déclarer ouvertement contre la France, et ils se vantent hautement de n'en pas demeurer là. Après tout, il leur arrivera probablement ce qui arrive presque toujours en pareil cas; si on les croit utiles on leur promettra monts et merveilles pour en tirer parti, et on les laissera là quand on n'aura plus besoin d'eux, car il est de toute impossibilité que des gouvernemens raisonnables perdent de vue le but réel de leur institution. »

Tel est le résumé que je crois exact, non pas de tout ce que me dit M. Gentz sur les sociétés secrètes de l'Allemagne, mais ce dont je me suis sou-

venu, et je me rappelle que lorsque je me permis
d'en rendre compte à l'empereur, Sa Majesté daigna m'écouter avec beaucoup d'attention, me faisait même répéter certains détails, ce qui n'a pas
peu contribué à les graver dans ma mémoire. Quant
aux carbonari, on a tout lieu de penser qu'ils tenaient par des ramifications secrètes aux sociétés
allemandes; mais, comme je l'ai déjà dit, je n'ai
point été à même de recueillir sur eux des documens certains. Cependant, j'essaierai de reproduire
ici ce que j'ai entendu dire de la réception d'un
carbonari.

Le récit de cette histoire qui, peut-être, n'est
qu'une historiette, m'a vivement frappé; au surplus, je ne la donne ici que sous toute réserve, ne
sachant même pas si quelqu'un n'en a pas déjà fait
son profit, attendu que je ne fus pas le seul au-
diteur de cette narration. Je la tiens d'un Français
qui habitait le nord de l'Italie, à l'époque même à
laquelle se rapporte mon entretien avec M. Gentz.

« Un officier français, autrefois attaché au général Moreau, homme d'un esprit ardent et en même
temps sombre et mélancolique, avait quitté le
service après le procès instruit à Paris contre son
général. Il n'avait point été compromis dans la
conspiration, mais invariablement attaché aux
principes républicains, cet officier, de mœurs très-

simples, et possédant de quoi vivre, quoique mé-
diocrement, avait quitté la France lors de la fon-
dation de l'empire, et il ne prenait nullement la
peine de déguiser son aversion pour le chef d'un
gouvernement absolu; enfin, quoique fort paisible
dans sa conduite, il était un de ceux que l'on dé-
signait sous le nom de mécontens. Après avoir
voyagé pendant plusieurs années en Grèce, en Allemagne et en Italie, il s'était fixé dans une simple
bourgade du Tyrol vénitien. Là, il vivait fort retiré, n'ayant que peu de communications avec ses
voisins, occupé de l'étude des sciences naturelles,
se livrant à la contemplation et ne s'occupant, pour
ainsi dire, plus des affaires publiques. Il était dans
cette position, qui paraissait mystérieuse à quelques personnes, quand les affiliations aux *ventes*
des carbonari firent de si incroyables progrès, dans
la plupart des provinces italiennes et notamment
sur les confins de l'Adriatique. Plusieurs habitans
notables du pays, ardens carbonari, conçurent le
projet d'enrôler dans leur société, l'officier français qui leur était connu, et dont ils n'ignoraient
point les implacables ressentimens contre le chef
du gouvernement impérial, qu'il regardait, à la
vérité, comme un grand homme, mais en même
temps comme le destructeur de sa chère république.

» Pour ne point effaroucher la susceptibilité présumée de l'officier, on résolut d'organiser une partie de chasse, dans laquelle on se dirigerait vers les lieux qu'il avait l'habitude de choisir pour ses promenades solitaires. Ce plan fut adopté et suivi, de sorte que la rencontre souhaitée eut lieu et parut toute fortuite. L'officier n'hésita point à se lier de conversation avec les chasseurs, dont quelques-uns lui étaient connus, et après plusieurs détours on amena la conversation sur les carbonari, ces nouveaux adeptes d'une sainte liberté. Ce mot magique de liberté n'avoit cessé de vivre au fond du cœur de l'officier; aussi, produisit-il sur lui tout l'effet que l'on en pouvait espérer; il réveilla les souvenirs enthousiastes de sa jeunesse et le fit frémir d'une joie depuis long-temps inaccoutumée. Lors donc qu'on en vint à lui proposer d'augmenter le nombre des frères dont il se trouvait entouré, ceux-ci n'éprouvèrent aucune difficulté. L'officier fut reçu; on lui fit connaître les signes sacramentels, les mots de reconnaissance; on reçut son serment; il s'engagea à être toujours et à toute heure à la disposition de ses frères, et à périr plutôt que de jamais trahir leur secret. Dès lors, il fut affilié et continua à vivre comme par le passé, attendant à tout moment une convocation.

'» Le caractère aventureux des habitans du Tyrol

vénitien offre de grandes différences avec le caractère des habitans de l'Italie, mais il lui ressemble par
une méfiance naturelle qui leur est commune, et
chez eux du soupçon à la vengeance la pente est ra-
pide. A peine l'officier français fut-il admis au nombre des carbonari, qu'il s'en trouva parmi eux qui
blâmèrent cette affiliation, et la regardèrent comme
dangereuse ; il y en eut même qui allèrent jusqu'à
dire que la qualité de Français aurait dû être un
motif suffisant de réprobation, et que, d'ailleurs,
dans un moment où la police employait des
hommes habiles à prendre tous les masques, il
fallait que la fermeté et la constance du nouvel élu
fussent soumises à d'autres épreuves que les simples formalités auxquelles on s'était borné. Les
parrains de l'officier, ceux qui l'avaient pour ainsi
dire convoité pour frère, ne firent point d'objec-
tion, étant sûrs de la bonté de leur choix.

» Les choses en étaient là, quand la nouvelle des
désastres de l'armée française à Leipzig parvint
dans les provinces voisines de l'Adriatique, et
redoubla le zèle des carbonari. Trois mois environ
s'étaient écoulés depuis la réception de l'officier
français, sans que celui-ci eût reçu aucun avis de
ses frères, et il pensait que les travaux du carbo-
narisme se bornaient à bien peu de chose. Alors,
il reçoit un jour une lettre mystérieuse dans la-

quelle on lui enjoint de se rendre la nuit suivante, armé d'une épée, dans un bois qui lui était indiqué, de s'y trouver à minuit précis, et d'y attendre jusqu'à ce que l'on vînt le chercher. Exact au rendez-vous, l'officier s'y rendit à l'heure prescrite, et y resta jusqu'au jour sans avoir vu paraître personne; alors, il retourna chez lui pensant qu'on avait seulement voulu le soumettre à une épreuve de patience. Son opinion à cet égard fut presque changée en conviction lorsque, quelques jours après, une nouvelle lettre lui ayant prescrit de se rendre de la même manière au même endroit, il y eut passé encore la nuit à attendre vainement.

» Il n'en fut plus de même lors d'un troisième et semblable rendez-vous. L'officier français s'y rendit encore avec la même ponctualité, sans que sa patience se trouvât lassée. Il attendait depuis plusieurs heures quand tout à coup, au lieu de voir venir ses frères, il entend le cliquetis d'épées froissées les unes contre les autres. Entraîné par un premier mouvement, il s'élance du côté d'où vient le bruit, et le bruit semble reculer à mesure qu'il s'en approche. Il arrive cependant au lieu où un crime affreux venait d'être commis : il voit un homme baigné dans son sang, que deux assassins venaient de frapper. Prompt comme l'éclair, il s'élance l'épée à la main sur les deux meurtriers ;

mais ils ont disparu dans l'épaisseur du bois, et il se disposait à prodiguer des secours à leur victime, lorsque quatre gendarmes arrivent sur le lieu de la scène. L'officier se trouvait alors seul, l'épée nue, auprès de l'homme assassiné; celui-ci, qui respirait encore, fait un dernier effort pour parler, et expire en désignant son défenseur comme étant son meurtrier. Alors les gendarmes l'arrêtent; deux enlèvent le cadavre, et les deux autres attachent les bras de l'officier avec des cordes, et le conduisent dans un village situé à une lieue, où ils arrivent à la pointe du jour. Là il est conduit devant le magistrat, interrogé, et écroué dans la prison du lieu.

» Qu'on se figure la situation de l'officier ; sans amis dans le pays, n'osant se recommander de son propre gouvernement auquel ses opinions connues l'auraient rendu suspect, accusé d'un crime horrible, voyant toutes les preuves contre lui, et surtout invinciblement accablé par les dernières paroles de la victime mourante! Comme tous les hommes d'un caractère ferme et résolu, il envisagea sa position sans se plaindre, vit qu'elle était sans remède, et se résigna à son sort.

» Cependant on avait nommé une commission spéciale, pour conserver au moins le simulacre de la justice. Amené devant la commission, il ne put que répéter ce qu'il avait dit devant le magistrat qui l'avait interrogé le premier; c'est-à-dire, raconter les faits tels qu'ils s'étaient passés, protester de son innocence, et reconnaître en même temps que toutes apparences étaient contre lui. Que pouvait-il répondre quand on lui demandait pourquoi, pour quel motif il s'était trouvé seul, pendant la nuit et armé d'une épée dans l'épaisseur d'un bois? Ici son serment de carbonari enchaînait ses paroles, et ses hésitations devenaient autant de preuves. Que répondre encore à la déposition des gendarmes qui l'avaient arrêté en flagrant d'élit? Il fut donc, d'une voix unanime, condamné à mort, et reconduit dans sa prison, où il dut rester jusqu'au moment fixé pour l'exécution du jugement.

» D'abord, on lui envoya un prêtre : l'officier le reçut avec les plus grands égards, mais s'abstint de recourir à son ministère; ensuite, il fut importuné de la visite d'une confrérie de pénitens. Enfin, les exécuteurs vinrent le chercher pour le conduire au lieu du supplice. Comme il s'y rendait, accompagné de plusieurs gendarmes, et d'une longue et double haie de pénitens, le cortége funèbre fut interrompu par l'arivée inopinée du colonel de la gendarmerie, que le hasard amenait sur le lieu de la scène. Cet officier supérieur portait le nom du colonel Boizard, nom connu dans

toute la haute Italie, et redouté de tous les malfaiteurs. Le colonel ordonna un sursis pour interroger
lui-même le condamné , et se faire rendre compte
des circonstances du crime et du jugement. Lorsqu'il fut seul avec l'officier : « Vous le voyez , lui
dit-il , tout est contre vous , et rien ne peut vous
soustraire à la mort qui vous attend ; cependant
je puis vous sauver, mais à une seule condition :
je sais que vous êtes affilié à la secte des carbonari ;
faites-moi connaître vos complices dans ces téné-
breuses machinations , et votre vie est à ce prix.
— Jamais. — Considérez cependant..... — Jamais,
vous dis-je; qu'on me mène au supplice.

» Il fallut donc s'acheminer de nouveau vers la
place où l'instrument du supplice était dressé.
L'exécuteur était à son poste. L'officier monte d'un
pas ferme la fatale échelle. Le colonel Boizard s'y
élance après lui , le supplie encore de sauver sa vie
aux conditions dont il lui a parlé : « Non ! non ! jamais... » Alors la scène change, le colonel, l'exécuteur, les gendarmes, le prêtre, les pénitens, les
spectateurs, tous s'empressent autour de l'officier;
chacun veut le presser dans ses bras; enfin on le
reconduit en triomphe à sa demeure. Tout ce qui
s'était passé n'était en effet qu'une réception; les
assassins de la forêt et leur victime avaient, aussi
bien que les juges et le prétendu colonel Boizard,

joué leur rôle, et les carbonari les plus soupçonneux surent jusqu'à quel point leur nouvel affilié poussait l'héroïsme de la constance et la religion du serment. »

Tel est à peu près le récit que j'ai entendu faire, comme je l'ai dit, avec le plus vif intérêt; et j'ai cru qu'il me serait permis d'en retracer ici le souvenir, sans me dissimuler toutefois combien il doit perdre à être écrit. Faut-il y ajouter toute confiance? C'est ce que je n'oserais décider; mais ce que je puis certifier, c'est que le narrateur le donnait comme vrai, et assurait même que l'on en trouverait les détails aux archives de Milan, attendu que cette réception extraordinaire avait été, dans le temps, l'objet d'un rapport circonstancié adressé au vice-roi, pour lequel la destinée avait déjà prononcé qu'il ne reverrait plus l'empereur.

●●●

CHAPITRE XVIII.

Confusion et tumulte à Mayence. — Décrets de Mayence. — Convocation du Corps-Législatif. — Ingratitude du général de Wrede. — Désastres de sa famille. — Emploi du temps de l'empereur, et redoublement d'activité. — Les travaux de Paris. — Troupes équipées comme par enchantement. — Anxiété des Parisiens. — Première anticipation sur la conscription. — Mauvaises nouvelles de l'armée. — Évacuation de la Hollande et retour de l'archi-trésorier. — Capitulation de Dresde. — Traité violé et indignation de l'empereur. — Mouvement de vivacité. — Confiance dont m'honorait Sa Majesté. — Mort de M. le comte de Narbonne. — Sa première destination. — Comment il fut aide-de-camp de l'empereur. — Vaine ambition de plusieurs princes. — Le prince Léopold de Saxe-Cobourg. — Jalousie causée par la faveur de M. de Narbonne. — Les noms oubliés. — Opinion de l'empereur sur M. de Narbonne. — Mot caractéristique. — Le général Bertrand, grand maréchal du palais. — Le maréchal Suchet, colonel-général de la garde. — Changement dans la haute administration de l'empire. — Droit déféré à l'empereur de nommer le président du corps législatif. — M. de Molé et le plus jeune des ministres de l'empire. — Détails sur les excursions de l'empereur dans Paris. — Sa

Majesté me reconnaît dans la foule. — Gaîté de l'empereur.
— L'empereur se montrant plus souvent en public. — Leurs
Majestés à l'Opéra, et le ballet de *Nina*. — Vive satisfaction causée à l'empereur par les acclamations populaires.
— L'empereur et l'impératrice aux Italiens ; représentation extraordinaire et madame Grassini. — Visite de l'empereur à l'établissement de Saint-Denis. — Les pages, et
gaîté de l'empereur. — Réflexion sérieuse.

JE me suis un peu éloigné dans le chapitre précédent de mes souvenirs de Paris, depuis notre retour d'Allemagne, après la bataille de Leipzig et
le court séjour de l'empereur à Mayence. Je ne puis
aujourd'hui encore tracer le nom de cette dernière
ville, sans me rappeler le spectacle de tumulte et
de confusion qu'elle offrait après la glorieuse trouée
de Hanau, où furent si vigoureusement battus les
Bavarois, la première fois que dans une affaire sérieuse, ils se présentèrent comme ennemis à ceux
dans les rangs desquels ils avaient précédemment
combattu. Ce fut, si je ne me trompe, à cette dernière affaire que le général Bavarois de Wrede et
sa famille même furent immédiatement victimes
de leur trahison. Le général, que l'empereur avait

comblé de bontés , fut blessé mortellement; tous
les parens qu'il avait dans l'armée bavaroise furent
tués, et son gendre le prince d'Oettingen éprouva le
même sort. C'était un de ces événemens qui ne manquaient guère de frapper l'esprit de Sa Majesté, parce
qu'ils rentraient dans ses idées de fatalité.Ce fut également de Mayence que l'empereur rendit le décret
de convocation du Corps-Législatif pour le 2 décembre ; mais, comme on le verra, l'ouverture en
fut retardée, et plut à Dieu que la réunion en eût
été indéfiniment ajournée ; car alors Sa Majesté
n'aurait pas éprouvé les tribulations que lui causè-
rent plus tard les symptômes d'opposition qui se
manifestèrent pour la première fois, et d'une manière au moins intempestive.

Une des choses qui m'étonnaient le plus, et qui
m'étonne encore bien plus aujourd'hui quand j'y
pense, c'est l'inconcevable activité de l'empereur :
bien loin de diminuer, elle semblait prendre chaque
jour une nouvelle extension, comme si l'exercice
même de ses forces les avait doublées. A l'époque
dont je parle, je ne saurais donner une idée de la
manière dont le temps de Sa Majesté était rempli.
Depuis, d'ailleurs, qu'il avait revu l'impératrice et
son fils , l'empereur avait repris sa sérénité: alors
je ne surpris même que très-rarement en lui de ces
signes extérieurs d'abattement qu'il n'avait pas

toujours dissimulés dans son intérieur, après notre retour de Moscou. Il s'occupa plus ostensiblement encore que de coutume des nombreux travaux qu'il faisait exécuter dans Paris. C'était une utile distraction à ses grandes pensées de guerre et aux nouvelles affligeantes qui lui arrivaient de l'armée. Presque chaque jour des troupes équipées comme par enchantement étaient passées en revue par Sa Majesté, et dirigées immédiatement sur le Rhin, dont la ligne était presque entièrement menacée; le danger, auquel nous ne songions guère, dut paraître alors imminent aux habitans de la capitale, qui n'étaient pas tous entraînés comme nous par l'espèce de charme que l'empereur répandait sur tous ceux qui avaient l'honneur d'approcher son auguste personne. En effet, on vit alors pour la première fois demander au sénat un contingent d'hommes par anticipation sur l'année suivante, et d'ailleurs chaque jour apportait des nouvelles fâcheuses. Nous vîmes ainsi revenir dans le courant de l'automne le prince archi-trésorier, forcé de quitter la Hollande après l'évacuation de ce royaume par nos troupes, tandis que M. le maréchal Gouvion Saint-Cyr était contraint de signer à Dresde une capitulation pour lui et les trente mille hommes qu'il avait conservés dans cette place.

La capitulation de M. le maréchal Saint-Cyr ne

tiendra sûrement jamais une place honorable dans l'histoire du cabinet de Vienne. Il ne m'appartient pas de juger ces combinaisons de la politique; mais je ne puis oublier l'indignation que tout le monde manifesta au palais, quand on apprit que cette capitulation avait été outrageusement violée par ceux qui étaient devenus les plus forts. Il était dit dans la capitulation que le maréchal reviendrait en France avec les troupes sous ses ordres; qu'il amènerait avec lui une partie de son artillerie; que ces troupes pourraient être échangées contre un pareil nombre de troupes des puissances alliées ; que les malades français restés à Dresde seraient dirigés sur la France à mesure de leur guérison, et qu'enfin le maréchal se mettrait en mouvement le ı6 de novembre. Rien de tout cela n'eut lieu. Qu'on juge donc de l'indignation que dut éprouver l'empereur, déjà si profondément affligé de la capitulation de Dresde, quand il apprit qu'au mépris des conventions stipulées, ses troupes étaient faites prisonnières par le prince de Schwartzenberg. Je me rappelle qu'un jour M. le prince de Neufchâtel étant dans le cabinet de Sa Majesté, où je me trouvais en ce moment, l'empereur lui dit avec un peu d'emportement : « Vous me parlez de la paix !.. Eh f.....! comment voulez-vous que je croie à la bonne foi de ces gens-là ?... Voyez ce qui arrive à

Dresde!... Non! vous dis-je, ils ne veulent pas traiter; ils ne veulent que gagner du temps. C'est à nous de n'en pas perdre. » Le prince ne répondit rien, ou du moins je n'entendis pas sa réponse, car je sortis alors du cabinet où j'avais fini d'exécuter l'ordre qui m'y avait appelé. Au surplus, je puis ajouter comme nouvelle preuve de la confiance dont Sa Majesté daignait m'honorer, que jamais quand j'entrais elle ne s'interrompait de ce qu'elle disait, quelle qu'en fût l'importance, et j'ose affirmer que si ma mémoire était meilleure, ces souvenirs seraient beaucoup plus riches qu'ils ne le sont.

Puisque j'ai parlé des mauvaises nouvelles qui assaillirent l'empereur presque coup sur coup pendant les derniers mois de 1813, il en est une que je ne saurais omettre, tant Sa Majesté en fut péniblement affectée : je veux parler de la mort de M. le comte Louis de Narbonne. De toutes les personnes qui n'avaient pas commencé leur carrière sous les yeux de l'empereur, M. de Narbonne était peut-être celle qu'il affectionnait le plus; et il faut convenir qu'il était impossible de joindre à un mérite réel des manières plus séduisantes. L'empereur le regardait comme le plus propre à amener à bien une négociation; aussi disait-il un jour de lui : « Narbonne est né ambassadeur. » On savait dans le palais pourquoi l'empereur l'avait nommé son aide-de-camp à l'époque où l'on forma la maison de l'impératrice Marie-Louise. D'abord, l'intention de l'empereur avait été de le nommer chevalier d'honneur de la nouvelle impératrice; mais une intrigue savamment ourdie amena celle-ci à le refuser, et ce fut en quelque sorte comme en dédommagement qu'il reçut la qualité d'aide-de-camp de Sa Majesté. Or, il n'y en avait point alors en France à laquelle on attachât un plus haut prix. Bien des princes étrangers, des princes souverains même, sollicitèrent en vain cette haute faveur, et parmi ceux-ci je puis citer le prince Léopold de Saxe-Cobourg, marié à la princesse Charlotte d'Angleterre, et qui refuse d'être roi de la Grèce, après n'avoir pu obtenir d'être aide-de-camp de l'empereur,

Je n'oserais pas dire, en consultant bien ma mémoire, que personne à la cour ne fût jaloux de voir M. de Narbonne aide-de-camp de l'empereur; mais j'ai oublié les noms. Quoi qu'il en soit, il devint bientôt en faveur, et chaque jour l'empereur apprécia de plus en plus ses qualités et ses services. Je me rappelle à cette occasion avoir entendu dire à Sa Majesté, et je crois que ce fut à Dresde, qu'elle n'avait jamais bien connu le cabinet de Vienne avant que *le nez fin de Narbonne*, ce sont

ses expressions, ait été *flairer* ses vieux diplo-
mates. Après le simulacre de négociations dont
j'ai parlé précédemment, et qui remplit la durée
de l'armistice de 1813 à Dresde, M. de Narbonne
était demeuré en Allemagne, où l'empereur lui
avait confié le gouvernement de Torgau. Ce fut là
qu'il mourut, le 17 de novembre, à la suite d'une
chute de cheval, malgré les soins habiles que lui
prodigua M. le baron Desgenettes. Depuis la mort
du maréchal Duroc et celle du prince Poniatowski,
je ne me rappelle pas avoir vu l'empereur témoigner plus de regrets que dans cette circonstance.

Cependant, à peu près au moment où il perdit
M. de Narbonne, mais avant d'avoir appris sa
mort, l'empereur avait pourvu au remplacement
auprès de sa personne de l'homme qu'il avait le
plus aimé, sans excepter le général Desaix. Il venait d'appeler M. le général Bertrand aux hautes
fonctions de grand maréchal du palais, et ce choix
fut généralement approuvé de toutes les personnes
qui avaient l'honneur de connaître M. le comte
Bertrand. Mais que pourrais-je avoir à dire ici d'un
homme dont l'histoire ne séparera plus le nom du
nom de l'empereur? La même époque avait vu
tomber M. le duc d'Istrie, l'un des quatre colo-
nels-généraux de la garde, et le maréchal Duroc; la même nomination réunit les noms de leurs

successeurs; et M. le maréchal Suchet fut ainsi nommé en même temps que M. le général Bertrand, et remplaça M. le maréchal Bessières comme colonel-général dans la garde.

En même temps Sa Majesté fit plusieurs autres changemens dans le personnel de la haute administration de l'empire. Un sénatus-consulte ayant déféré à l'empereur le droit de nommer à son choix le président du corps législatif, Sa Majesté destina cette présidence à M. le duc de Massa, qui fut remplacé dans ses fonctions de grand-juge par M. le comte Molé, le plus jeune des ministres qu'ait eus l'empereur. M. le duc de Bassano reprit le ministère de la secrétairerie d'état., et M. le duc de Vicence reçut le portefeuille des relations extérieures.

J'ai dit que pendant l'automne de 1813 Sa Majesté alla plusieurs fois visiter les travaux publics. Elle allait ordinairement à pied et presque seule voir ceux des Tuileries et du Louvre; ensuite elle montait à cheval, accompagnée d'un ou de deux de ses officiers tout au plus, et de M. Fontaine, pour examiner ceux qui étaient plus éloignés. Un jour, c'était presque à la fin de novembre, ayant profité de l'absence de Sa Majesté pour faire quelques courses au faubourg Saint-Germain, je me trouvai

inopinément sur son passage au moment où, se
rendant au Luxembourg, elle arriva à l'entrée de
la rue de Tournon, et je ne saurais dire avec quelle
vive satisfaction j'entendais les cris de *vive l'empe-*
reur! retentir à son approche. Je me trouvai poussé
par les flots de la foule tout près du cheval de
l'empereur; pourtant je ne me figurais pas que
l'empereur m'eût reconnu. A son retour, j'eus la
preuve du contraire : Sa Majesté m'avait vu; et
comme je l'aidais à changer de vêtemens : « Eh
» bien! M. le drôle, me dit gaîment l'empereur,
» ah! ah! que faisiez-vous au faubourg Saint-Ger-
» main? Je vois ce que c'est!... Voilà qui est bien!...
» Vous allez m'espionner quand je sors.» Et beaucoup d'autres allocutions du même genre, car ce
jour-là l'empereur était très-gai; d'où j'augurai
qu'il avait été satisfait de sa visite.

Quand, à cette époque, l'empereur éprouvait
quelques soucis, je crus remarquer que pour les
dissiper il se plaisait à se montrer en public, plus
fréquemment peut-être que pendant ses autres
séjours à Paris, mais toujours sans affectation. Il
alla même plusieurs fois au spectacle; et grâce aux
obligeantes bontés de M. le comte de Rémusat, je
me trouvais très-fréquemment à ces réunions, qui
alors encore avaient toujours l'appareil d'une fête;

Certes, lorsque le jour de la première représentation du ballet de *Nina*, à l'Opéra, Leurs Majestés entrèrent dans leur loge, il aurait été difficile de supposer que l'empereur comptait déjà des ennemis parmi ses sujets. Il est vrai que les mères et les femmes en deuil n'étaient pas là; mais ce que je puis assurer, c'est que jamais je n'avais vu plus d'enthousiasme. L'empereur en jouissait alors du fond de son cœur, plus peut-être qu'après ses victoires. L'idée d'être aimé des Français faisait sur lui l'impression la plus vive. Le soir, il en parlait; il daignait m'en parler, oserai-je le dire, comme un enfant qui s'enorgueillit de la récompense qu'il vient de recevoir. Alors, dans sa simplicité d'homme privé, il répétait souvent : « Ma femme! ma bonne » Louise! elle a dû être bien contente! » La vérité est que le désir de voir l'empereur au spectacle était tel à Paris, que, comme il se plaçait toujours dans la loge de côté donnant sur l'avant-scène, chaque fois que l'on y pressentait sa présence, les loges situées de l'autre côté de la salle étaient louées avec un incroyable empressement; on préférait même les loges les plus élevées aux premières loges de la partie de la salle d'où on le voyait plus difficilement. Il n'est personne qui, ayant habité alors Paris, ne puisse reconnaître l'exactitude de ces souvenirs.

Quelque temps après la première représentation du ballet de *Nina*, l'empereur assista à un autre, spectacle où je me trouvai aussi. Comme précédemment, l'impératrice y accompagna Sa Majesté; et je ne pouvais m'empêcher, pendant la représentation, de penser que l'empereur éprouvait peut-être quelques souvenirs capables de le distraire de l'harmonie de la musique. C'était au Théâtre-Italien, placé alors à l'Odéon. On donnait *la Cléopâtre* de Nazzolini, et la représentation était du nombre de celles que l'on nomme *extraordinaires*, puisqu'elle avait lieu au bénéfice de madame Grassini. Depuis fort peu de temps seulement cette cantatrice, célèbre à plus d'un titre, s'était montrée pour la première fois en public sur un théâtre à Paris; je crois même que ce jour-là elle n'y paraissait que pour la troisième ou la quatrième fois, et je dois dire, pour être exact, qu'elle ne produisit pas sur le public parisien tout l'effet que l'on attendait de son immense réputation. Il y avait long-temps que l'empereur ne la recevait plus particulièrement. Cependant jusque-là les sons de sa voix et de celle de Crescentini avaient été réservés aux oreilles privilégiées des spectateurs de Saint-Cloud ou du théâtre des Tuileries. En cette occasion l'empereur se montra très-généreux pour la bénéficiaire; mais il n'en résulta aucune entrevue;

car, comme l'aurait dit un poëte du temps, la Cléopâtre de Paris n'avait pas affaire à un nouvel Antoine.

Ainsi, comme on le voit, l'empereur dérobait aux immenses affaires qui l'occupaient quelques soirées, moins pour jouir du spectacle que pour se montrer en public. Tous les établissemens utiles étaient l'objet de ses soins; et il ne s'en rapportait pas seulement aux renseignemens des hommes le plus justement investis de sa confiance, il voyait tout par lui-même. Parmi les établissemens spécialement protégés par Sa Majesté, il en était un qu'elle affectionnait particulièrement. Je ne crois pas que dans aucun des intervalles d'une guerre à l'autre l'empereur soit venu à Paris sans faire une visite à l'établissement des demoiselles de la Légion-d'Honneur, dont madame Campan avait la direction, d'abord à Écouen, et ensuite à Saint-Denis. L'empereur y alla donc au mois de novembre, et je me rappelle à cette occasion une anecdote que j'entendis raconter à Sa Majesté, et qui la divertit beaucoup. Toutefois je ne pourrais assurer si cette anecdote se rapporte à la visite de 1813 ou à une visite antérieure.

D'abord il faut que l'on sache que, conformé-

ment aux statuts de la maison des demoiselles de
la Légion-d'Honneur, aucun homme, à l'exception
de l'empereur, n'était admis dans l'intérieur de l'é-
tablissement ; mais comme l'empereur y allait toujours avec quelque apparat, bien que sans être attendu, sa suite faisait en quelque sorte partie de
lui-même, et y entrait avec lui. Outre ses officiers,
deux pages ordinairement l'accompagnaient. Or,
il advint que le soir, en revenant de Saint-Denis,
l'empereur me dit en riant, en entrant dans sa
chambre, où je l'attendais pour le déshabiller : « Eh
» bien ! voilà mes pages qui veulent ressembler aux
» anciens pages. Les petits drôles !.... Savez-vous ce
» qu'ils font ?..... Quand je vais à Saint-Denis, ils se
» disputent à qui sera de service !.... Ah ! ah !.... »
L'empereur, en parlant, riait et se frottait les
mains ; puis, après avoir répété plusieurs fois sur
le même ton : « Les petits drôles ! » il ajouta, par
suite d'une de ces réflexions bizarres qui lui venaient quelquefois : « Moi, Constant, j'aurais été
» un très-mauvais page ; je n'aurais jamais eu une
» pareille idée. Au surplus, ce sont de bons jeunes
» gens ; il en est déjà sorti de bons officiers. Cela
» fera un jour des mariages. » Il était rare, en effet,
qu'une chose frivole en apparence n'amenât de la
part de l'empereur une conclusion sérieuse. Moi-
même, actuellement, sauf quelques souvenirs du

passé, il ne me restera plus que des choses sé-
rieuses et souvent bien tristes à raconter; car nous
voilà ˑ ˑˑˑˑnu au point où tout prit une tournure
grave et   revêtit de couleurs souvent bien som-
bres.

CHAPITRE XIX.

Dernière célébration de l'anniversaire du couronnement. — Amour de l'empereur pour la France. — Sa Majesté plus populaire dans le malheur. — Visite au faubourg Saint-Antoine. — Conversation avec les habitans. — Enthousiasme général. — Cortége populaire de Sa Majesté. — Fausse interprétation et clôture des grilles du Carrousel. — L'empereur plus ému que satisfait. — Crainte du désordre et souvenirs de la révolution. — Enrôlemens volontaires et nouveau régiment de la garde. — Spectacles gratis. — Mariage de douze jeunes filles. — Résidence aux Tuileries. — Émile et Montmorency. — Mouvement des troupes ennemies. — Abandon du dernier allié de l'empereur. — Armistices entre le Danemarck et la Russie. — Opinion de quelques généraux sur l'armée française en Espagne. — Adhésion de l'empereur aux bases des puissances alliées. — Négociations, M. le duc de Vicence et M. de Metternich. — Le duc de Massa président du corps législatif. — Ouverture de la session. — Le sénat et le conseil d'état au corps législatif. — Discours de l'empereur. — Preuve du désir de Sa Majesté pour le rétablissement de la paix. — Mort du général Dupont Derval et ses deux veuves. — Pension que j'obtiens de Sa Majesté pour l'une d'elles. — Décision de l'empereur.

— Aversion de Sa Majesté pour le divorce et respect pour le mariage.

Une dernière fois encore on célébra à Paris la fête anniversaire du couronnement de Sa Majesté. Les bouquets de l'empereur, pour cette fête, étaient d'innombrables adresses qu'il recevait de toutes les villes de l'empire, et dans lesquelles les offres de sacrifices et les protestations de dévouement semblaient augmenter avec la difficulté des circonstances. Hélas ! quatre mois suffirent pour faire connaître la valeur de ces protestations; et comment, cependant, dans cet accord unanime, aurait-on pu croire à une non moins complète unanimité d'abandon? Cela eût été impossible à l'empereur, qui, jusqu'à la fin de son règne, se crut aimé de la France de tout l'amour qu'il avait pour elle; la vérité, vérité bien démontrée par les événemens qui ont suivi, c'est que l'empereur devint plus populaire, dans cette partie des habitans que l'on appelle le peuple, quand il commença à être malheureux. Sa Majesté en eut la preuve dans une visite qu'elle fit au faubourg Saint-Antoine, et il est bien certain que si, dans d'autres circonstances, elle eût pu plier son caractère à

caresser le peuple, moyen auquel l'empereur ré-
pugnait à cause de ses souvenirs de la révolution,
on eût vu le peuple entier des faubourgs de Paris
s'armer pour sa défense. Comment, en effet, pour-
rait-on en douter après avoir lu le fait auquel je
fais ici allusion?

L'empereur s'était donc rendu vers la fin de
1813 ou au commencement de 1814, au faubourg
Saint-Antoine : car je ne saurais aujourd'hui préciser la date de cette visite inattendue. Quoi qu'il en
soit, il se montra dans cette circonstance familier
jusqu'à la bonhomie, au point même d'enhardir ceux
qui l'approchaient de plus près, à lui adresser la parole. Or, voilà la conversation qui s'établit entre Sa
Majesté et plusieurs habitans, conversation qui a été
fidèlement recueillie et reconnue exacte par plusieurs témoins de cette scène vraiment touchante.

UN HABITANT.

« Est-il vrai, comme on le dit, que les affaires
vont si mal?

L'EMPEREUR.

» Je ne peux pas dire qu'elles aillent trop bien.

L'HABITANT.

» Mais, comment cela finira-t-il donc?

L'EMPEREUR.

» Ma foi, Dieu le sait.

L'HABITANT.

» Mais comment? Est-ce que les ennemis pourraient entrer en France?

L'EMPEREUR.

» Cela pourrait bien être, et même venir jusqu'ici, si l'on ne m'aide pas : je n'ai pas un million
de bras. Je ne puis pas tout faire à moi seul.

VOIX NOMBREUSES.

» Nous vous soutiendrons! nous vous soutiendrons!

VOIX PLUS NOMBREUSES.

» Oui! oui! comptez sur nous.

L'EM PEREUR.

» En ce cas, l'ennemi sera battu, et nous con-
serverons toute notre gloire.

PLUSIEURS VOIX.

» Mais que faut-il donc que nous fassions?

L'EMPEREUR.

» Vous enrôler et vous battre.

UNE VOIX NOUVELLE.

» Nous le ferions bien, mais nous voudrions y
mettre quelques conditions.

L'EMPEREUR.

» Eh bien, parlez franchement. Voyons ; lesquelles?

PLUSIEURS VOIX.

» Nous ne voudrions pas passer la frontière.

L'EMPEREUR.

» Vous ne la passerez pas.

PLUSIEURS VOIX.

» Nous voudrions entrer dans la garde.

L'EMPEREUR.

» Eh bien , va pour la garde. »

A peine Sa Majesté eut-elle prononcé ces derniers mots, que la foule immense qui l'environnait
fit retentir l'air des cris de *Vive l'empereur!* et
cette foule grossissant sur toute la route que l'empereur suivit en regagnant tout doucement les
Tuileries, l'environnait d'un cortège innombrable,
quand il arriva au guichet du Carrousel. Nous en-
tendions du palais ces bruyantes acclamations,
mais elles furent si singulièrement interprétées par
les commandans des postes du palais, que, croyant
à une insurrection , ils firent fermer les grilles des
Tuileries du côté de la cour.

Quand je vis l'empereur, quelques momens aprés
son retour, il me parut plus ému que satisfait, car
tout ce qui avait l'apparence du désordre lui dé-
plaisait souverainement, et le tumulte populaire,
quelle qu'en fût la cause, avait toujours quelque
chose qui le gênait. Cependant cette visite que Sa
Majesté aurait pu renouveler produisit une vive

sensation dans le peuple, et ce mouvement eut un
résultat positif à l'instant même; puisque dans la
journée plus de deux mille individus s'enrôlèrent
volontairement et formèrent un nouveau régiment
de la garde.

A l'occasion de la fête anniversaire du couronnement et de la bataille d'Austerlitz, il y eut,
comme à l'ordinaire, des spectacles gratis dans
tous les théâtres de Paris; mais l'empereur ne s'y
montra pas comme il l'avait fait souvent; des jeux,
des distributions de comestibles, des illumina-
tions; et douze jeunes filles, dotées par la ville de
Paris, furent mariées à d'anciens militaires. Je me
rappelle que de tout ce qui marquait les solennités
de l'empire, l'usage de ces sortes de mariages était
ce qui plaisait le plus à l'empereur, qui en parla
souvent avec une vive approbation; car, s'il m'est
permis de le faire observer, Sa Majesté avait un
peu ce que l'on pourrait appeler la manie du mariage.

Nous étions alors à poste fixe aux Tuileries, que
l'empereur n'avait pas quitté depuis le 20 de novembre, jour où il était revenu de Saint-Cloud, et
qu'il ne quitta plus que lorsqu'il partit pour l'armée. Sa Majesté présidait très-souvent le conseil d'é-
tat, dont les travaux étaient toujours très-actifs. J'appris alors, relativement à un décret, une particularité

qui me parut singulière : il y avait long-temps sans
doute 'que la commune de Montmorency avait repris par l'nsage son ancien nom ; mais ce ne fut qu'à
la fin de novembre 1813, que l'empereur lui retira
légalement le nom d'*Emile*, qu'elle avait reçu sous
la république en l'honneur de J.-J. Rousseau. On
peut croire que si elle le conserva si long-temps,
c'est que l'empereur n'y avait pas pensé plus tôt.

Je ne sais si l'on me pardonnera d'avoir rapporté un fait aussi puéril en apparence, lorsque
tant de grandes mesures étaient adoptées par Sa
Majesté. En effet, chaque jour nécessitait de nouvelles dispositions, car les ennemis faisaient des
progrès sur tous les points ; les Russes occupaient
la Hollande, sous le commandement du général
Witzingerode, qui avait été si fort acharné contre
nous pendant la campagne de Russie. Déjà même
on parlait du prochain retour à Amsterdam de
l'héritier de la maison d'Orange ; en Italie, le prince
Eugène ne luttait qu'à force de talent contre l'armée beaucoup plus nombreuse du maréchal de
Bellegarde, qui venait de passer l'Adige ; celle du
prince de Schwartzenberg occupait les confins de
la Suisse ; les Prussiens et les troupes de la confédération passaient le 'Rhin sur plusieurs points ; il
ne restait plus à l'empereur un seul allié, le roi de
Danemarck, le seul qui lui fût encore demeuré

fidèle, ayant cédé enfin aux torrens du nord, en concluant un armistice avec la Russie ; et dans le midi toute l'habileté du maréchal Soult suffisait à peine pour retarder les progrès du duc de Wellington, qui s'avançait vers nos frontières, à la tête d'une armée plus nombreuse que celle que nous avions à lui opposer, et n'étant pas surtout en proie aux mêmes privations que l'armée française. Je me souviens très-bien d'avoir entendu plusieurs fois alors des généraux blâmer l'empereur de ce qu'il n'avait pas abandonné l'Espagne pour ramener toutes ses troupes en France. Je cite ce souvenir, mais on pense bien que je ne me permettrai pas de hasarder un jugement sur une pareille matière. Quoi qu'il en soit, on voit que la guerre nous environnait de toutes parts, et dans cet état de chose il était difficile, nos anciennes frontières étant menacées, que l'on ne soupirât pas généralement après la paix.

L'empereur la voulait aussi, et personne aujourd'hui ne professe une opinion contraire. Tous les ouvrages que j'ai lus et qui ont été faits par les personnes les mieux à même de savoir la vérité sur toutes ces choses, sont d'accord sur ce point. On sait que Sa Majesté avait fait écrire par M. le duc de Bassano une lettre dans laquelle elle adhérait aux bases proposées à Francfort par les alliés, pour

un nouveau congrès. On sait que la ville de Manheim fut désignée pour la réunion de ce congrès,
où devait être ensuite envoyé M. le duc de Vicence.
Celui-ci, dans une note du 2 décembre, fit connaître de nouveau l'adhésion de l'empereur aux
bases générales et sommaires indiquées pour le
congrès de Manheim. M. le comte de Metternich
répondit le 10 à cette communication, que les
souverains porteraient à la connaissance de leurs
alliés l'adhésion de Sa Majesté. Toutes ces négociations traînèrent en longueur par la faute seule
des alliés, qui finirent par déclarer à Francfort
qu'ils ne voulaient plus déposer les armes. Dès le
20 décembre ils annoncent hautement l'intention
d'envahir la France, en traversant la Suisse, dont
la neutralité avait été solennellement reconnue. A
l'époque dont je parle, ma position me tenait, je
dois en convenir, dans une complète ignorance de
ces choses; mais en les apprenant depuis, elles ont
réveillé en moi des souvenirs qui ont puissam-
ment contribué à m'en démontrer la vérité. Tout
le monde, je l'espère, conviendra que si l'empereur avait voulu la guerre, ce n'est pas devant moi
qu'il aurait pris la peine de parler de son désir de
conclure la paix, ce que je lui ai entendu faire
plusieurs fois, et ceci ne dément pas ce que j'ai
rapporté d'une réponse de Sa Majesté à M. le prince

de Neufchâtel,. puisque dans cette réponse même
il attribue la nécessité de la guerre à la mauvaise
foi de ses ennemis. L'immense renommée de l'empereur, non plus que sa gloire, n'ont besoin de
mon témoignage, et je ne me fais aucune illusion
sur ce point; mais je crois pouvoir, comme un autre, déposer mon grain de vérité.

J'ai dit précédemment que dès son passage à
Mayence, l'empereur avait convoqué le corps-législatif pour le 2 décembre. Par un nouveau décret,
cette convocation fut prorogée au 19 décembre,
et cette solennité annuelle fut marquée par l'introduction d'usages inaccoutumés. D'abord, comme
je l'ai dit, à l'empereur seul appartint le droit
de nommer à la présidence, sans présentation
d'une triple liste, comme le sénat le faisait précédemment ; de plus, le sénat et le conseil-d'état se
rendirent en corps dans la salle du corps-législatif
pour assister à la séance d'ouverture. Je me rappelle que cette cérémonie était attendue plus vivement encore que de coutume, tant on était curieux
et pressé dans tout Paris de connaître le discours
de l'empereur, et ce qu'il dirait sur la situation
de la France. Hélas! nous étions loin de supposer
que cette solennité annuelle serait la dernière !

Le sénat et le conseil-d'état ayant successive-
ment occupé les places qui leur étaient indiquées

dans la salle des séances, on vit arriver l'impératrice, qui se plaça dans une tribune réservée, entourée de ses dames et des officiers de son service ; enfin, l'empereur parut un quart d'heure
après l'impératrice, introduit selon le cérémonial
accoutumé. Lorsque le nouveau président, M, le
duc de Massa, eut prêté serment entre les mains
de l'empereur, Sa Majesté prononça le discours
suivant :

« Sénateurs ;

» Conseillers-d'état ;

» Députés des départemens au corps-législatif;

» D'éclatantes victoires ont illustré les armes
françaises dans cette campagne. Des défections
sans exemple ont rendu ces victoires inutiles.
Tout a tourné contre nous. La France même serait
en danger, sans l'énergie et l'union des Français.

» Dans ces grandes circonstances, ma première
pensée a été de vous appeler près de moi. Mon
cœur a besoin de la présence et de l'affection de
mes sujets.

» Je n'ai jamais été séduit par la prospérité :
l'adversité me trouverait au dessus de ses atteintes.

» J'ai plusieurs fois donné la paix aux nations, lorsqu'elles avaient tout perdu. D'une part de mes conquêtes, j'ai élevé des trônes pour des rois qui m'ont abandonné.

» J'avais conçu et exécuté de grands desseins pour le bonheur du monde !... Monarque et père, je sens ce que la paix ajoute à la sécurité des trônes et à celle des familles. Des négociations ont été entamées avec les puissances coalisées. J'ai adhéré aux bases préliminaires qu'elles ont présentées. J'avais donc l'espoir qu'avant l'ouverture de cette session, le congrès de Manheim serait réuni; mais de nouveaux retards, qui ne sont pas attribués à la France, ont différé ce moment que presse le vœu du monde.

» J'ai ordonné qu'on vous communiquât toutes les pièces originales qui se trouvent au portefeuille de mon département des affaires étrangères. Vous en prendrez connaissance par l'intermédiaire d'une commission. Les orateurs de mon conseil vous feront connaitre ma volonté sur cet objet.

» Rien ne s'oppose de ma part au rétablissement de la paix. Je connais et je partage tous les sentimens des Français. Je dis des Français, parce qu'il n'en est aucun qui voulût de la paix aux dépens de l'honneur.

» C'est à regret que je demande à ce peuple généreux de nouveaux sacrifices, mais ils sont commandés par ses plus nobles et ses plus chers intérêts. J'ai dû renforcer mes armées par de nombreuses levées : les nations ne traitent avec sécurité qu'en déployant toutes leurs forces. Un accroissement dans les recettes devient indispensable. Ce que mon ministre des finances vous proposera est conforme au système de finances que j'ai établi. Nous ferons face à tout sans emprunt qui consomme l'avenir, et sans papier-monnaie qui est le plus grand ennemi de l'ordre social.

» Je suis satisfait des sentimens que m'ont manifestés dans cette circonstance mes peuples d'Italie.

» Le Danemarck * et Naples sont seuls restés fidèles à mon alliance.

» La république des États-Unis d'Amérique continue avec succès sa guerre contre l'Angleterre.

---

* Le Danemarck, comme je l'ai dit, avait déjà conclu son armistice avec la Russie, mais la nouvelle n'en arriva à Paris que quelques jours après.

» J'ai reconnu la neutralité des dix-neuf cantons Suisses.

» Sénateurs ;

» Conseillers-d'état ;

» Députés des départemens au corps-législatif ;

» Vous êtes les organes naturels de ce trône : c'est à vous de donner l'exemple d'une énergie qui recommande notre génération aux générations futures. Qu'elles ne disent pas de nous : *Ils ont sacrifié les premiers intérêts du pays, ils ont reconnu les lois que l'Angleterre a cherché en vain pendant quatre siècles à imposer à la France !*

» Mes peuples ne peuvent pas craindre que la politique de leur empereur trahisse jamais la gloire nationale. De mon côté, j'ai la confiance que les Français seront constamment dignes d'eux et de moi ! »

Ce discours fut salué des cris unanimes de *vive l'empereur !* et quand Sa Majesté revint aux Tuileries, elle avait l'air très-satisfait. Cependant, elle éprouvait un léger mal de tête qui se dissipa au bout d'une demi-heure de repos. Le soir, il n'y

paraissait plus du tout, et l'empereur me questionna sur ce que j'avais entendu dire. Je lui dis,
ce qui était vrai, que les personnes de ma connaissance s'accordaient pour me dire que tout le
monde souhaitait la paix : « La paix ! la paix ! dit
l'empereur, eh ! qui la désire plus que moi !...
Allez, mon fils, allez. » Je me retirai, et Sa Majesté
alla rejoindre l'impératrice.

Ce fut vers cette époque, mais sans pouvoir en
préciser le jour, que l'empereur prit une décision
dans une affaire à laquelle je m'étais intéressé auprès de lui, et l'on verra par cette décision quel
profond respect, je puis le dire, Sa Majesté avait
pour les droits d'un mariage légitime, et combien
elle avait d'antipathie pour les personnes divorcées.
Mais il est nécessaire que je prenne d'un peu plus
haut le récit ne cette anecdote qui me revient à la
mémoire en ce moment.

Dans la campagne de Russie, le général Dupont-
Derval avait été tué sur le champ de bataille après
avoir vaillamment combattu. Sa veuve, après le
retour de Sa Majesté à Paris, avait plusieurs fois
tenté, et toujours en vain, de faire parvenir une pétition à l'empereur pour lui peindre sa triste position. Quelqu'un lui ayant conseillé de s'adresser
à moi, je fus touché de la voir si malheureuse, et
je me permis de présenter sa demande à l'empereur.

Rarement Sa Majesté rejetait mes sollicitations de ce genre, parce que je ne m'en chargeais qu'avec beaucoup de discrétion ; aussi fus-je assez heureux pour obtenir en faveur de madame Dupont-Derval une pension qui était même considérable. Je ne me rappelle plus comment l'empereur vint à découvrir que le général Dupont-Derval était divorcé, et avait eu une fille d'un premier mariage, laquelle vivait encore ainsi que sa mère. Il sut, en outre, que la femme que le général Dupont-Derval avait épousé en seconde noce était veuve d'un officier-général dont elle avait deux filles. Aucune de ces circonstances, comme on peut le croire, n'avaient été énoncées dans la pétition, mais quand elles vinrent à la connaissance de l'empereur, il ne retira pas la pension dont le brevet n'était pas encore expédié, mais il en changea la destination. Il la donna à la première femme du général Dupont-Derval, et la rendit reversible sur la tête de sa fille, qui cependant était assez riche pour s'en passer, tandis que l'autre madame Dupont-Derval en avait réellement besoin. Cependant, comme on est toujours empressé de porter les bonnes nouvelles, je n'avais point perdu de temps pour faire connaître à ma solliciteuse la décision favorable de l'empereur. Je la vis revenir quand elle eut appris ce qui s'était passé, ce que moi-même

j'ignorais entièrement, et d'après ce qu'elle me
dit je me figurai qu'elle était victime d'un mal entendu. Dans cette croyance, je me permis d'en
parler de nouveau à Sa Majesté. Qu'on juge de mon
étonnement, quand l'empereur daigna me raconter lui-même toute cette affaire. Puis il ajouta :
« Mon pauvre enfant, vous vous êtes laissé prendre comme un nigaud. J'ai promis la pension et je
la donne à la femme du général Derval, c'est-à-dire,
à sa véritable femme, à la mère de sa fille. » L'empereur ne se fâcha pas du tout contre moi. J'ai su
que les réclamations n'en demeurèrent pas là, sans,
comme on peut le penser, que j'aie continué de
m'en mêler ; mais les événemens suivant leur
cours jusqu'à l'abdication de Sa Majesté, les choses
restèrent comme elles avaient été réglées.

CHAPITRE XX.

Efforts des alliés pour séparer la France de l'empereur. — Vérité des paroles de Sa Majesté prouvée par les événemens. — Copies de la déclaration de Francfort circulant dans Paris. — Pièce de comparaison avec le discours de l'empereur. — La mauvaise foi des étrangers reconnue par M. de Bourrienne. — Réflexion sur un passage de ses *Mémoires*. — M. de Bourrienne en surveillance. — M. le duc de Rovigo son défenseur. — But des ennemis atteint en partie. — M. le comte Régnault de Saint-Jean d'Angély au corps législatif. — Commission du corps-législatif. — Mot de l'empereur et les cinq avocats. — Lettre de l'empereur au duc de Massa. — Réunion de deux commissions chez le prince archi-chancelier. — Conduite réservée du sénat. — Visites fréquentes de M. le duc de Rovigo à l'empereur. — La vérité dite par ce ministre à Sa Majesté. — Crainte d'augmenter le nombre des personnes compromises. — Anecdote authentique et inconnue. — Un employé du trésor enthousiaste de l'empereur. — Visite forcée au ministre de la police générale. — Le ministre et l'employé. — Dialogue. — L'enthousiaste menacé de la prison. — Sages explications du ministre. — Travaux des deux commissions. — Adresse du sénat bien accueillie. — Réponse remarquable de Sa Majesté. —

Promesse plus difficile à faire qu'à tenir. — Élévation du cours des rentes. — Sage jugement sur la conduite du corps législatif. — Le rapport de la commission. — Vive interruption et réplique. — L'empereur soucieux et se promenant à grands pas. — Décision prise et blâmée. — Saisie du rapport et de l'adresse. — Clôture violente de la salle des séances. — Les députés aux Tuileries. — Vif témoignage du mécontentement de l'empereur. — *L'adresse incendiaire.* — Correspondance avec l'Angleterre et l'avocat Desèze. — L'archi-chancelier protecteur de M. Desèze. — Calme de l'empereur. — Mauvais effet. — Tristes présages et fin de l'année 1813.

Ce n'était pas seulement avec des armes que les ennemis de la France s'efforçaient, à la fin de 1813, de renverser la puissance de l'empereur. Malgré nos défaites, le nom de Sa Majesté inspirait encore une salutaire terreur; et il parait que tout nombreux qu'ils étaient, les étrangers désespéraient de la victoire tant qu'il existerait un accord commun entre les Français et l'empereur. On a vu tout à l'heure avec quel langage il s'exprima en présence des grands corps réunis de l'état, et les événemens ont prouvé si Sa Majesté avait tu la vérité aux représentans de la nation sur l'état de la France. A ce discours que l'histoire a recueilli, qu'il me soit permis d'opposer

ici une autre pièce de la même époque. C'est la
fameuse déclaration de Francfort, dont les ennemis de l'empereur faisaient circuler des copies dans
Paris ; et je n'oserais parier qu'aucune personne de
sa cour ne vint faire son service auprès de lui en
ayant une dans sa poche. S'il restait encore des
doutes pour savoir où était alors la bonne foi, la
lecture de ce qui suit suffirait pour les dissiper,
car il ne s'agit pas ici de considérations politiques,
mais seulement de comparer des promesses solen-
nelles aux actions qui les ont suivies.

« Le gouvernement français vient d'arrêter une
nouvelle levée de trois cent mille conscrits; les
motifs du sénatus-consulte renferment une pro-
vocation aux puissances alliées. Elles se trouvent
appelées de nouveau à promulguer à la face du
monde les vues qui les guident dans la présente
guerre, les principes qui sont la base de leur conduite, leurs vœux et leurs déterminations. Les puissances alliées ne font point la guerre à la France ,
mais à cette prépondérance hautement annoncée,
à cette prépondérance que, pour le malheur de
l'Europe et de la France, l'empereur Napoléon a
trop long-temps exercée hors des limites de son
empire.

» La victoire a conduit les armées alliées sur le Rhin. Le premier usage que Leurs Majestés impériales et royales ont fait de la victoire, a été d'offrir la paix à Sa Majesté l'empereur des Français. Une attitude renforcée par l'accession de tous les souverains et princes de l'Allemagne, n'a pas eu d'influence sur les conditions de la paix. Ces conditions sont fondées sur l'indépendance des autres états de l'Europe. Les vues des puissances sont justes dans leur objet, généreuses et libérales dans leur application, rassurantes pour tous, honorables pour chacun.

» Les souverains alliés désirent que la France soit grande, forte et heureuse, parce que sa puissance grande et forte est une des bases fondamentales de l'édifice social. Ils désirent que la France soit heureuse, que le commerce français renaisse, que les arts, ces bienfaits de la paix, refleurissent, parce qu'un grand peuple ne saurait être tranquille que quand il est heureux. Les puissances confirment à l'empire français une étendue de territoire que n'a jamais connue la France sous ses rois, parce qu'une nation généreuse ne déchoit pas pour avoir éprouvé des revers dans une lutte opiniâtre et sanglante, où elle a combattu avec son audace accoutumée.

» Mais les puissances aussi veulent être heureuses et tranquilles. Elles veulent un état de paix qui, dans une sage répartition de forces, par un juste équilibre, préservent désormais leurs peuples des calamités sans nombre qui, depuis vingt ans, ont pesé sur l'Europe.

» Les puissances alliées ne poseront pas les armes sans avoir atteint ce grand et bienfaisant résultat, noble objet de leurs efforts. Elles ne poseront pas les armes avant que l'état politique de l'Europe ne soit de nouveau raffermi, avant que les principes immuables aient repris leurs droits sur des nouvelles prétentions, avant que la sainteté des traités ait enfin assuré une paix véritable à l'Europe. »

Il ne faut que du bon sens pour voir si les puissances alliées étaient de bonne foi dans cette déclaration dont le but évident était d'aliéner de l'empereur l'attachement des Français, en leur montrant Sa Majesté comme un obstacle à la paix, en séparant sa cause de celle de la France, et ici je suis heureux de pouvoir m'appuyer de l'opinion de M. de Bourrienne que l'on n'accusera pas sûrement de partialité en faveur de Sa Majesté. Plusieurs passages de ses mémoires, ceux surtout où il juge l'empereur, m'ont souvent fait de la peine, je ne saurais le dissimuler; mais en cette occasion il n'hésite point à reconnaître la mauvaise foi des alliés, ce qui est d'un grand poids selon mon faible juge-ment.

M. de Bourrienne était alors à Paris sous la sur-veillance spéciale de M. le duc de Rovigo, J'enten-dis plusieurs fois ce ministre en parler à l'empe-reur, et toujours dans un sens favorable; mais il faut que les ennemis de l'ancien secrétaire du premier-consul aient été bien puissans ou que les préven-tions de Sa Majesté aient été bien fortes, car M. de Bourrienne ne revint jamais en faveur. L'empereur qui, comme je l'ai dit, daignait quelquefois s'en-tretenir familièrement avec moi, ne me parla ja-mais de M. de Bourrienne, que je n'avais pas vu de-puis qu'il avait cessé de voir l'empereur. Je l'aper-çus pour la première fois parmi les officiers de la garde nationale, le jour où ces messieurs, comme on le verra plus tard, furent reçus au palais, et je ne l'ai pas revu depuis; mais comme nous l'aimions tous beaucoup à cause de ses excellens procédés avec nous, il était souvent l'objet de notre conver-sation, et je puis dire de nos regrets. Au surplus, j'ignorai long-temps qu'à l'époque dont je parle, Sa Majesté lui avait fait offrir une mission pour la Suisse, puisque je n'ai appris cette circonstance que par la lecture de ses mémoires. Je ne saurais même cacher que cette lecture m'a péniblement affecté, tant j'aurais désiré que M. de Bourrienne eût alors abjuré ses ressentimens envers Sa Majesté, qui au fond l'aimait réellement.

Quoi qu'il en soit, s'il est bien évident aujourd'hui pour tout le monde que la déclaration de Francfort avait pour but d'opérer une désunion entre l'empereur et les Français, ce que les événemens ont expliqué depuis, ce n'était pas un secret pour le génie de l'empereur, et malheureusement on ne tarda pas à voir les ennemis atteindre en partie leur but. Non-seulement dans les sociétés particulières, on s'exprima librement d'une manière inconvenante pour Sa Majesté, mais on vit éclater des dissentimens dans le sein même du corps-législatif.

A la suite de la séance d'ouverture, l'empereur ayant rendu un décret pour que l'on nommât une commission composée de cinq sénateurs et de cinq membres du corps-législatif, ces deux corps s'assemblèrent à cet effet. La commission, comme on l'a vu par le discours de Sa Majesté, avait pour objet de prendre connaissance des pièces relatives aux négociations entamées entre la France et les puissances alliées. Au Corps Législatf, ce fut M. le comte Regnault de Saint-Jean-d'Angely qui porta le décret en l'appuyant de son éloquence ordinairement persuasive ; il rappela les victoires de la

France, la gloire de l'empereur; mais le scrutin donna pour membres à la commission cinq députés qui passaient pour être plus attachés à des principes de liberté qu'à la gloire de l'empereur; c'étaient MM. Raynouard, Lainé, Gallois, Flaugergues et Maine de Biran. L'empereur, dès le premier moment, ne parut pas content de ce choix, ne pensant pas toutefois que cette commission se montrerait hostile comme elle le fut bientôt; ce que je me rappelle fort bien, c'est que Sa Majesté dit devant moi au prince de Neufchâtel, avec un peu d'humeur, mais toutefois sans colère, « Ils ont été nommer cinq avocats!... »

Cependant l'empereur ne laissa rien voir au dehors de son mécontentement; aussitôt même que Sa Majesté eut reçu officiellement la liste des commissaires, elle adressa au président du corps-législatif une lettre conçue en ces termes, et sous la date du 23 de décembre :

« Monsieur le duc de Massa, président du corps-législatif, nous vous adressons la présente lettre close pour vous faire connaitre que notre intention est que vous vous rendiez demain, 24 du courant, heure de midi, chez notre cousin le prince archi-chancelier de l'empire, avec la commission nommée hier par le corps législatif, en exécution de notré décret du 20 de ce mois, laquelle est composée des sieurs Raynouard, Lainé, Gallois, Flaugergues et Maine de Biran; et ce, à l'effet de prendre connaissance des pièces relatives à la négociation, ainsi que de la déclaration des puissances coalisées, qui seront communiquées par le comte Regnault, ministre d'état, et le comte d'Hauterive, conseiller d'état, attaché à l'office des rélations extérieures, lequel sera porteur desdites pièces et déclaration.

» Notre intention est aussi que notredit cousin préside la commission.

» Sur ce, etc., etc. »

Les membres du sénat désignés pour faire partie de la commission étaient M. de Fontanes, M. le prince de Bénévent, M. de Saint-Marsan, M. de Barbé-Marbois, et M. de Beurnonville. A l'exception d'un de ces messieurs dont la disgrâce et l'opposition étaient publiquement connues, les autres passaient pour être sincèrement attachés à l'empire; et quelle qu'ait été l'opinion de tous et leur conduite postérieure, ils n'eurent point alors à encourir de la part de l'empereur les mêmes reproches que les membres de la commission du corps-législatif. Aucun acte d'opposition, aucun signe

de mécontentement n'émana du sénat conservateur.

A cette époque, M. le duc de Rovigo venait très-
fréquemment, ou pour mieux dire tous les jours
chez l'empereur. Sa Majesté l'aimait beaucoup, et
cela seul suffirait pour prouver qu'elle ne crai-
gnait pas d'entendre la Vérité ; car depuis qu'il
était ministre, M. le duc de Rovigo ne la lui épar-
gnait pas, ce que je puis affirmer, en ayant été témoin plusieurs fois. Dans Paris, il n'y avait pourtant qu'un cri contre ce ministre. Cependant je
puis citer un fait que M. le duc de Rovigo n'a pas
rapporté dans ses mémoires, et dont je garantis
l'authenticité. On verra par cette anecdote si le
ministre de la police cherchait ou non à augmenter le nombre des personnes qui se compromet-
taient chaque jour par leurs bavardages contre
l'empereur.

Parmi les employés du trésor se trouvait un ancien receveur des finances, qui depuis vingt ans
vivait modeste et content d'un emploi assez modi-
que. C'était d'ailleurs un homme très-enthousiaste
et de beaucoup d'esprit. Sa passion pour l'empereur tenait du délire, et il n'en parlait jamais qu'a-
vec une sorte d'idolâtrie. Cet employé avait l'habitude de passer ses soirées dans un cercle qui se
réunissait rue Vivienne. Les habitnés du lieu, ou

naturellement la police devait avoir plus d'un œil ouvert, ne partageaient pas tous les opinions de la personne dont je parle. On commençait à juger les actes du gouvernement assez haut; les opposans laissaient éclater leur mécontentement, et le fidèle adorateur de Sa Majesté devenait d'autant plus prodigue d'exclamations admiratives que ses antagonistes se montraient eux-mêmes prodigues de reproches. M. le duc de Rovigo fut informé de ces discussions, qui devenaient chaque jour plus vives et plus animées. Un beau jour, notre honnête employé trouve, en rentrant chez lui, une lettre timbrée du ministère de la police générale. Il n'en peut croire ses yeux. Lui, homme bon, simple, modeste, vivant en dehors de toutes les grandeurs, dévoué au gouvernement, que peut lui vouloir le ministre de la police générale? Il ouvre la lettre : le ministre le mande pour le lendemain matin dans son cabinet. Il s'y rend, comme on peut le croire, avec toute la ponctualité imaginable; et alors un dialogue à peu près semblable à ce qui suit s'engage entre ces messieurs : « Il paraît, monsieur, lui dit M. le duc de Rovigo, que vous aimez beaucoup l'empereur? —Si je l'aime?... Je donnerais mon sang, ma vie!.... —Vous l'admirez beaucoup? — Si je l'admire?..... Jamais l'empereur n'a été si grand! Jamais sa gloire!...—C'est fort bien, monsieur, et voilà des sentimens qui vous font honneur, des sentimens que je partage avec vous; mais je vous engage à les garder pour vous; car, j'en aurais sans doute bien du regret, mais vous me mettriez dans la nécessité de vous faire arrêter. — Moi! monseigneur?... Me faire arrêter?... — Eh! mais.... sans doute. — Comment?... — Ne voyez-vous pas que vous irritez des opinions qui resteraient cachées sans votre enthousiasme; et qu'enfin vous forcez en quelque sorte à se compromettre beaucoup de bonnes gens qui nous reviendront quand ils verront mieux les choses? Allez, monsieur, continuons à aimer, à servir, à admirer l'empereur; mais dans un moment comme celui-ci ne proclamons pas si haut de bons sentimens, dans la crainte de rendre coupables des hommes qui ne sont qu'égarés. » L'employé du trésor sortit alors de chez le ministre, après l'avoir remercié de ses conseils et lui avoir promis de se taire. Je n'oserais toutefois garantir qu'il lui ait scrupuleusement tenu parole; mais, ce que je puis affirmer de nouveau, c'est que ce que l'on vient de lire est de toute vérité; et je suis sûr que si ce passage de mes mémoires tombe sous les yeux de M. le duc de Rovigo, il lui rappellera un fait qu'il a peut-être oublié, mais dont il reconnaîtra toute l'exactitude.

Cependant la commission, composée, ainsi que je l'ai dit, de cinq sénateurs et de cinq membres du corps-législatif, se livrait assidûment à l'examen dont elle était chargée. Chacun de ces deux grands corps de l'état présenta à Sa Majesté une adresse séparée. Le sénat avait entendu le rapport que lui fit M. de Fontanes, et son adresse ne contint rien qui pût choquer l'empereur; elle était, au contraire, conçue dans les termes les plus mesurés. On y demandait bien la paix, mais une paix que Sa Majesté obtiendrait par un effort digne d'elle et des Français. « Que votre main tant de fois victorieuse, y était-il dit, laisse échapper ses armes après avoir assuré le repos du monde. » On y remarqua encore le passage suivant : « Non, l'ennemi ne déchirera pas cette belle et noble France, qui, depuis quatorze cents ans, se soutient avec gloire au milieu de tant de fortunes diverses, et qui, pour l'intérêt même des peuples voisins, sait toujours mettre un poids considérable dans la balance de l'Europe. Nous en avons pour gages votre héroïque constance et l'honneur national. » Puis cet autre : « La fortune ne manque pas long-temps aux nations qui ne se manquent pas à elles-mêmes. »

Ce langage tout français, et que commandaient au moins les circonstances, plut à l'empereur; et on peut en juger par la réponse qu'il fit, le 29 décembre, à la députation du sénat, présidée par le prince archi-chancelier de l'empire :

« Sénateurs, dit Sa Majesté, je suis sensible aux sentimens que vous m'exprimez. Vous avez vu, par les pièces que je vous ai fait communiquer, ce que je fais pour la paix. Les sacrifices que comportent les bases préliminaires que m'ont proposées les ennemis, je les ai acceptées; je les ferai sans regrets : ma vie n'a qu'un but, le bonheur des Français.

» Cependant le Béarn, l'Alsace, la Franche-Comté, le Brabant, sont entamés. Les cris de cette partie de ma famille me déchirent l'âme. J'appelle les Français au secours des Français! J'appelle les Français de Paris, de la Bretagne, de la Normandie, de la Champagne, de la Bourgogne et des autres départemens, au secours de leurs frères! Les abandonnerons-nous dans le malheur? Paix et délivrance de notre territoire doit être notre cri de ralliement. A l'aspect de tout ce peuple en armes, l'étranger fuira ou signera la paix sur les bases qu'il a lui-même proposées. Il n'est plus question de recouvrer les conquêtes que nous avions faites. »

Il faut avoir été en position de connaître le ce

ractère de l'empereur pour concevoir combien ces derniers mots durent lui coûter à prononcer ; mais il résultera aussi de la connaissance de son caractère la certitude qu'il lui en aurait moins coûté de faire ce qu'il promettait que de le dire. Il semblerait même que cela fut compris dans Paris ; car le jour où le *Moniteur* publia la réponse de Sa Majesté au sénat, les rentes remontèrent de plus de deux francs, ce que l'empereur ne manqua pas de remarquer avec satisfaction, car on sait que le cours des rentes était pour lui le véritable thermomètre de l'opinion publique.

Quant à la conduite du corps-législatif, je l'ai entendue juger par un homme d'un vrai mérite et toujours imbu d'idées républicaines. Il dit un jour devant moi ces paroles qui m'ont frappé : « Le corps législatif fit alors ce qu'il aurait dû faire toujours, excepté dans cette circonstance. » Au langage du rapporteur de la commission, il fut trop facile de voir que l'orateur croyait aux mensongères promesses de la déclaration de Francfort. Selon lui, ou, pour mieux dire, selon la commission dont il n'était, après tout, que l'organe, l'intention des étrangers n'était point d'humilier la France ; ils voulaient seulement nous renfermer dans nos limites et réprimer l'élan d'une activité ambitieuse, si fatale depuis vingt ans à tous les peuples de l'Europe. « Les propositions des puissances coalisées, disait la commission, nous paraissent honorables pour la nation, puisqu'elles prouvent que l'étranger nous craint et nous respecte. » Enfin l'orateur, poursuivant sa lecture et étant parvenu à un passage où il faisait allusion à *l'empire des lis*, ajouta en propres termes que le Rhin, les Alpes, les Pyrénées et les deux mers renfermaient un vaste territoire dont plusieurs provinces n'avaient pas appartenu à l'ancienne France, et que cependant *la couronne royale de France était brillante de gloire et de majesté entre tous les diadèmes.*

A ces mots, M. le duc de Massa interrompit l'orateur, s'écriant : « Ce que vous dites là est inconstitutionnel. » A quoi l'orateur répliqua vivement : « Je ne vois d'inconstitutionnel ici que votre présence. » Puis il continua la lecture de son rapport. L'empereur était chaque soir informé de ce qui s'était passé dans la séance du corps-législatif, et je me rappelle que le soir du jour où le rapport fut lu, il avait quelque chose de soucieux. Avant de se coucher, il se promena quelque temps dans sa chambre avec une émotion marquée, comme quelqu'un qui cherche à prendre une résolution. Enfin il se décida à ne point laisser passer l'adresse du corps-législatif, qui lui avait été communiquée, conformément à l'usage. Le temps pressait; le lendemain il eût été trop tard ; l'adresse eût circulé dans tout Paris, où les esprits étaient déjà assez vivement agités. L'ordre fut donc donné au ministre de la police générale de faire saisir l'épreuve du rapport et celle de l'adresse chez l'imprimeur, et de briser les planches déjà composées. De plus, l'ordre fut donné aussi de faire fermer les portes du corps-législatif, ce qui fut exécuté, et ainsi la législature se trouva ajournée.

J'ai entendu vivement regretter alors par un grand nombre de personnes que Sa Majesté ait adopté ces mesures, et surtout qu'après les avoir prises, elle ne s'en soit pas tenue là. On disait que puisque le corps-législatif était dissous violemment, il valait mieux, quoi qu'il dût en arriver, convoquer une autre chambre, mais que l'empereur ne reçût pas les membres de celle qu'on renvoyait. Sa Majesté pensa autrement, et donna aux députés une audience de congé ; ils vinrent aux Tuileries ; et là, son trop juste mécontentement s'exhala en ces termes :

« J'ai supprimé votre adresse ; elle était incendiaire. Les onze douzièmes du corps-législatif sont composés de bons citoyens : je les connais ; je saurai avoir des égards pour eux ; mais un autre douzième renferme des factieux, des gens dévoués à l'Angleterre. Vôtre commission et son rapporteur, M. Lainé, sont de ce nombre ; il correspond avec le prince régent par l'intermédiaire de l'avocat Desèze ; je le sais, j'en ai la preuve ; les quatre autres sont des factieux..... S'il y a quelques abus, est-ce le moment de me venir faire des remontrances, quand deux cent mille Cosaques franchissent nos frontières ? Est-ce le moment de venir disputer sur les libertés et les sûretés individuelles, quand il s'agit de sauver la liberté politique et l'indépendance nationale ? Il faut résister à l'ennemi ; il faut suivre l'exemple de l'Alsace, des Vosges et de la Franche-Comté, qui veulent marcher contre lui, et s'adressent à moi pour avoir des armes....... Vous cherchez, dans votre adresse, à séparer le souverain de la nation.... C'est moi qui représente ici le peuple, car il m'a donné quatre millions de suffrages. Si je voulais vous croire, je céderais à l'ennemi plus qu'il ne vous demande.... Vous aurez la paix dans trois mois, ou je périrai..... Votre adresse était indigne de moi et du corps-législatif. » ..

Quoiqu'il fût défendu aux journaux de reproduire les détails de cette scène, le bruit s'en répandit dans Paris avec la rapidité de l'éclair. On rapporta, on commenta les paroles de l'empereur ;

et bientôt les députés congédiés allèrent les faire retentir dans les départemens. Je me rappelle avoir vu dès le lendemain le prince archi-chancelier venir chez Sa Majesté et demander à lui parler : c'était en faveur de M. Desèze, dont il fut alors le protecteur. Malgré les paroles menaçantes de Sa Majesté, il la trouva disposée à ne faire prendre aucune mesure de rigueur ; car déjà sa colère était tombée, ainsi que cela arrivait toujours à l'empereur quand il n'avait pu contenir un mouvement de vivacité. Quoi qu'il en soit, la funeste mésintelligence provoquée par la commission du corps-législatif entre ce corps et l'empereur produisit de toutes manières l'effet le plus fâcheux ; et il est facile de concevoir combien durent s'en réjouir les ennemis, qui ne manquèrent pas d'en être promptement informés par les nombreux agens qu'ils avaient en France. Ce fut sous ces tristes auspices que finit l'année 1813. On verra dans la suite quelles en furent les conséquences, et enfin l'histoire jusqu'ici ignorée de la chambre de l'empereur à Fontainebleau, c'est-à-dire du temps le plus douloureux de ma vie.

●●●

CHAPITRE XXI.

Commissaires envoyés dans les départemens. — Les ennemis
sur le sol de la France. — Français dans les rangs ennemis.
— Le plus grand crime aux yeux de l'empereur. — Ancien
projet, de Sa Majesté, relativement à Ferdinand VII. —
Souhaits et demandes du prince d'Espagne. — Projet de mariage. — Le prince d'Espagne un embarras de plus. — Mesures prises par l'empereur. — Reddition de Dantzig et convention violée. — Reddition de Torgaw. — Fâcheuses
nouvelles du Midi. — Instructions au duc de Vicence. —
M. le baron Capelle et commission d'enquête. — Coïnci-
dence remarquable de deux événemens. — Mise en activité
de la garde nationale de Paris. — L'empereur commandant
en chef. — Composition de l'état-major général. — Le maréchal Moncey. — Désir de l'empereur d'amalgamer toutes
les classes de la société. — Le plus beau titre aux yeux de
l'empereur. — Zèle de M. de Chabrol et amitié de l'empereur. — Un maître des requêtes et deux auditeurs. — Détails ignorés. — M. Allent et M. de Sainte-Croix. — La
jambe de bois. — Empressement des citoyens et. manque
d'armes. — Invalides redemandant du service.

————

, Afin de paralyser le mauvais effet que pourraient
produire dans les provinces les rapports des mem-

bres du corps législatif et les correspondances des
alarmistes, Sa Majesté nomma parmi les membres
du sénat conservateur un certain nombre de commissaires qu'il chargea de visiter les départemens
et d'y remonter l'esprit public. C'était sûrement
une mesure salutaire, et que les circonstances
commandaient impérieusement, car le découragement commençait à se faire sentir dans les masses
de la population; et l'on sait combien, en pareil
cas, la présence des autorités supérieures rend de
confiance à ceux qui ne sont que timides. Cependant les ennemis avançaient sur plusieurs points;
déjà ils avaient foulé le sol de la vieille France.
Quand de semblables nouvelles arrivaient à l'empereur, elles l'affligeaient profondément, mais sans
l'abattre; quelquefois pourtant il faisait éclater son
indignation, mais c'était surtout quand il voyait
par les rapports que des émigrés français se trouvaient dans les rangs ennemis. Il les flétrissait du
nom de traîtres, d'infâmes, de misérables indignes
de pitié. Je me rappelle qu'à l'occasion de la prise
d'Huningue il flétrit de la sorte un M. de Montjoie,
qui servait dans l'armée bavaroise, après avoir
pris un nom allemand que j'ai oublié. L'empereur
ajoutait cependant : « Au moins celui-là a-t-il eu
la pudeur de ne pas garder son nom français ! »
En général, facile à ramener sur presque tous les

points, l'empereur était impitoyable pour tous ceux qui portaient les armes contre leur patrie ; et combien de fois ne lui ai-je pas entendu dire qu'il n'y avait pas de plus grand crime à ses yeux !

Pour ne pas ajouter à la complication de tant d'intérêts qui se croisaient et. se compliquaient chaque jour davantage, déjà l'empereur avait pensé à renvoyer Ferdinand VII en Espagne, j'ai même la certitude que Sa Majesté lui fit faire quelques ouvertures à ce sujet pendant son dernier séjour à Paris, mais ce fut le prince espagnol qui ne voulut pas, ne cessant au contraire de demander à l'empereur son appui. Il souhaitait par-dessus tout devenir l'allié de Sa Majesté, aussi tout le monde sait-il que dans ses lettres à Sa Majesté il le pressait sans cesse de lui donner une femme de sa main. L'empereur avait pensé sérieusement à lui faire épouser la fille aînée du roi Joseph, ce qui semblait un moyen conciliatoire entre les droits du prince Joseph et ceux de Ferdinand VII. Le roi Joseph ne demandait pas mieux que de se prêter à cet arrangement, et à la manière dont il avait joui de sa royauté depuis le commencement de son règne, il est permis de penser que Sa Majesté ne devait pas y tenir beaucoup. Le prince Ferdinand avait acquiescé à cette alliance, qui paraissait lui convenir beaucoup ; mais tout à la fin de 1813, il demanda du temps, et. la suite des événemens mit cette affaire au nombre de celles qui n'existèrent qu'en projet. Le prince Ferdinand quitta enfin Valençay, mais plus tard que l'empereur ne l'avait autorisé à le faire, car depuis assez long-temps sa présence n'était qu'un embarras de plus. Au reste, l'empereur n'eut point à se plaindre de sa conduite envers lui jusqu'après les événemens de Fontainebleau.

Quoi qu'il en soit, dans la situation des affaires, ce qui concernait le prince d'Espagne n'était qu'une chose accidentelle non plus que le séjour du pape à Fontainebleau; le grand point, l'objet qui prédominait tout, était la défense du sol de la France que les premiers jours de janvier virent envahir sur plusieurs points. Là était la grande pensée de Sa Majesté que cela n'empêchait pas cependant d'entrer comme de coutume dans tous les détails de son administration, et l'on verra bientôt quelles mesures il prit pour le rétablissement de la garde nationale à Paris. J'ai eu sur cet objet des documens certains et des détails peu connus, par une personne qu'il ne m'est pas permis de nommer, mais que sa position a mis à même de voir tous les rouages de sa formation. Tous ces travaux exigèrent encore pendant près d'un mois la présence de Sa Majesté à Paris ; elle y resta donc jusqu'au 25 de janvier; mais que de funestes nouvelles lui parvinrent durant ces vingt-cinq jours !

. D'abord l'empereur apprit que les Russes, aussi peu scrupuleux que les Autrichiens à observer les conditions ordinairement sacrées d'une capitulation, venaient de fouler aux pieds les stipulations de celle de Dantzig. Au nom de l'empereur Alexandre le prince de Wurtemberg, qui commandait le siège, avait reconnu et garanti au général Rapp et aux troupes placées sous son commandement le droit de retourner en France; ces stipulations ne furent pas plus respectées que ne l'avaient été, quelques mois auparavant, celles convenues avec le maréchal Saint-Cyr, par le prince de Schartzemberg; ainsi la garnison de Dantzig fut faite prisonnière de guerre avec autant de mauvaise foi que l'avait été la garnison de Dresde. Cette nouvelle, arrivée presque en même temps que celle de la reddition de Torgaw, affligea d'autant plus Sa Majesté qu'elle concourait à lui prouver que les puissances ennemies ne voulaient traiter de la paix que pour la forme, avec la résolution de reculer toujours devant une conclusion définitive.

. A la même époque les nouvelles de Lyon n'étaient nullement rassurantes; le commandement en avait été confié au maréchal Augereau, et on l'accusa d'avoir manqué d'énergie pour prévenir

ou arrêter l'invasion du midi de la France. Au surplus, je ne m'arrête point ici à cette circonstance,
me proposant, dans le chapitre suivant, de recueillir ceux de mes souvenirs qui se rapportent le plus
au commencement de la campagne de France et
à quelques circonstances qui l'ont précédée. Je me
borne donc en ce moment à rappeler, autant que
ma mémoire peut me le permettre, ce qui se rapporte aux derniers jours que l'empereur passa à
Paris.

Dès le 4 de janvier Sa Majesté, bien que sans espoir, comme je l'ai dit tout à l'heure, d'amener les
étrangers à conclure enfin une paix dont tout le
monde avait si grand besoin, donna au duc de Vicence ses instructions et l'envoya au quartier général des alliés; mais il dut attendre long-temps
ses passe-ports. En même temps des ordres spé-
ciaux étaient envoyés aux préfets des départemens
dont le territoire était envahi, pour la conduite
qu'ils devaient tenir dans des circonssances aussi
difficiles. Jugeant en même temps qu'il était indispensable de faire un exemple pour rehausser le
courage des timides, l'empereur ordonna la créa-
tion d'une commission d'enquête chargée d'examiner la conduite de M. le baron Capelle, préfet
du département du Léman, lors de l'entrée des
ennemis à Genève; enfin un décret mobilisa

cent vingt bataillons de gardes nationales de l'empire, et régla la levée en masse des départemens de l'est en état de porter les armes. Mesures excellentes sans doute, mais vaines précautions! la destinée était plus forte que le génie d'un grand homme.

Cependant le 8 de janvier parut le décret qui mettait en activité trente mille hommes de la garde nationale de Paris, le jour même où, par un rapprochement funeste et singulier, le roi de Naples signait un traité d'alliance avec la Grande-Bretagne. L'empereur se réserva le commandement en chef de la garde nationale parisienne, et détermina la composition de l'état-major de la manière suivante : Un major-général 'commandant en second ; quatre aides-majors-généraux, quatre adjudans-commandans et huit capitaines-adjoints. On forma une légion par arrondissement, et chaque légion fut div.sée en quatre bataillons subdivisés en cinq compagnies. Ensuite l'empereur nomma ainsi qu'il suit aux grades supérieurs.

Major-général commandant en second :

Le maréchal de Moncey, duc de Conegliano.

Aides-majors-généraux :

Le général de division comte Hullin; le comte

Bertrand, grand maréchal du palais ; le comte de Montesquiou, grand chambellan ; le comte de Montmorency, chambellan de l'empereur.

Adjudans-commandans :

Le baron Laborde, adjudant-commandant de la place de Paris ; le comte Albert de Brancas, chambellan de l'empereur ; le comte Germain, chambellan de l'empereur ; M. Tourton.

Capitaines-adjoints :

Le comte Lariboissière ; le chevalier Adolphe de Maussion ; MM. Jules de Montbreton, fils de l'écuyer de la princesse Borghèse ; Collin fils, jeune ; Lecordier fils ; Lemoine fils ; Cardon fils ; Mallet fils.

Chefs des douze légions :

Première légion, le comte de Gontaut père ; deuxième légion, le comte Regnault de Saint-Jean-d'Angély ; troisième légion, le baron Hottinguer, banquier ; quatrième légion, le comte Jaubert, gouverneur de la banque de France ; cinquième légion, M. Dauberjon de Murinais ;

sixième légion, M. de Fraguier; septième légion, M. Lepileur de Brevannes; huitième légion, M. Richard Lenoir; neuvième légion, M. Devins de Gaville; dixième légion, le duc de Cadore; onzième légion, le comte de Choiseul - Praslin, chambellan de l'empereur; douzième légion, M. Salieron.

D'après les noms que l'on vient de lire, on peut juger du tact incroyable avec lequel Sa Majes é savait choisir, dans l'élite des diverses classes de la société, les personnes les plus recommandables et les plus influentes par leur position. A côté des noms grandis sous les yeux de l'empereur et en le secondant dans ses glorieux travaux, on voyait ceux dont l'illustration était plus ancienne et rappelait de nobles souvenirs, et enfin les principaux chefs de l'industrie de la capitale. Ces sortes d'amalgames plaisaient beaucoup à Sa Majesté; il faut même qu'elle y ait attaché un grand intérêt politique, car cette idée la préoccupait au point que je l'entendis dire bien souvent : « Je veux confondre toutes les classes, toutes les époques, toutes les gloires; je veux qu'aucun titre ne soit plus glorieux que le titre de Français. » Pourquoi le sort a-t-il voulu que l'empereur n'ait pas eu le temps d'accomplir ses immenses projets, dont il parlait si souvent, pour la gloire et le bonheur de la France?

L'état-major de la garde nationale et les chefs des douze légions nommés, l'empereur laissa la nomination des autres officiers, aussi bien que la formation des légions, dans les attributions de M. de Chabrol, préfet de la Seine. Ce digne magistrat, que l'empereur aimait beaucoup, déploya en cette circonstance le plus grand zèle et la plus grande activité, et en peu de temps la garde nationale présenta un aspect imposant. On s'armait, on s'équipait, on se faisait habiller à l'envi; et cet empressement, pour ainsi dire général, fut dans ces derniers temps une des consolations qui touchèrent le plus vivement le cœur de l'empereur: il y voyait une preuve de l'attachement des Parisiens à sa personne et un motif de sécurité pour la tranquillité de la capitale pendant sa prochaine absence.. Quoi qu'il en soit, les bureaux de la garde nationale furent bientôt formés et établis dans l'hôtel que le maréchal Moncey habitait, rue du Faubourg-Saint-Honoré, près de la place Beauveau. Un maître des requêtes et deux auditeurs au conseil d'état y furent attachés; et le maître des requêtes, officier supérieur du génie, M. le chevalier Allent devint bientôt l'âme de toute l'administration de la garde nationale, aucun autre n'étant plus capable que lui de donner une vive impulsion a une organisation qui exigeait une extrême

promptitude. La personne de qui je tiens quelques-uns de ces renseignemens, que j'entremêle
avec mes souvenirs personnels, m'a assuré que,
par la suite, c'est-à-dire après notre départ pour
Châlons-sur-Marne, M. Allent devint encore plus
influent dans la garde nationale, dont il fut le
véritable chef. Effectivement lorsque le roi Joseph
eut reçu le titre de lieutenant-général de l'empereur, que lui conféra Sa Majesté pour le temps de
son absence, M. Allent se trouva attaché d'une
part à l'état-major du roi Joseph, comme officier
du génie, et d'une autre part au major-général commandant en second, en sa qualité de maître des requêtes; d'où il advint qu'il fut l'intermédiaire et
le conseiller de tous les rapports qui devaient nécessairement s'établir entre le lieutenant-général
de l'empereur et le maréchal Moncey. Il en résulta
le plus grand bien à cause de la rapidité des décisions. Ce bon et brave maréchal! il signait en
toutes lettres : LE MARÉCHAL DUC DE CONEGLIANO, et
il écrivait si doucement que M. Allent avait pour
ainsi dire le temps d'écrire la correspondance pendant que le maréchal la signait.

Nulles, à peu de chose près, furent les fonctions des deux auditeurs au conseil d'état : mais ce
n'étaient pas des hommes nuls comme, a-t-on pré-

tendu, il s'en était bien glissé quelques-uns dans
le conseil, depuis qu'il fallait, pour première condition, prouver un revenu de six mille francs au
moins. C'étaient MM. Ducancel, le doyen des auditeurs, et M. Robert de Sainte-Croix. Une obus
avait brisé une jambe à ce dernier, au retour de
Moscou; et ce brave jeune homme, capitaine de
cavalerie, était revenu à cheval sur un canon depuis les bords de la Bérésina jusqu'à Wilna. Ayant
peu de forces physiques, mais doué d'une âme
ferme, M. Robert de Sainte-Croix avait dû à son
courage moral de ne pas succomber; après avoir
subi l'amputation de sa jambe il avait quitté l'épée
pour la plume, et c'est ainsi qu'il était devenu au-
diteur au conseil d'état *.

Huit jours après la mise en activité de la garde

---

* M. Robert de Sainte-Croix, dont le père, ancien ambassadeur de France à Constantinople, était alors préfet de Va-
lence, avait eu deux frères tués tous deux; l'un capitaine de
Vaisseau et l'autre, le général Charles de Sainte-Croix, frappé
à mort en Espagne. Leur mère, mademoiselle Talon, par conséquent tante de madame du Cayla, ancienne dame d'honneur
de la femme de Louis XVIII, présenta son fils à ce monarque
en 1814. Le roi lui ayant demandé des nouvelles de sa famille,
« Sire, répondit M. Robert de Sainte-Croix, de trois frères
que nous étions, voilà la seule jambe qui reste. »

(*Note de l'Éditeur.*)

nationale de la ville de Paris, les chefs des douze légions et l'état-major général furent admis à prêter serment de fidélité entre les mains de l'empereur. Tout s'organisait déjà dans les légions; mais le manque d'armes se faisait sentir : beaucoup de citoyens ne pouvaient se procurer que des lances, et ceux qui ne pouvaient obtenir des fusils ou s'en procurer, se trouvaient par là refroidis dans leur empressement à se faire habiller. Cependant cette garde citoyenne ne tarda pas à réunir le nombre voulu de trente mille hommes; peu à peu elle occupa les différens postes de la capitale; et tandis que des pères de famille, des citoyens adonnés à des travaux domestiques, s'enrégimentaient sans difficulté, on vit ceux qui avaient déjà payé leur dette à la patrie sur les champs de bataille demander à la servir encore, à lui prodiguer le reste de leur sang: des invalides enfin sollicitèrent de reprendre du service; quelques centaines de ces braves oublièrent leurs souffrances, et, couverts de nobles cicatrices, allèrent de nouveau affronter l'ennemi. Hélas! bien peu de ceux qui sortirent alors de l'hôtel des Invalides furent assez heureux pour y rentrer.

Cependant le moment du départ de l'empereur approchait. Mais avant de s'éloigner il fit de touchans adieux à la garde nationale, comme on le

verra dans le chapitre suivant, et confia la régence
à l'impératrice, ainsi qu'il la lui avait déjà confiée
pendant la campagne de Dresde. Hélas! cette fois
il ne fallait pas faire une longue route pour que Sa
Majesté fût à la tête de ses armées.

FIN DU TOMÉ CINQUIÈME.

TABLE

DU CINQUIÈME VOLUME.

———

CHAPITRE II.

CHAPITRE III.

CHAPITRE IV.

Itinéraire de France en Russie. — Magnificence de la cour de

CHAPITRE V.

CHAPITRE VI.

CHAPITRE VII.

CHAPITRE VIII.

CHAPITRE IX.

CHAPITRE X.

CHAPITRE XI.

CHAPITRE XII.

nation générale dans l'armée. — Détails sur cet événement funeste. — Impatience de l'empereur de ne pouvoir atteindre l'arrière-garde russe. — Deux ou trois boulets creusant la terre aux pieds de l'empereur. — Un homme de la garde tué près de Sa Majesté. — Annonce de la mort du général Bruyère. — Duroc près l'empereur. — Un arbre frappé par un boulet. — Le duc de Plaisance annonce, en pleurant, la mort du grand-maréchal. — Mort du général Kirgener. — Soins empressés, mais inutiles. — Le maréchal respirant encore. — Adieux de l'empereur à son ami. — Consternation impossible à décrire. — L'empereur immobile et sans pensée. — A demain tout. — Déroute complète des Russes. — Dernier soupir du grand-maréchal. — Inscription funéraire dictée par l'empereur. — Terrain acheté et propriété violée. — Notre entrée en Silésie. — Sang-froid de l'empereur. — Sa Majesté dirigeant elle-même les troupes. — Marche sur Breslaw. — L'empereur dans une ferme pillée. — Un incendie détruisant quatorze fourgons. — Historiette démentie. — L'empereur ne manque de rien. — Entrée à Breslaw. — Prédiction presque accomplie. — Armistice du 4 juin. — Séjour à Gorlitz. — Pertes généreusement payées. — Retour à Dresde. — Bruits dissipés par la présence de l'empereur. — Le palais Marcolini. — L'empereur vivant comme à Schœnbrunn. — La Comédie française mandée à Dresde. — Composition de la troupe. — Théâtre de l'Orangerie et la comédie. — La tragédie à Dresde. — Emploi des journées de l'empereur. — Distractions, et mademoiselle G..... — Talma et mademoiselle Mars déjeunant avec l'empereur. — Heureuse repartie, et politesse de l'empereur. — L'abondance répandue dans Dresde par la présence de Sa Majesté. —

CHAPITRE XIII.

CHAPITRE XIV.

CHAPITRE XV.

CHAPITRE XVI.

CHAPITRE XVII.

CHAPITRE XVIII.

CHAPITRE XIX.

CHAPITRE XX.

CHAPITRE XXI.

Lightning Source UK Ltd.
Milton Keynes UK
UKHW021521090219
336936UK00007B/830/P

9 780260 550743